Resteliebe Dosen

Alles verwenden. Nichts verschwenden.

Ina Mielkau

# Resteliebe

## DOSEN

Alles verwenden.
Nichts verschwenden.

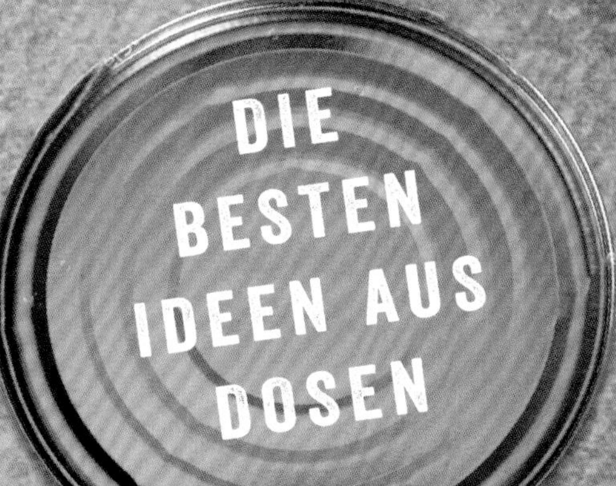


CV

# Inhalt



## Für alles, das grünt und blüht



## Für alles so, wie es scheint



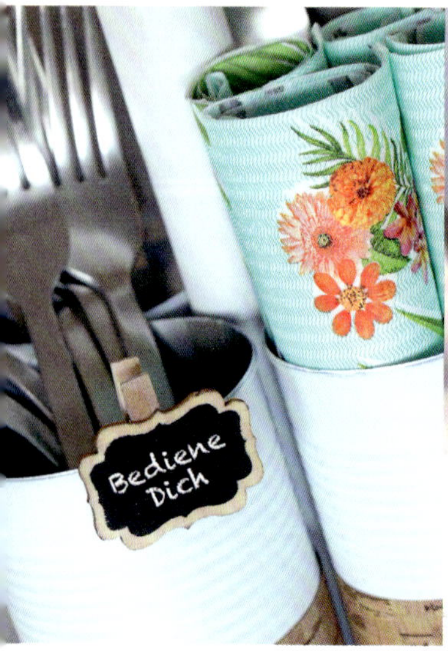


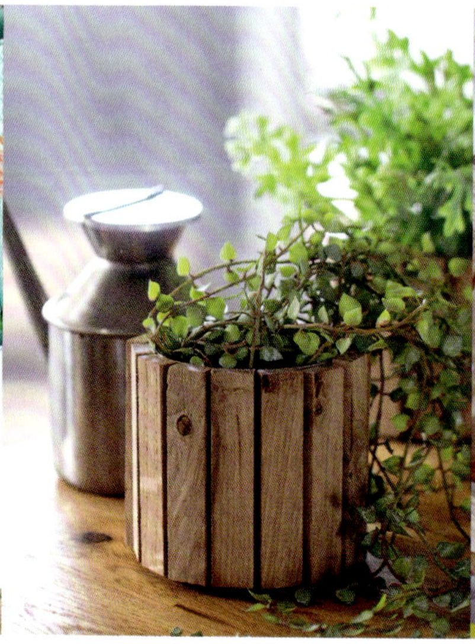

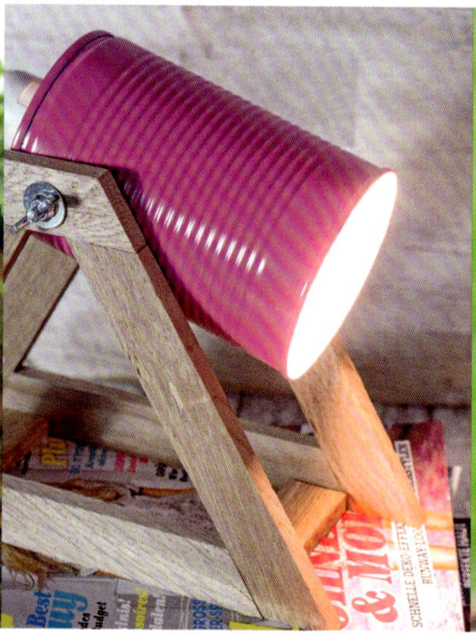

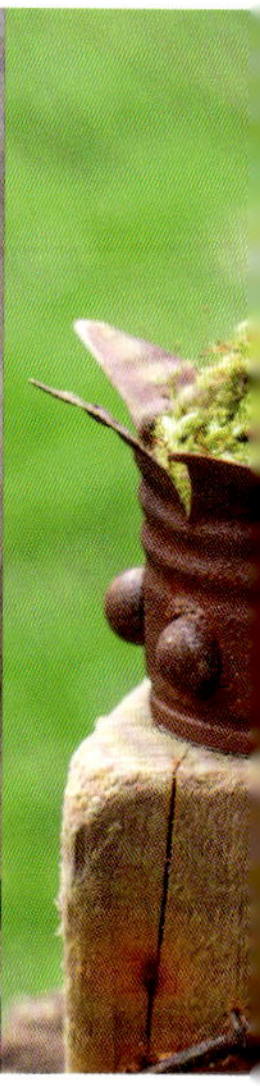

## Für mehr Ordnung im Chaos



## Für noch mehr schöne Stunden



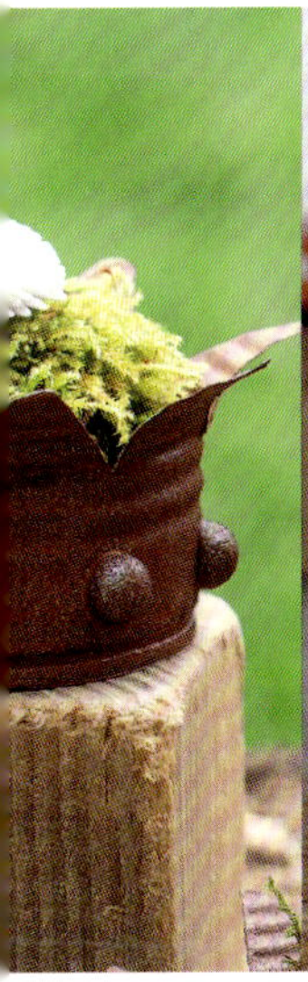

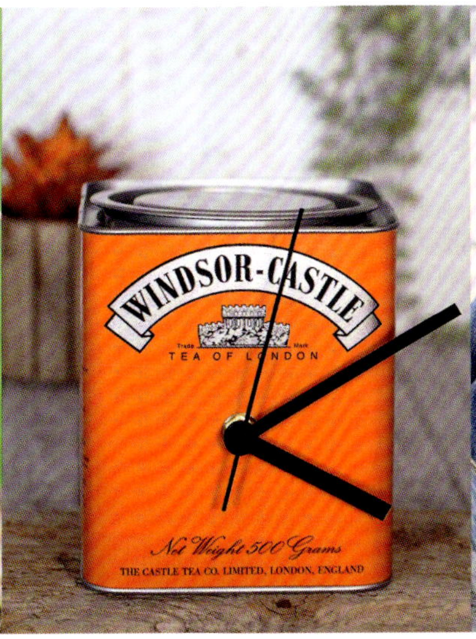


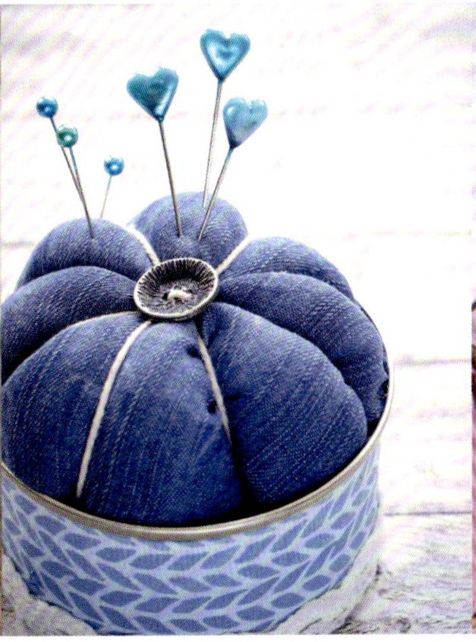

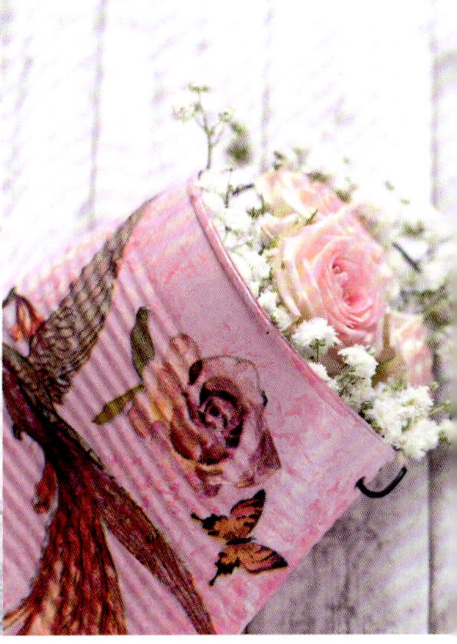

# Vorwort

Es gibt wohl kaum jemanden, der nicht schon mal eine Konservendose aufgehoben hat, um sie als Behälter in irgendeiner Form zu nutzen. Oder? Bevor ich angefangen habe zu recherchieren, was sich so alles mit Dosen machen lässt, fanden schon viele davon den Weg in mein Büro oder in die Werkstatt. Für Stifte, Pinsel, Schrauben, Nägel, Korken etc. All der Kleinkram, der sonst irgendwo in der Schublade rumrutscht.

Aber Dosen können nicht nur praktisch sein, sondern auch dekorativ. Mit dem entsprechenden Werkzeug entstehen Lampen, Laternen, Blumenhalter, Spardosen oder Nisthilfen für Wildbienen. Selbst für Weihnachten lassen sich Dosen prima verwenden – als Adventskalender oder Adventskranz oder sogar als Baumersatz. Das ist das Schöne an Dosen, dass sie sich schon mit ein wenig Farbe in etwas Nützliches verwandeln lassen.

Wer übrigens zu Hause nicht gleich die passende Dosengröße zur Verfügung hat, kann ja auch mal beim Lieblingsitaliener nachfragen. Oder einen Nachbarn bitten, die nächste Kichererbsen-Dose nach dem Leeren weiterzugeben.

Wichtig ist, dass man beim Arbeiten mit Dosen vorsichtig ist. Der richtige Dosenöffner ist das A und O. Arbeitshandschuhe und Schutzbrille sollten in der Dosen-DIY-Werkstatt ebenfalls nicht fehlen. Und dann steht dem Dosen-Upcycling eigentlich nichts mehr im Wege.

# Noch ein Wort

Noch ein Wort zur Nachhaltigkeit. Vielleicht fragt sich der eine oder andere, ob das Verwenden von Konservendosen aus ökologischer Sicht nicht bedenklich ist. Ob man also nicht vielleicht Glasbehälter vorziehen sollte?

Beides ist in der Herstellung sehr energieaufwendig. Beides hat Vor- und Nachteile. Glas ist nicht kälte- oder hitzeresistent, meistens nicht lichtbeständig und ein Mehrwegsystem gibt es zudem momentan meist nur für Flaschen. Abgesehen davon, dass auch die Reinigung der Gläser mit einem hohen Energieaufwand verbunden ist. Bei Dosen ist eine Belastung der Lebensmittel nicht auszuschließen. (Stark verbeulte Lebensmitteldosen sollte man lieber wegwerfen, da die Schutzschicht beschädigt sein kann, wodurch Zinn und BPA* in den Inhalt übergehen.)

Will man es also richtig machen, bleibt nur die Entscheidung, so wenig Dosen- und Glaskonserven zu verwenden wie möglich. Lieber frisch einkaufen und nur das Nötigste für kurze Zeit einlagern.

* Um das Metall vor Korrosion zu schützen, wird für „Weißblechdosen" Epoxylack benutzt. Diese Art Kunststoff enthält Chemikalien wie Bisphenol A (BPA), die sehr leicht in die Lebensmittel übergehen können.
Quelle: www.oekofreaks.de

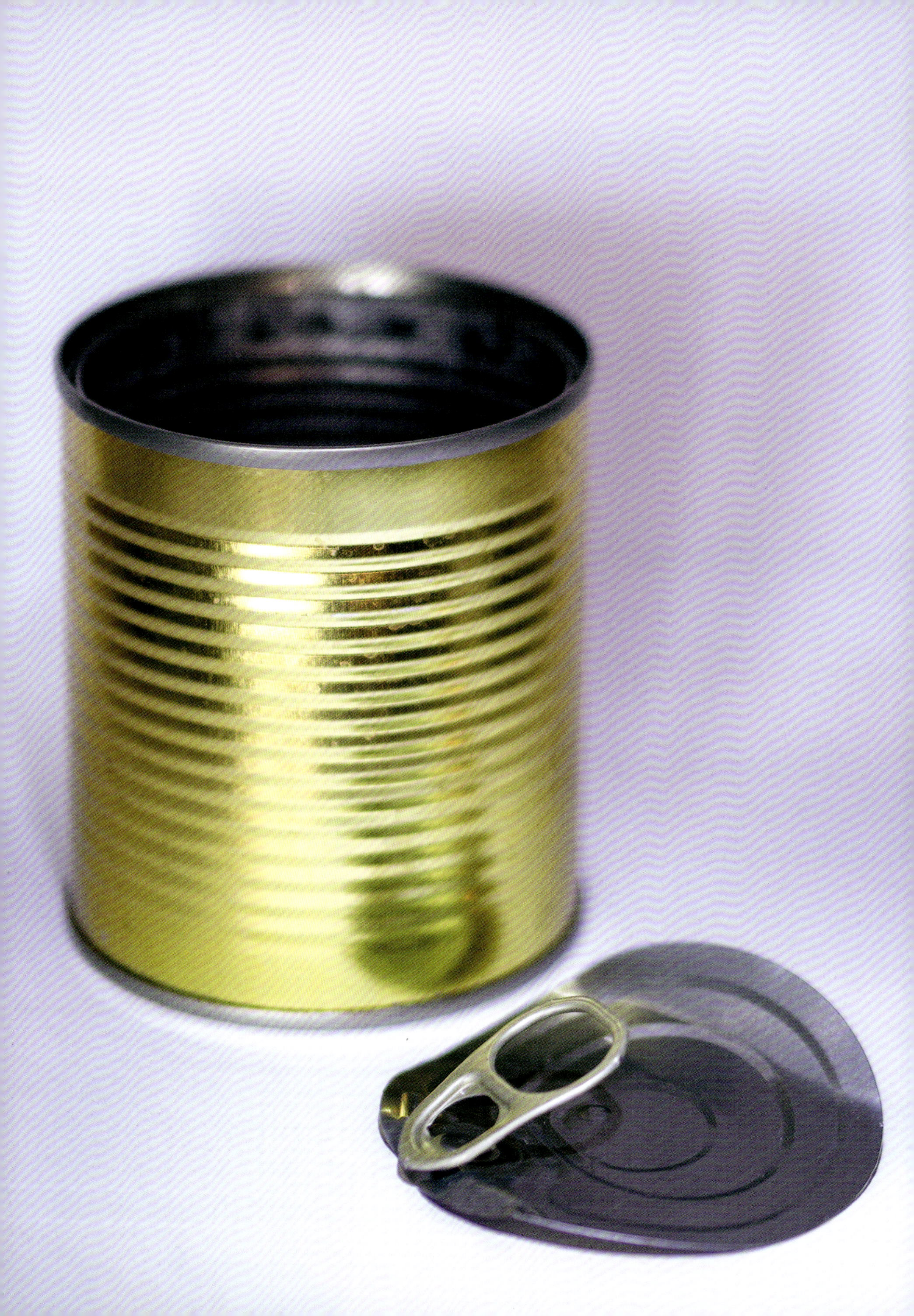

# Dosen-Infos

## WER HAT'S ERFUNDEN?

Ohne die Feldzüge Napoleon Bonapartes wäre die Konservendose vielleicht nie (oder erst später) erfunden worden. Der setzte nämlich 1795 für denjenigen ein Preisgeld aus, der etwas erfand, um seine Truppen mit haltbarer Nahrung zu versorgen. Anfangs waren es noch Glasbehältnisse (Erfinder war der Pariser Konditor und Zuckerbäcker Nicolas Appert). Der britische Kaufmann Peter Durand experimentierte 1810 mit Blechkisten und erfand somit die Konservendose.

Konservendosen eignen sich besonders gut für die Langzeitaufbewahrung von verderblichen Stoffen, wie z. B. Nahrungsmitteln. Die abgedichteten Dosen schützen den Inhalt bei Lagerung und Transport vor Schmutz, Mikroorganismen und Luftsauerstoff. Sie sind aus Blech, z. B. Weißblech, gefertigt und werden nach dem Befüllen abgedichtet. Einmal geöffnet, lassen sie sich nicht wieder dicht verschließen.

## UND WARUM HABEN DIE DOSEN RILLEN?

Die Rillen, auch *Sicken* genannt, entstehen, wenn das Weißblech in Dosenform gebracht wird. Um die Lebensmittel haltbar zu machen, werden die Dosen auf über 100 Grad erhitzt. Nach dem Sterilisieren kühlt die Dose wieder auf Raumtemperatur ab. Dadurch entsteht ein Unterdruck. Die Rillen sorgen dafür, dass sich die Dose ausweiten und wieder zusammenziehen kann, ohne kaputt zu gehen. Auch die runde Form der Dose sichert beim Erwärmen eine gleichmäßige Ausdehnung.

*(Quellen: Wikipedia + weissblech-kommt-weiter.de)*

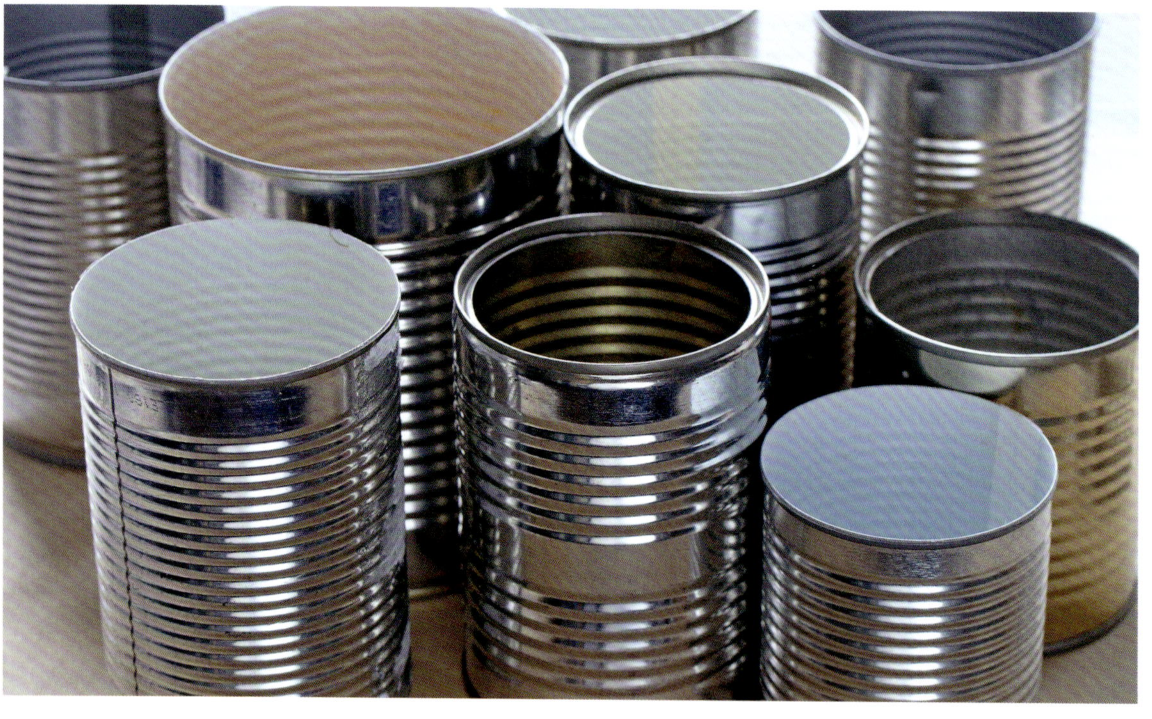

# Tipps & Tricks

## DOSEN ÖFFNEN

Viele Dosen besitzen eine Lasche (Verschlussring, Aufreißdeckel) zum Öffnen. Aber es gibt auch noch solche, die man klassisch mit einem Dosenöffner knacken muss. Wer ein paar Projekte mit Konservendosen plant, sollte sich unbedingt einen Sicherheitsdosenöffner zulegen.
Erstens öffnet er die Dosen, ohne eine scharfe Kante zu hinterlassen, an der man sich schneiden könnte. Zweitens kann man den geöffneten Deckel wieder auf die Büchse setzen und sie so leicht verschließen. Das Tolle ist, dass man auch Dosen, die man bereits mit einer Lasche geöffnet hat, mit solch einem Büchsenöffner bearbeiten kann. Man schneidet einen Ring ab und der Dosenrand ist auch hier anschließend wunderbar glatt.

**TIPP:** Die Dosendeckel eignen sich auch prima, um Farbtöpfchen zwischendurch abzudecken, damit der Inhalt nicht eintrocknet.

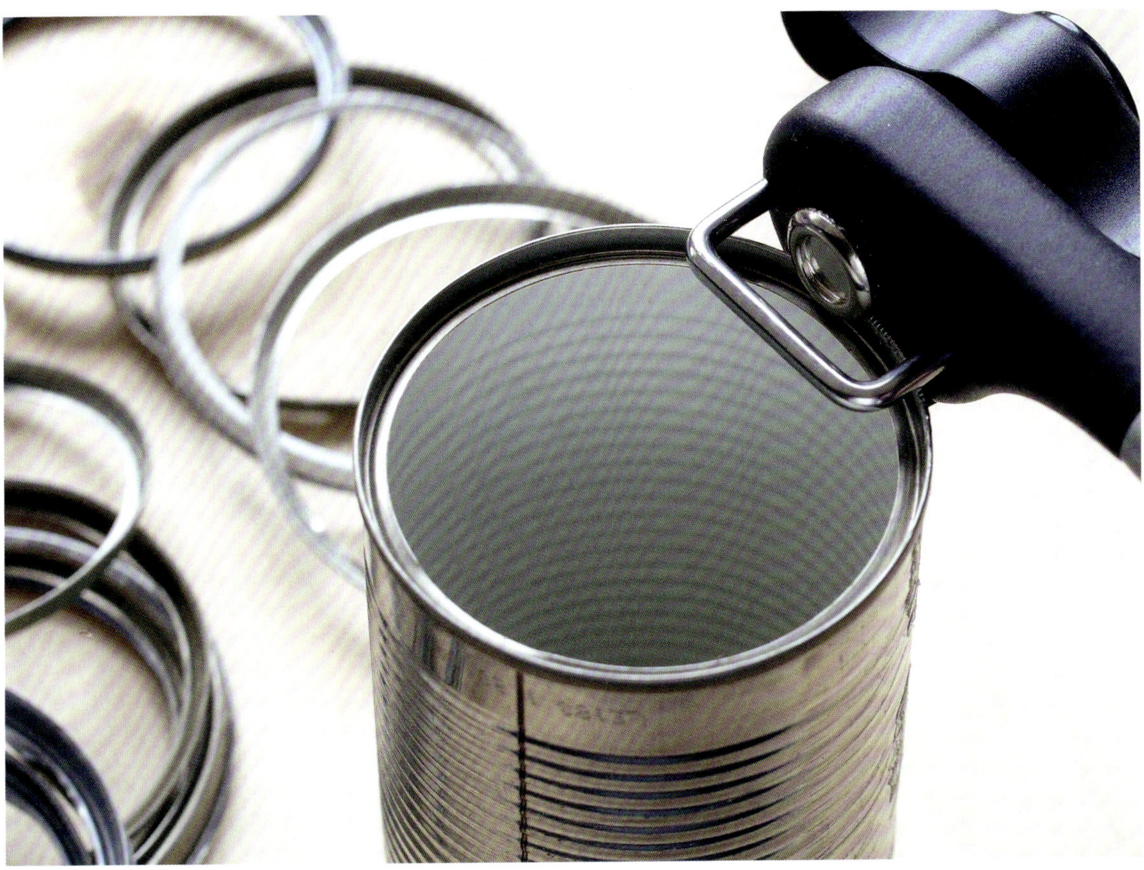

Übrigens:
Die ersten Konservendosen wurden anfangs mit Beil, Hammer und Meißel oder einem großen Messer aufgebrochen. Der praktische Dosenöffner wurde im Jahr 1855 erfunden.

## DOSEN VORBEREITEN

Dass die Dosen vor der Bearbeitung gereinigt werden, versteht sich ja von selbst. Damit aber die fertigen Projekte auch von allen Seiten perfekt aussehen, muss man noch den Kleber entfernen, der die Banderole an der Dose hält. Hier kann man Aceton, Terpentin oder auch Nagellackentferner verwenden. Je nach Kleber. Einfach ausprobieren.

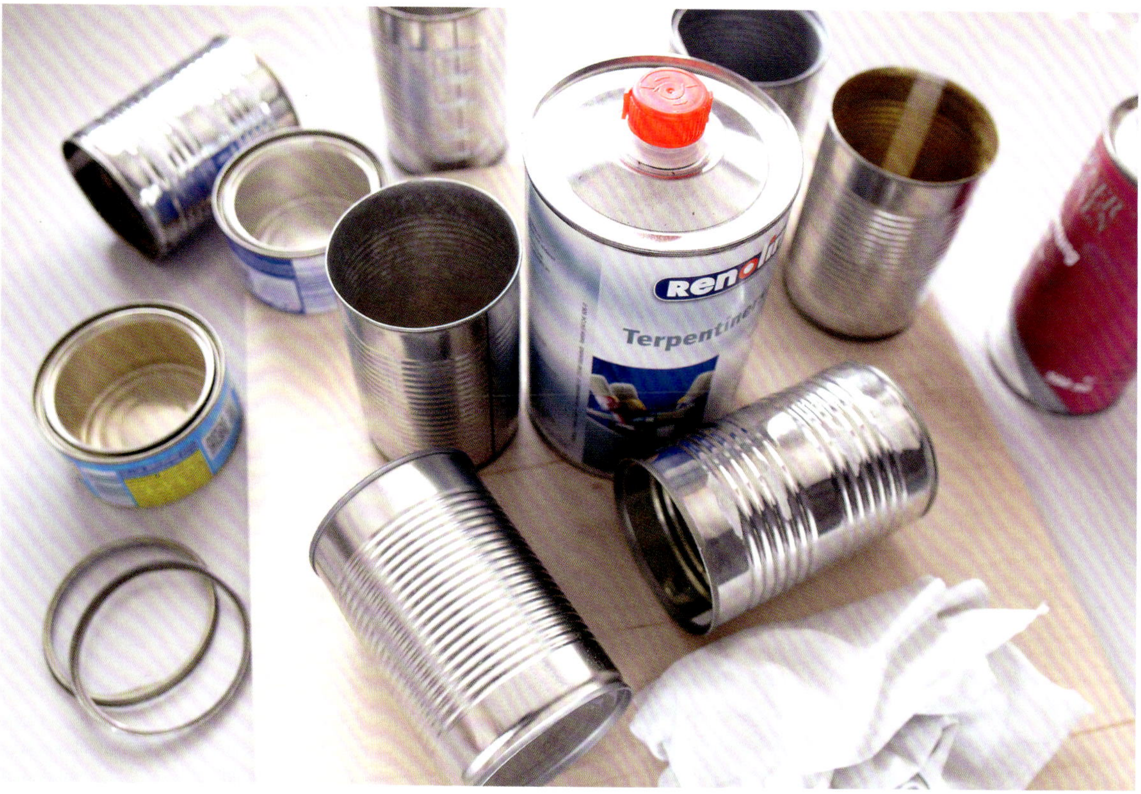

## DOSEN LACKIEREN

Dosen lassen sich mit dem Pinsel und geeigneter Farbe gut bearbeiten. Wer es etwas gleichmäßiger mag, der kann seine Büchse mit Sprühfarbe lackieren. Das sollte an einem geeigneten Ort, am besten draußen an der frischen Luft passieren. Nach Möglichkeit sollte man eine Schutzmaske tragen.

Damit man nicht auch noch die nähere Umgebung mitlackiert, kann man sich eine kleine Sprühkabine basteln. Dazu besorgt man sich einfach einen großen Karton, in den man seine Projekte stellt.

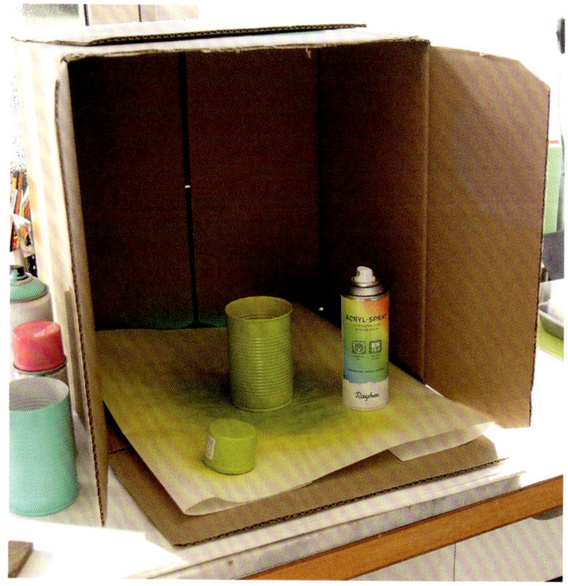

## DOSEN LOCHEN

Eins vorneweg: Gleichmäßiges Lochen ist auf den Konservendosen nicht so ganz einfach. Was aber nicht an der Wahl des verwendeten Werkzeugs liegt, sondern an den bereits beschriebenen Rillen der Dosen.

Davon sollte man sich jedoch nicht entmutigen lassen. Schließlich handelt es sich ja um ein DIY! Da darf auch mal was verrutschen ;)

Zum Lochen eignen sich sowohl Nagel und Hammer als auch ein Akkubohrer mit einem entsprechenden Metallbohrer. Ich persönlich arbeite lieber mit dem **Bohrer**. Dabei kann man die Dose festhalten und durch eine Vorlage mit leichtem Druck die entsprechenden Löcher bohren. Da hier kleine Metallspäne entstehen, sind Handschuhe und Schutzbrille empfehlenswert. Anschließend die Unterlage gleich in einen Mülleimer abfegen. Achtung: Die Grate, die dabei im Inneren der Dose entstehen, sind sehr scharf!

Beim Arbeiten mit **Nagel und Hammer** kann es passieren, dass sich die Dose beim Einschlagen verformt. Daher ist es sinnvoll, sich eine entsprechende Konstruktion zu basteln, die dem entgegenwirkt. Es gibt für diesen Fall tatsächlich **Dosenklopfgeräte** zu kaufen, aber ein festes Papprohr oder ein sehr dicker Holzstab als Widerstand von innen tun es auch. Am besten eingespannt und frei hängend, damit die Dose nicht aufliegt und sich an der Unterseite verformt.

Auch ein Dosenlocher, wie man ihn früher gerne für Milchbüchsen verwendet hat, eignet sich super zum Lochen.

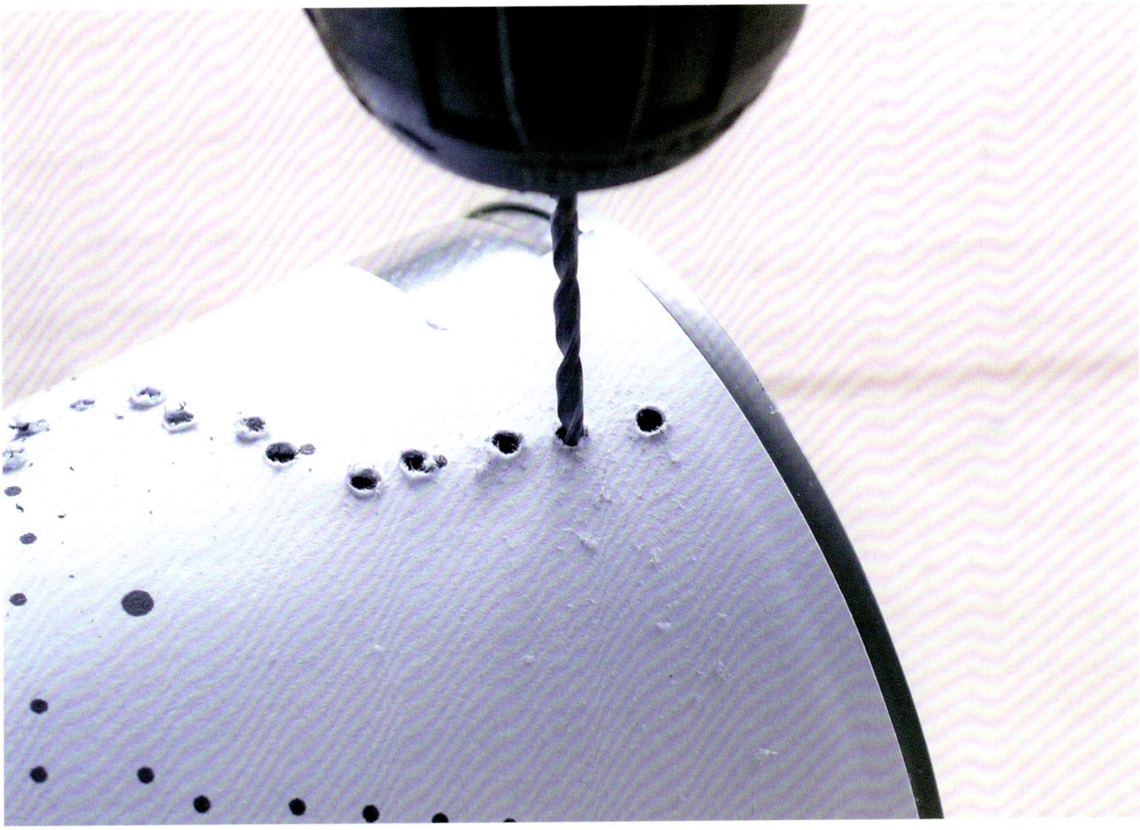

## QUAL DER WAHL

Blechdosen lassen sich auf viele Arten gestalten. Abhängig von der Nutzung, vom Geschmack oder den gegebenen Möglichkeiten. Hier sind einige Ideen:

- mit Sprühlack lackieren
- mit Acrylfarbe anmalen
- mit Papier oder Sisalschnur bekleben
- mit Stoff oder Kork bekleben
- mit Holz ummanteln
- mit Dekopage dekorieren
- mit Transferfolie bearbeiten
- mit temporären Tattoos bekleben
- mit Kordel umhäkeln
- Muster mit Schablonen aufsprühen
- Löcher hineinbohren (Bohrmaschine oder Nagel und Hammer)
- Schlitze und Formen hineinschneiden (Blechschere und Trennschneider)
- mit dem Hammer Dellen einschlagen

## MODGE PODGE BZW. SERVIETTENKLEBER HERSTELLEN

Serviettenkleber kann man zum kleben verwenden und um einem Anstrich noch ein brillantes Finish zu verleihen. Aber er ist nicht immer billig. Hier eine einfache Variante aus Weißleim, den es günstig bei einigen Discountern gibt, vermischt mit Wasser – also ganz easy!

Für selbstgemachten Serviettenkleber benötigt man ein Glas mit Schraubverschluss, Weißleim oder wasserlöslichen Holzleim, Wasser und etwas zum Umrühren. Optional kann man noch etwas Lack auf Wasserbasis hineinrühren, damit der Kleber mehr Glanz bekommt.

Das Mischverhältnis ist 2:1, also zwei Teile Kleber, ein Teil Wasser. Am besten zeichnet man sich mit einem Marker die Einheiten direkt auf das Glas. (Es sollte dazu gleichförmig sein). So vermeidet man, dass man den Kleber noch einmal in einen anderen Behälter zum Abmessen gießen muss. Dann nur noch umrühren, und fertig ist der selbstgemachte Serviettenkleber.

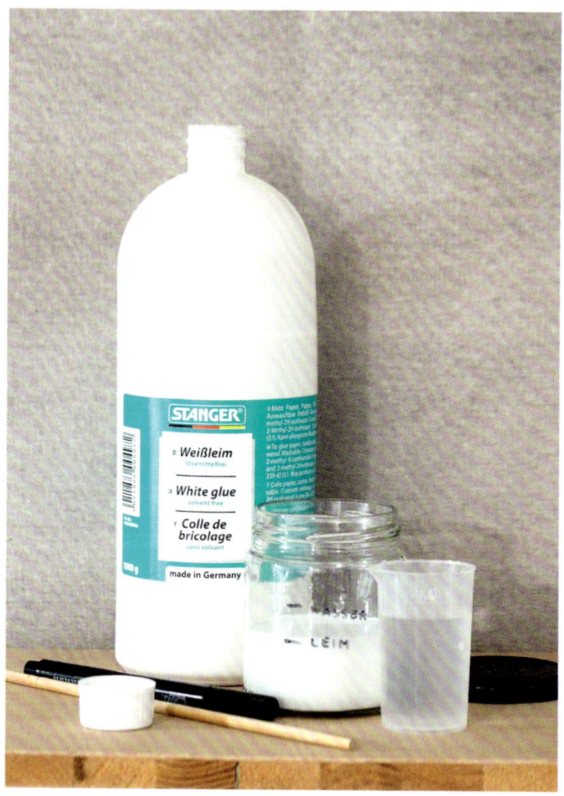

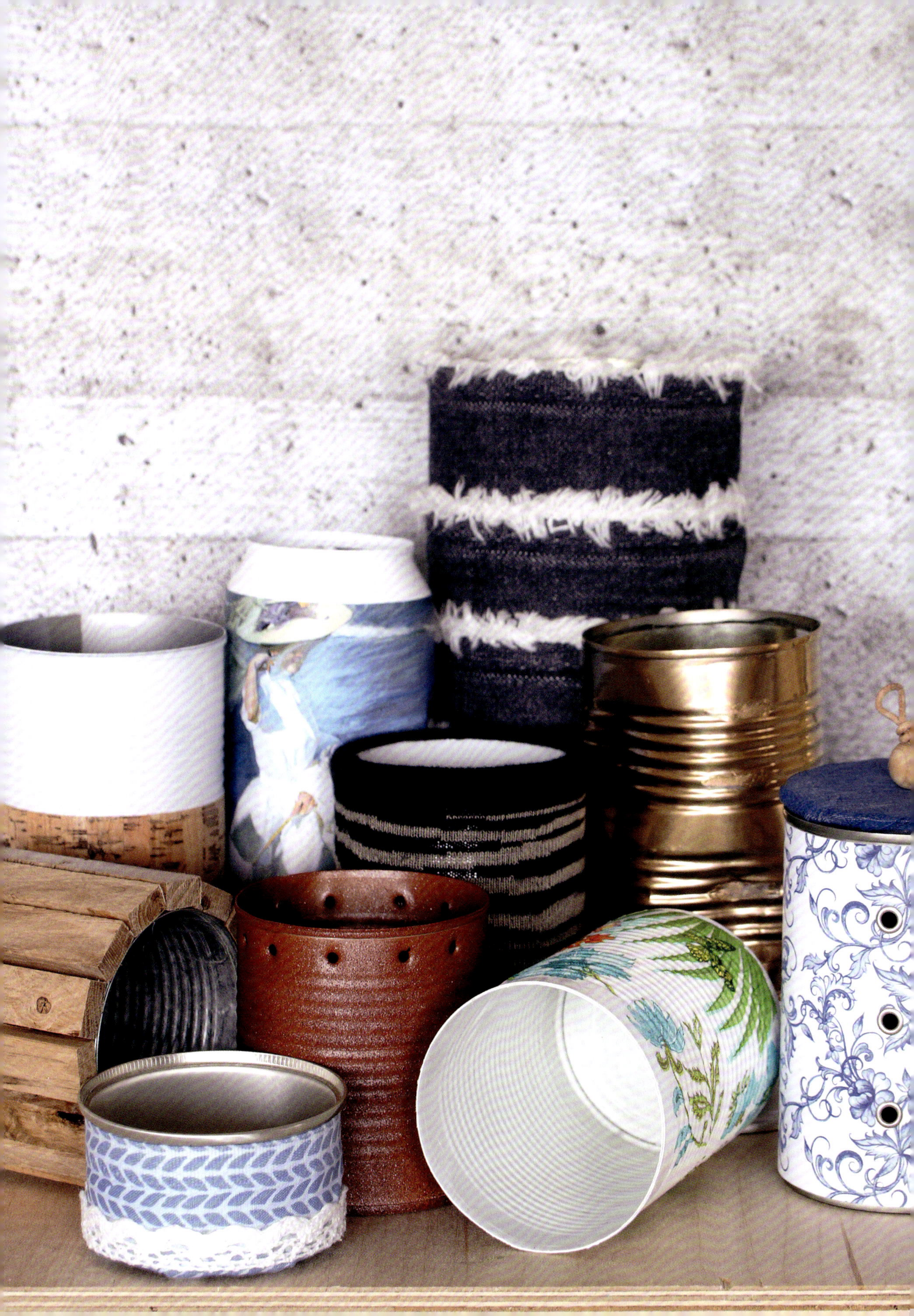

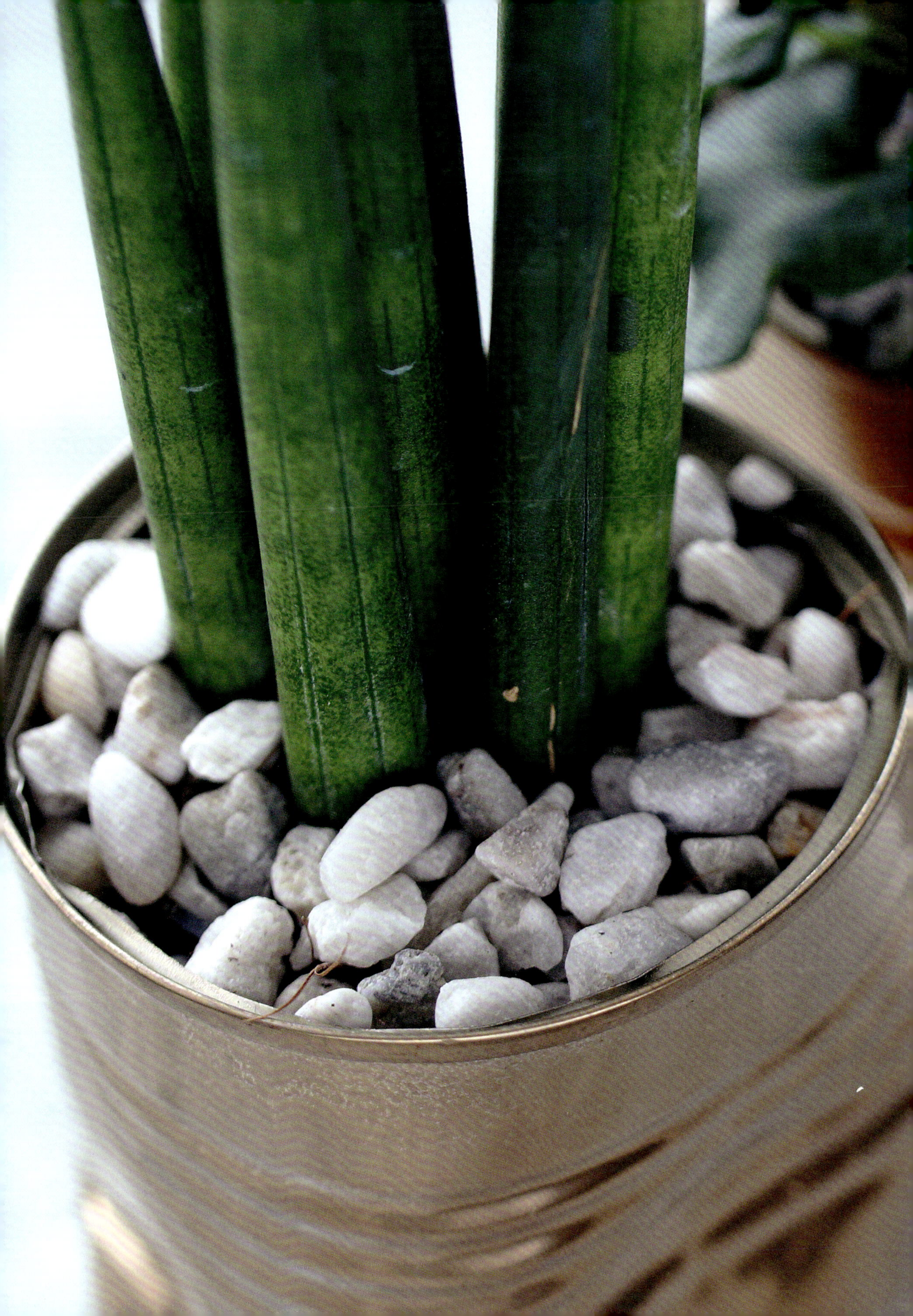

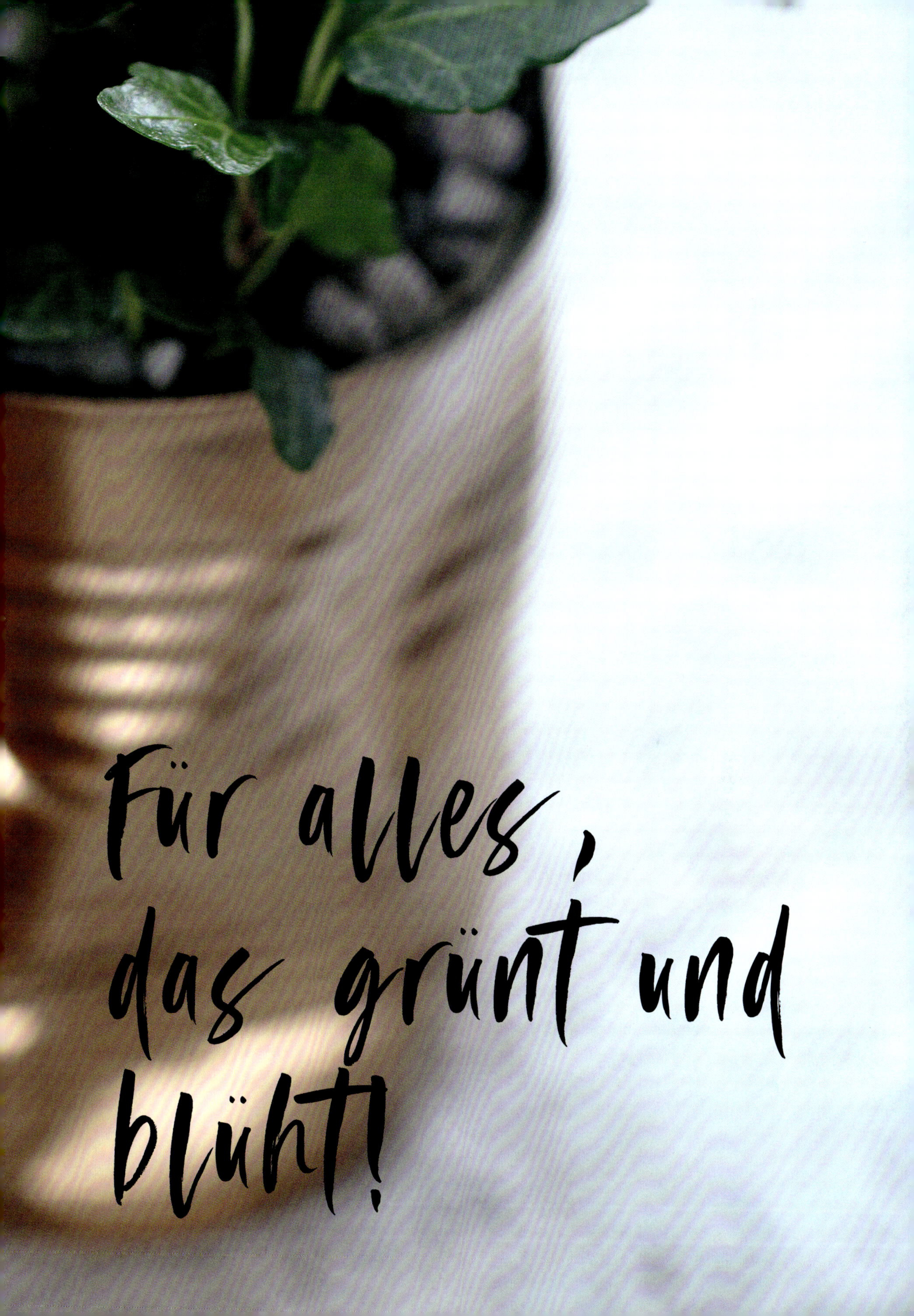
Für alles,
das grünt und
blüht!

# Schick in Kork

**MATERIAL:**
DOSEN, KORKSTOFF, HOLZPROFILE, SÄGE, LINEAL, ACRYLFARBE, PINSEL, DOPPELSEITIGES KLEBEBAND, SCHERE, HEISSKLEBEPISTOLE, PFLANZEN, EVTL. BLÄHTON

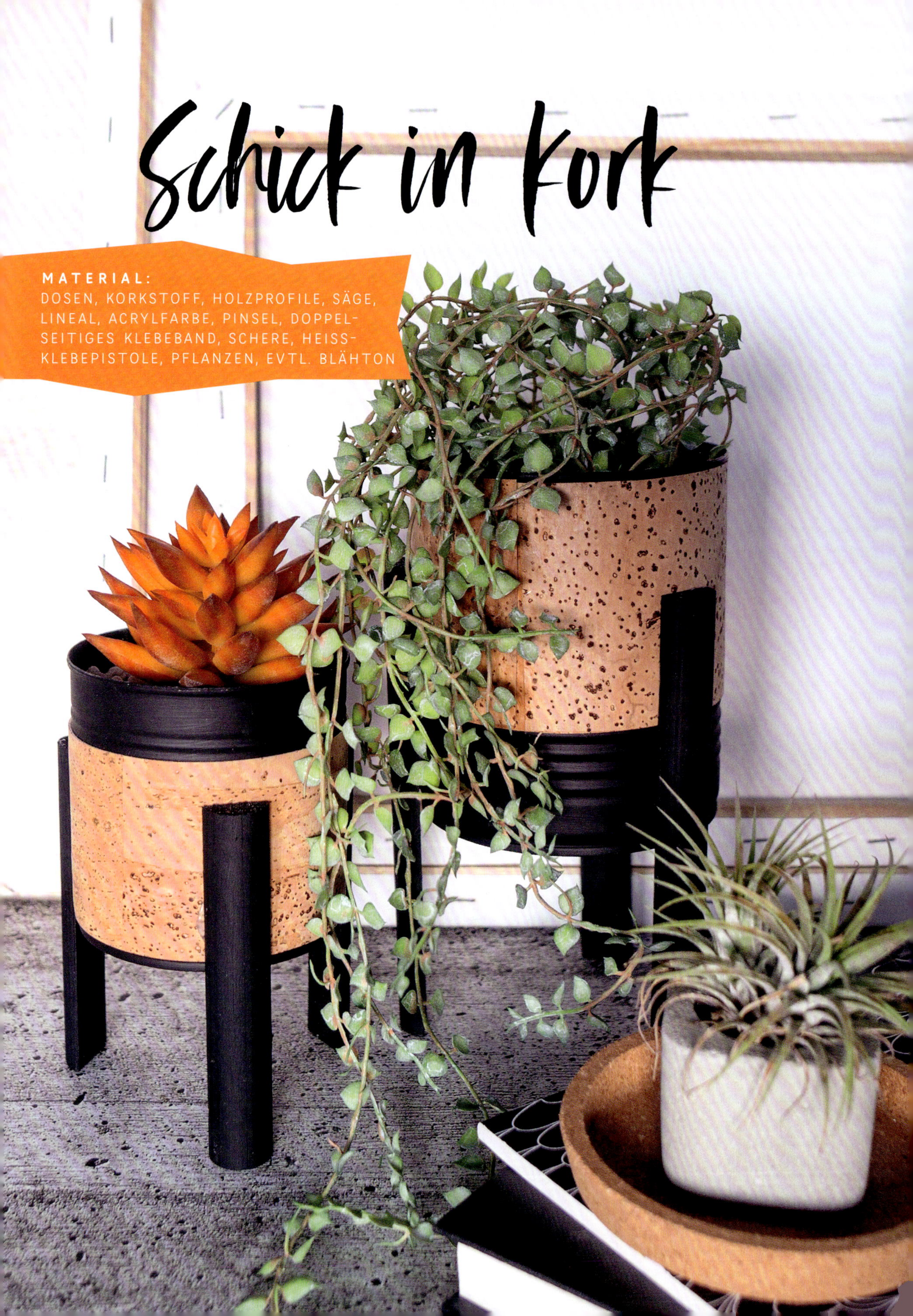

HÜBSCH AUF DER FENSTERBANK, ABER AUCH AUF EINEM SCHREIBTISCH. SCHLIESSLICH MÖCHTE MAN ES JA AUCH BEIM ARBEITEN EIN BISSCHEN NETT HABEN, ODER? UND WAS WIRKT DA SCHON ENTSPANNENDER ALS GRÜNZEUG? UM SO MEHR, WENN ES SCHICK GEKLEIDET DAHERKOMMT.

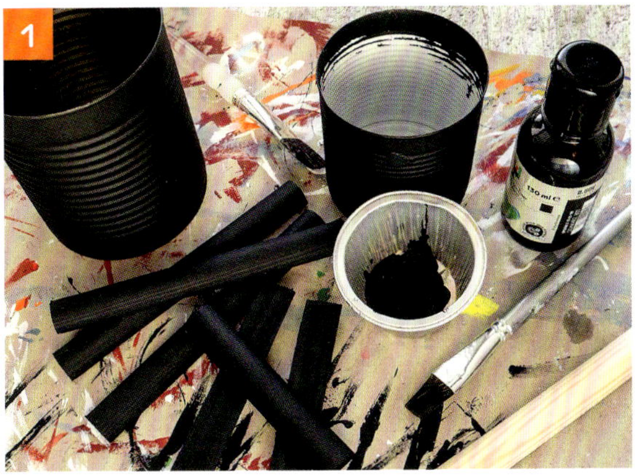


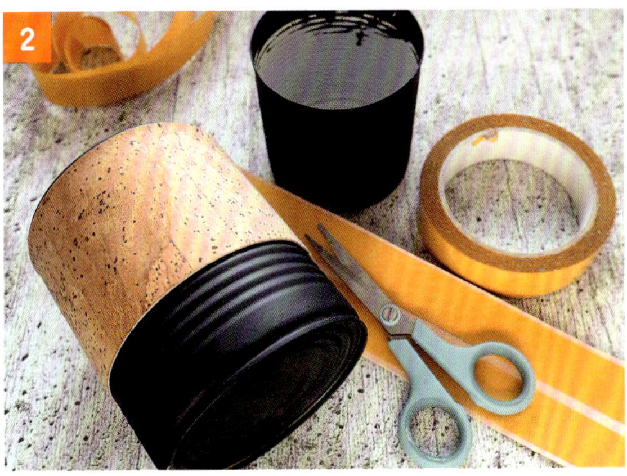


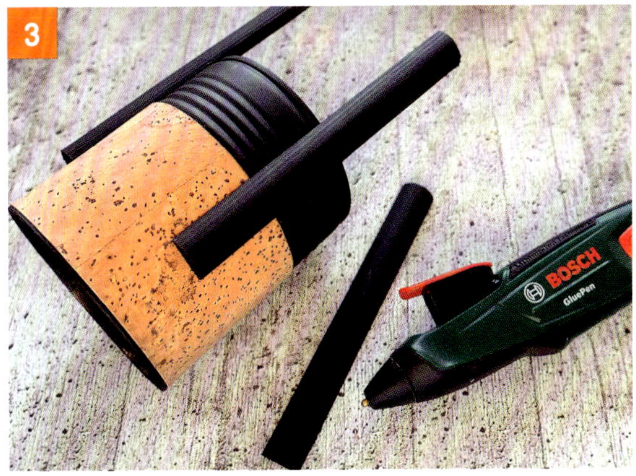


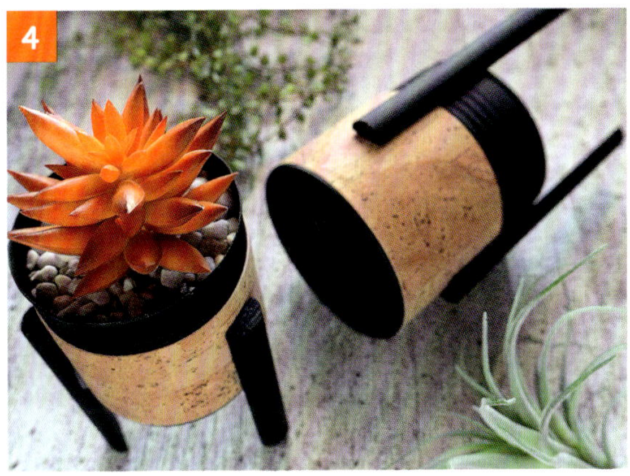


1. Als Erstes werden die gesäuberten Dosen mit Acrylfarbe angepinselt. Auch oben am inneren Rand ein Stück Farbe auftragen. Die Holzprofile für die Füße in der gewünschten Länge (je nachdem, wie groß die Dosen sind) zuschneiden und ebenfalls anpinseln. Gut trocknen lassen.

2. Den Korkstoff zuschneiden und auf der Rückseite doppelseitiges Klebeband aufkleben. Schutzfolie abziehen und auf die vorbereiteten Dosen kleben. Am Ende ein wenig überlappen lassen.

3. Dann die Position für die Füße festlegen, die richtige Höhe abmessen und anschließend die Holzleisten mit Heißkleber an der Dose befestigen.

4. Ist der Kleber fest, kann man die Dosen bepflanzen. Damit keine Staunässe im Inneren entsteht, empfiehlt es sich, unten eine Schicht Blähton oder kleine Kiesel einzufüllen.

Sukkulenten kommen in den schwarzen Dosen besonders gut zur Geltung.

# Goldmarie

**MATERIAL:**
DOSEN, HAMMER, GOLDSPRAY, KLEINE KIESEL ODER BLÄHTON, PFLANZEN

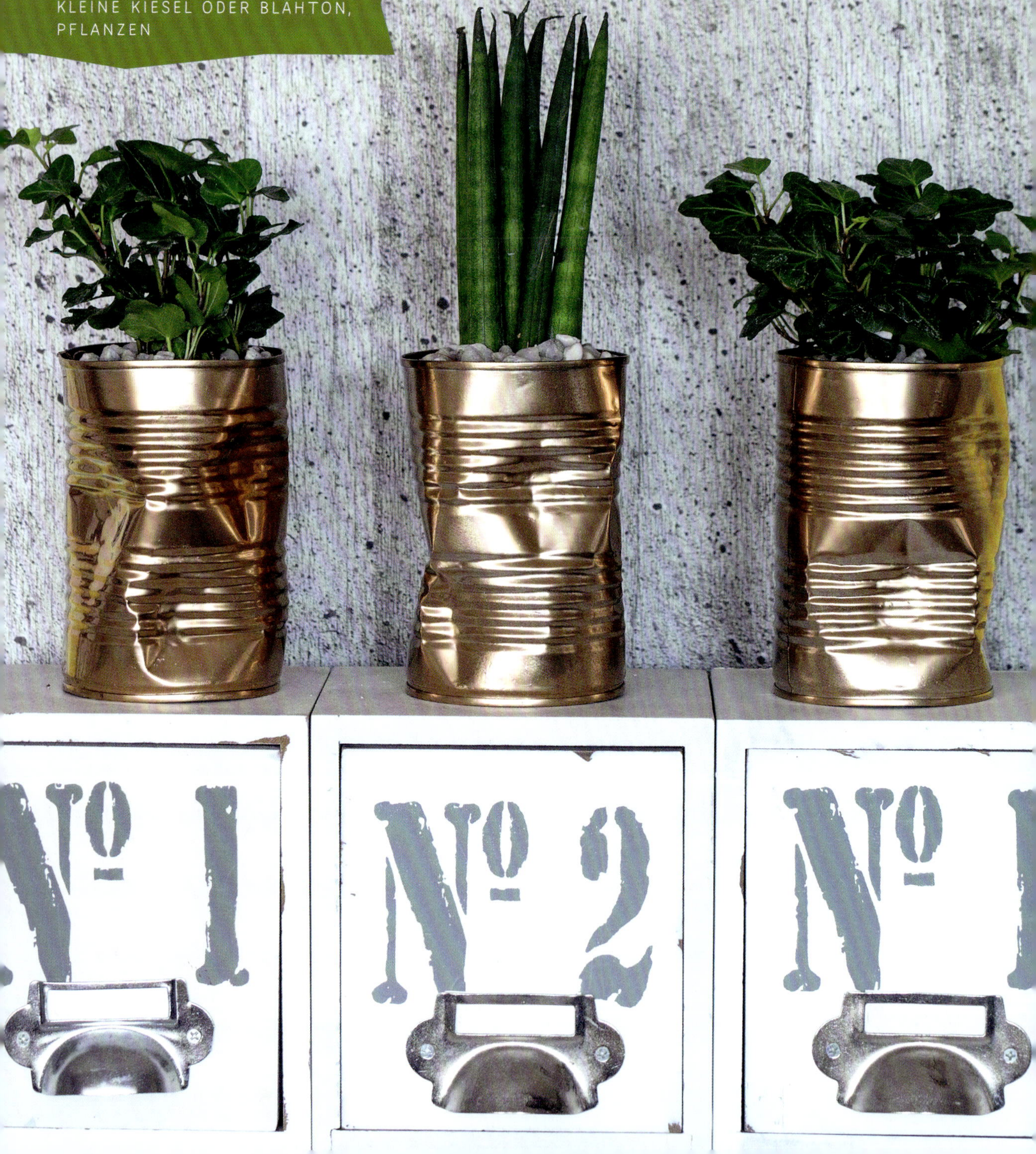

EASY PEASY ÜBERTOPF. EIN GOLDIGES DIY, WENN'S MAL EIN BISSCHEN SCHNELLER GEHEN SOLL. DAS PFLÄNZCHEN ALS GASTGESCHENK HAT KEINEN PASSENDEN ÜBERTOPF? BESONDERS ORIGINELL LASSEN SICH HIER AUCH DOSEN VERWENDEN, DIE SCHON VORHER EIN PAAR BEULEN HATTEN.

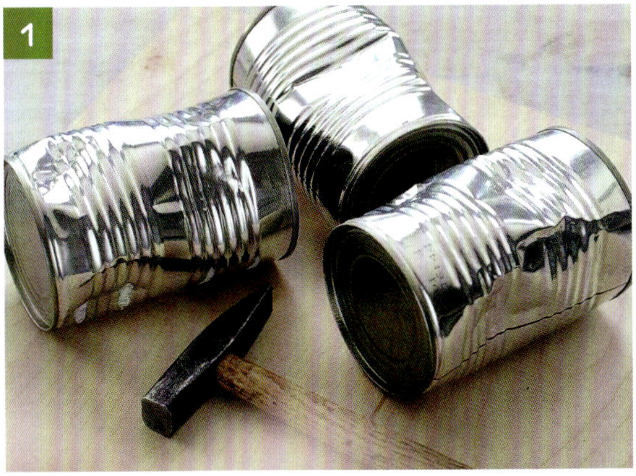


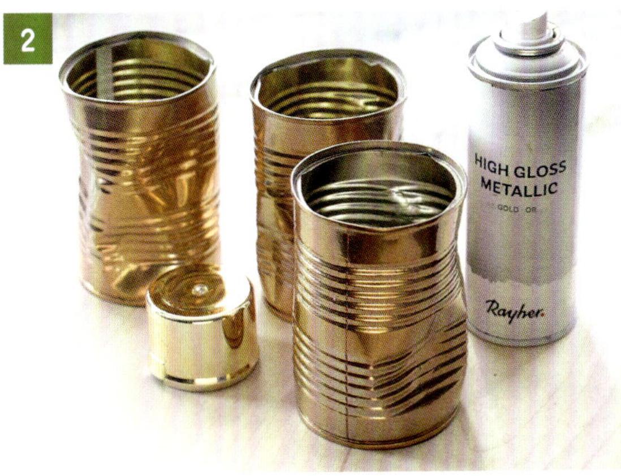


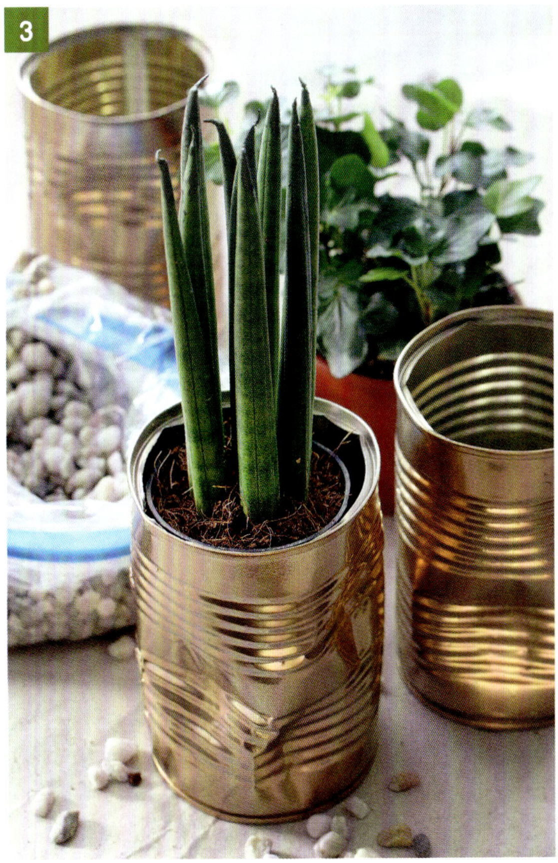


1. Die Dosen von allen Seiten mit dem Hammer bearbeiten, so lange, bis man mit dem Ergebnis zufrieden ist.

2. Dann an einem geeigneten Ort, am besten an der frischen Luft, die Dosen mit Metallic-Lack in Gold einsprühen. Mit einer dünnen Schicht beginnen und nach leichtem Antrocknen noch einmal wiederholen. Dann den Lack gut trocknen lassen.

3. Jetzt kann man die Dosen bepflanzen. Dazu mit kleinen Kieseln oder Blähton teilweise befüllen. Entweder stellt man anschließend die kleinen Plastiktöpfchen komplett in die Büchse, oder man bepflanzt die Dose und füllt den Rest mit Kieseln oder Blähton auf.

Die Steinchen sollen den Nässestau beim Gießen verhindern. Alternativ kann man die Dosen natürlich auch an der Unterseite mehrmals anbohren. Dann sollte man sie aber später auf kleine Untersetzer stellen.

# Alte Meister ...

**MATERIAL:**
GETRÄNKEDOSEN, ACRYLFARBE, SERVIETTENKLEBER, PINSEL, LINEAL, CUTTER, LASERFARBKOPIEN

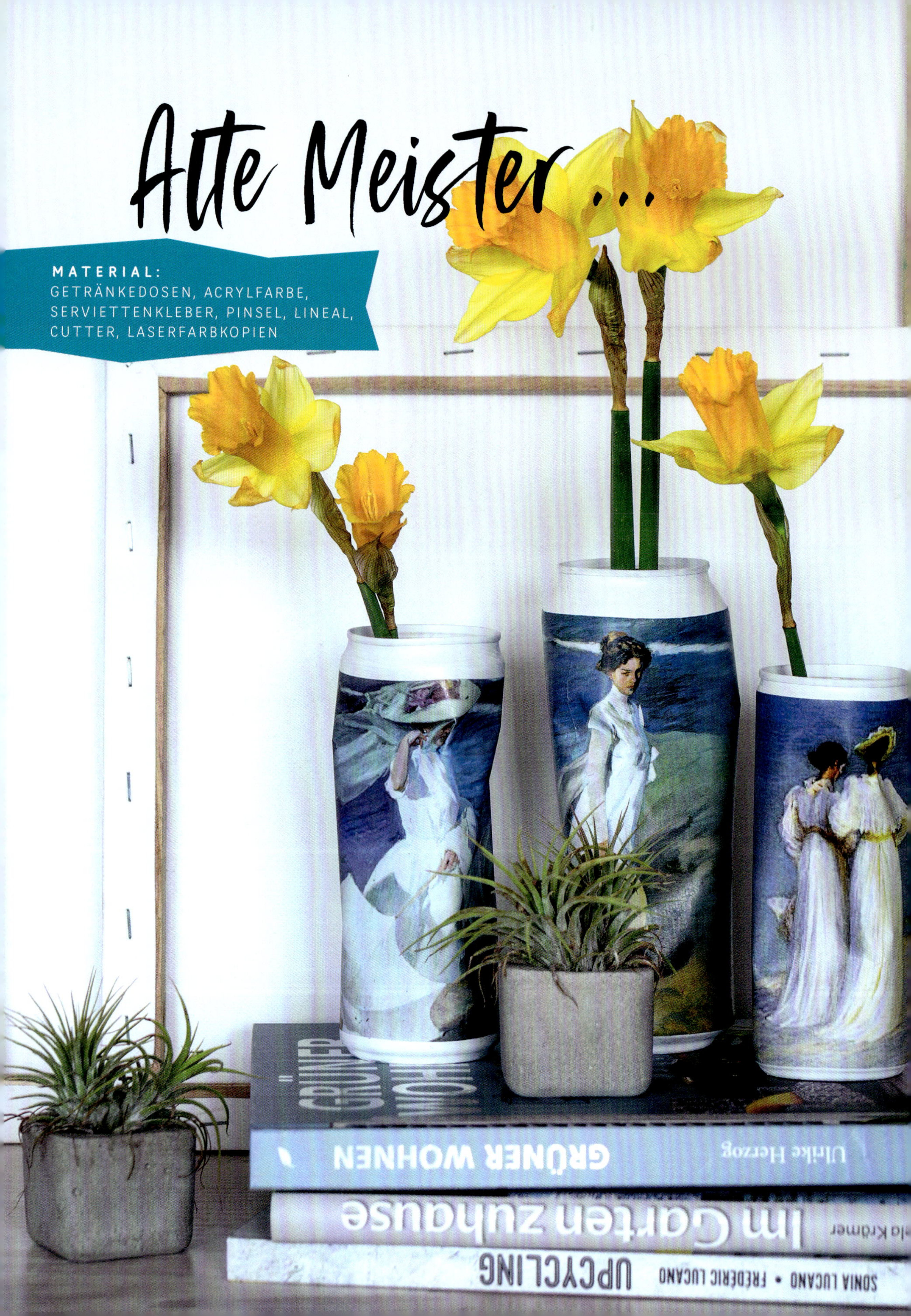

KEIN BEGNADETER KÜNSTLER? EGAL! DENN DAFÜR SIND ANDERE DA. DIE WERKE DER LIEBLINGSKÜNSTLER VERSAMMELT MAN GANZ EINFACH UM SICH HERUM MIT EINER KLEINEN KUNSTGALERIE AUS DOSENVASEN. ABER NATÜRLICH FUNKTIONIERT ES AUCH MIT EIGENEN GEMÄLDEN ODER MIT FOTOS DER LIEBSTEN.

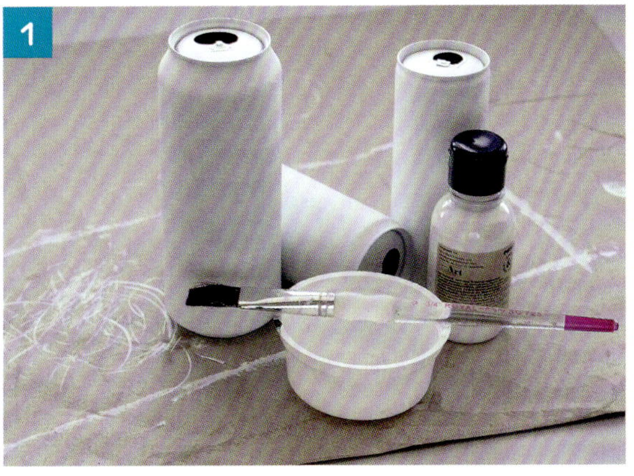


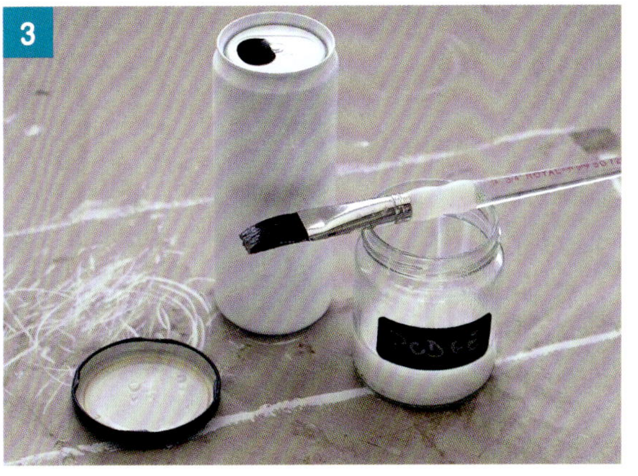


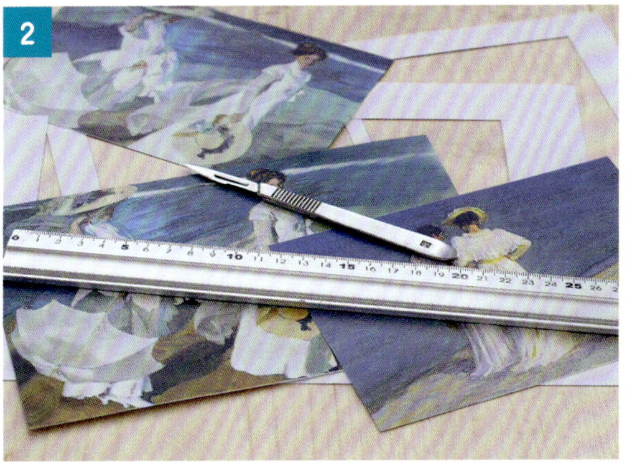


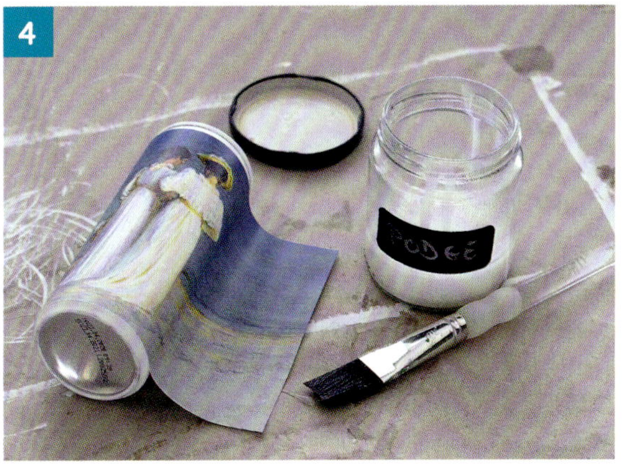


1. Die ausgespülten Dosen pinselt man zunächst mit weißer Acrylfarbe ein. Die Farbe gut antrocknen lassen. (Alternativ geht natürlich auch Sprühlack, aber das ist hier nicht unbedingt notwendig.)

2. Dann benötigt man die Vorlagen. Hier kann man im Internet schauen, ob man etwas Passendes findet. Die Dosen vorher ausmessen und die Vorlagen entsprechend auf die richtige Größe bringen. Wichtig ist, dass es sich bei den Kopien um Laserausdrucke handelt. Mit einem Tintenstrahldrucker geht es nicht, da die Tinte verläuft.

3. Zuerst die Dose mit einer Schicht Serviettenkleber einpinseln, dann die Rückseite der Vorlage. Eine Anleitung, wie man sich den Kleber selbst mischt, steht auf Seite 12.

4. Anschließend das Bild auf die Dose kleben und glatt streichen, sodass keine Blasen entstehen.

Fortsetzung auf
der nächsten Seite

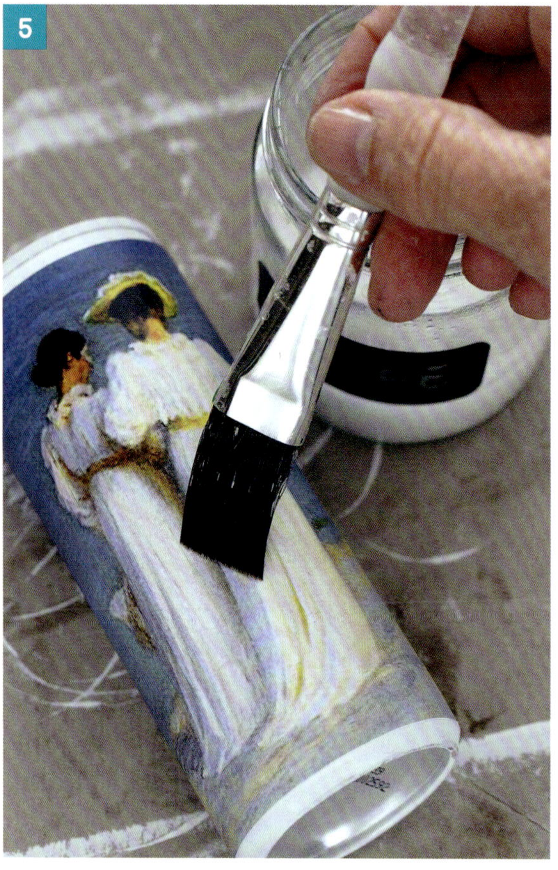



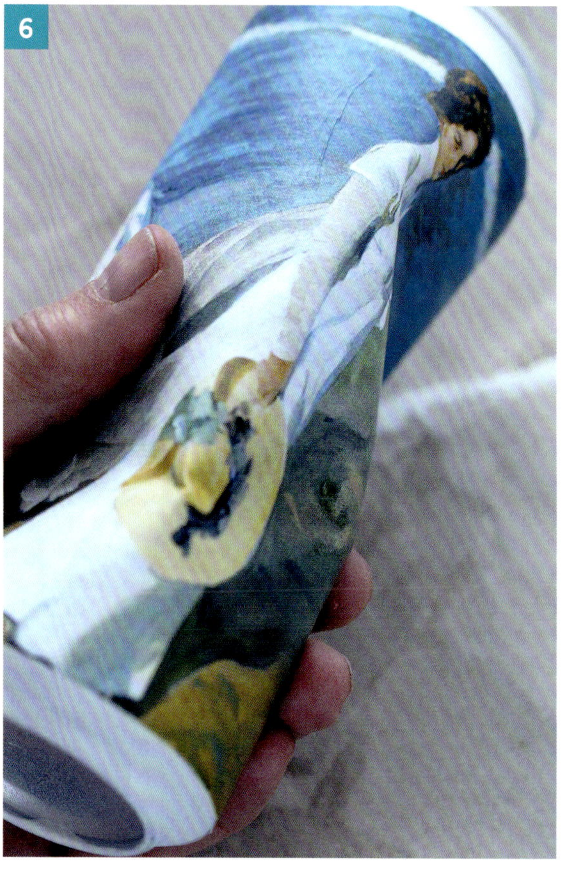



5. Wenn der Kleber getrocknet ist, zieht sich das Motiv noch ein bisschen glatt. Zum Abschluss noch einmal eine Schicht Kleber als Finish auftragen.

6. Ist auch diese Schicht getrocknet, kann man, wenn man möchte, die Dosen noch ein wenig einknicken.

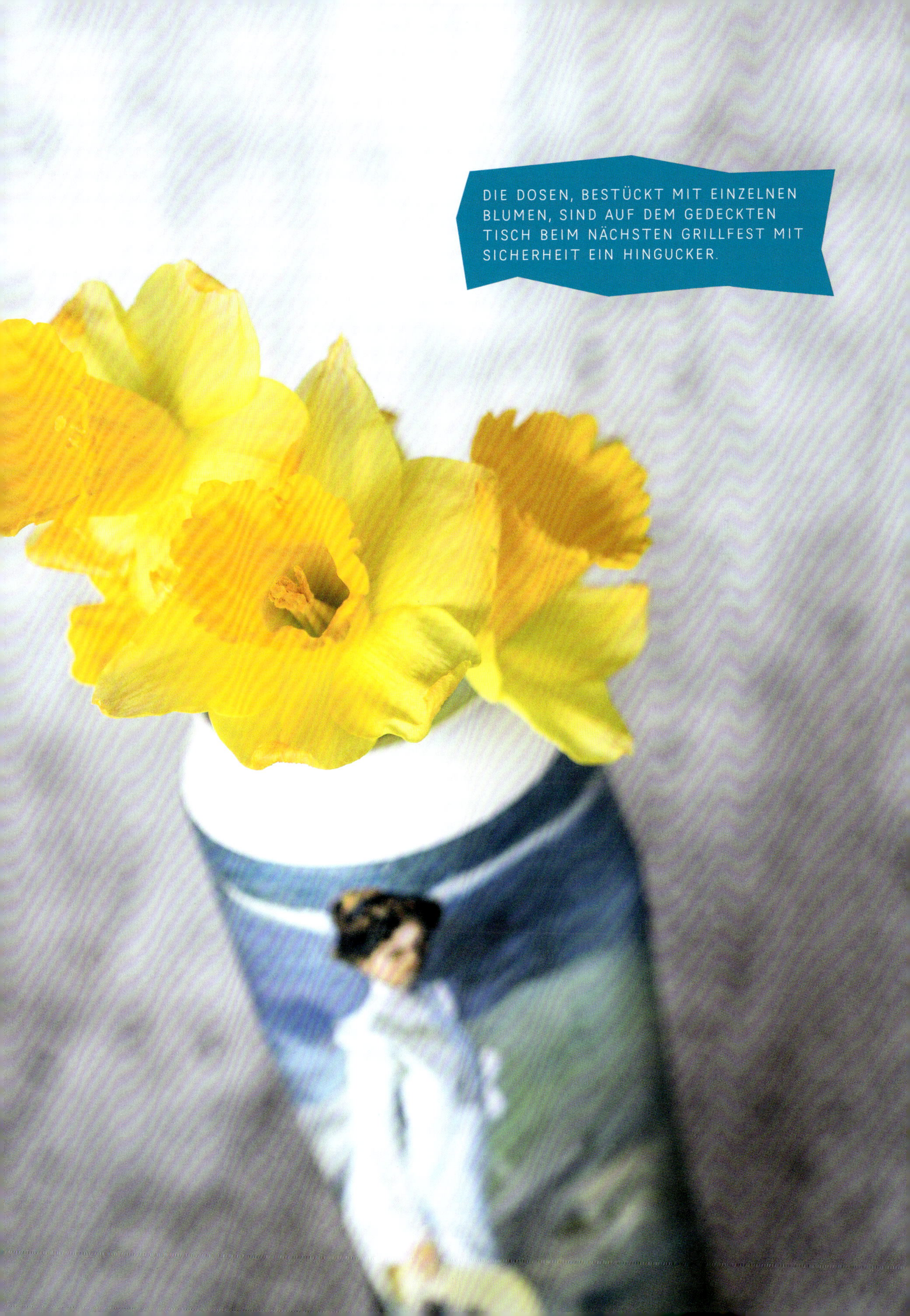

DIE DOSEN, BESTÜCKT MIT EINZELNEN BLUMEN, SIND AUF DEM GEDECKTEN TISCH BEIM NÄCHSTEN GRILLFEST MIT SICHERHEIT EIN HINGUCKER.

# Black Beauties

**MATERIAL:**
GETRÄNKEDOSEN, ACRYLFARBE, PINSEL, TEMPORÄRE TATTOOS, KLEINER SCHWAMM ODER TUCH, KLARLACK

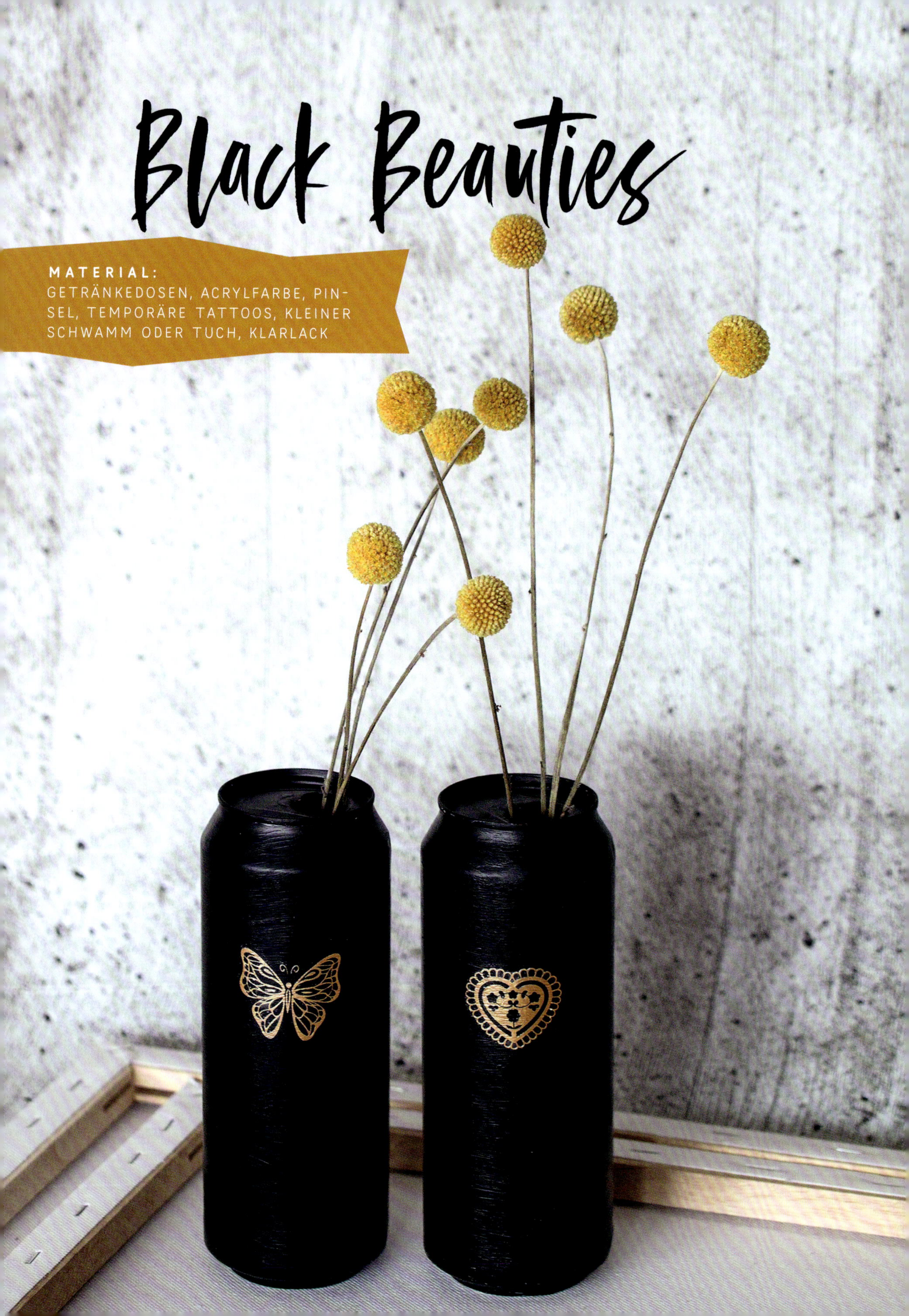

NOCH EINFACHER GEHT ES MIT GOLDENEN TEMPORÄREN TATTOOS. DIE SEHEN AUF WEISS, ABER VOR ALLEM AUF SCHWARZ SEHR SCHICK AUS. AUCH EIN SUPER GESCHENK, WENN MAL EIN PASSENDES VÄSCHEN FÜR DIE BLUME FEHLT.

1

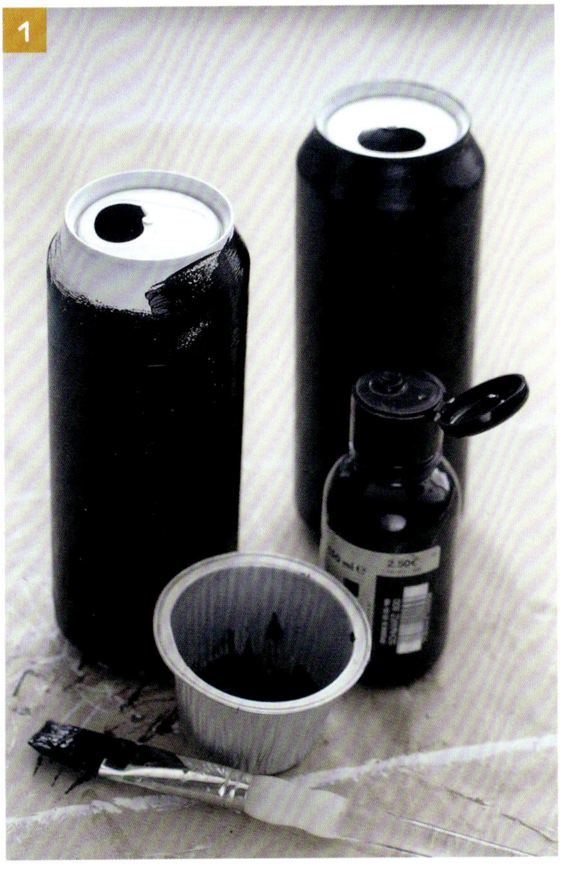

2

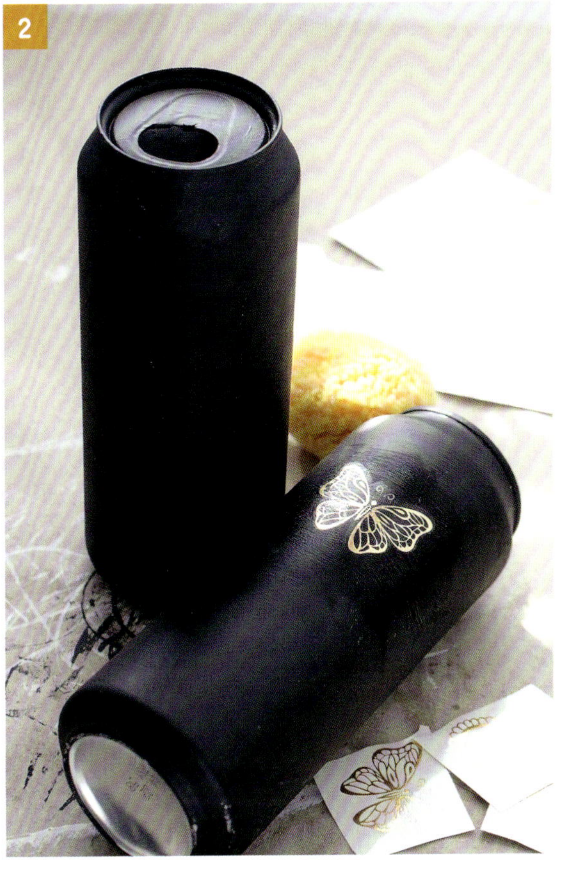

1. Die ausgespülten Dosen mit schwarzer Acrylfarbe deckend anmalen und die Farbe gut antrocknen lassen.

2. Die temporären Tattoos nach Angaben des Herstellers auf die Dosen bringen. Dazu kann man einen kleinen Schwamm oder ein Stück Stoff verwenden.

Feuchte Papiertücher eignen sich nicht so gut, da sie auf der schwarzen Dose leicht Fusseln hinterlassen.

Nach dem Trocknen der Tattoos die Dosen noch mit einer Lackschicht überziehen: Sprühlack aus der Dose oder Serviettenkleber dünnflüssig aufgepinselt.

# Polka Dots

**MATERIAL:**
DOSEN, NAGEL, HAMMER, BOHRER, ZWEI UNTERSCHIEDLICHE ACRYLFARBEN, PINSEL, SCHAUMSTOFF-STEMPEL, ZIERBAND, ERDE, PFLANZEN

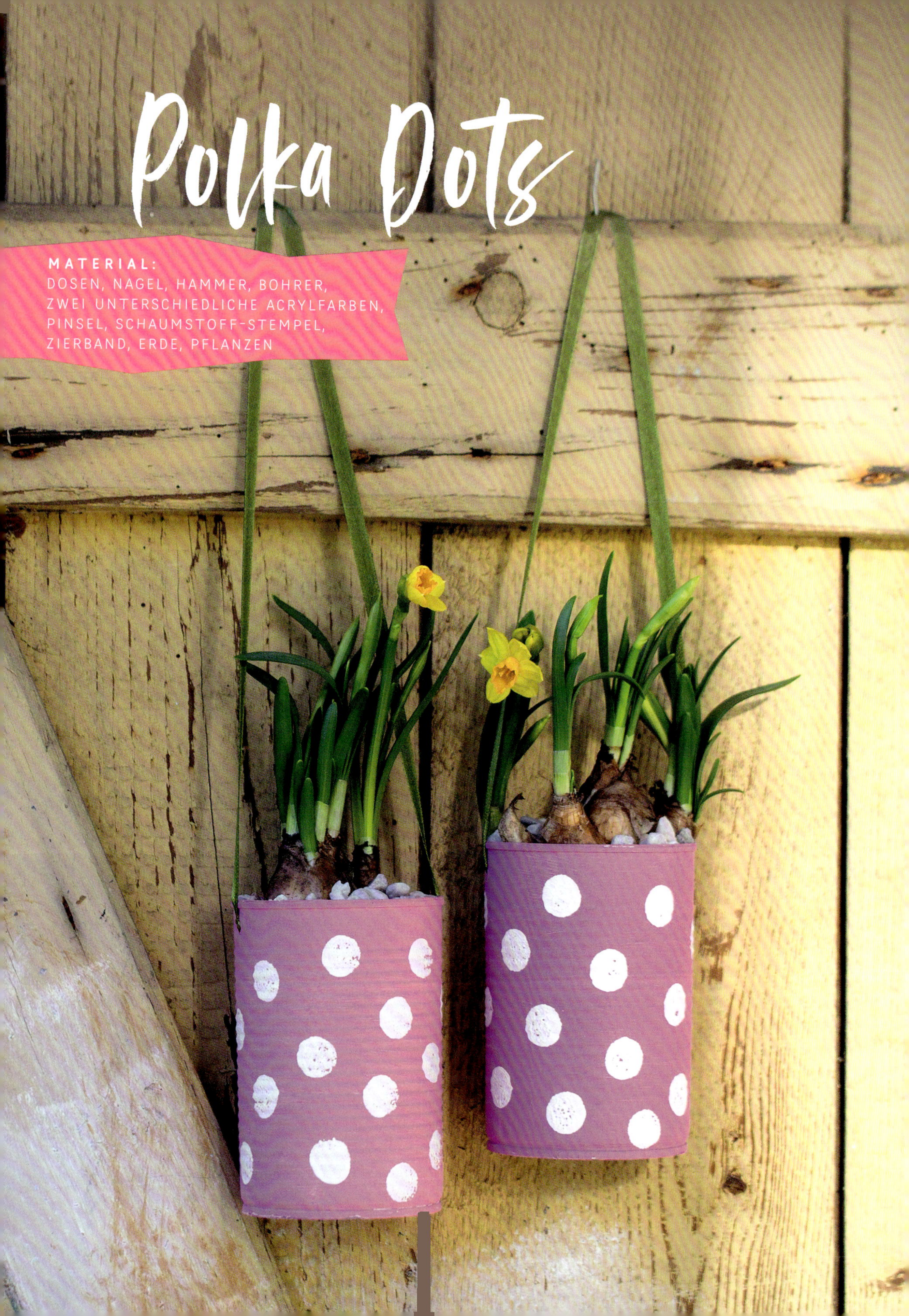

EIN HÜBSCHES GESCHENK, WENN MAN ZU EINEM GARTENFEST EINGELADEN IST. ANSTATT DIE BLUMEN IN PAPIER EINZUSCHLAGEN, IST ES DOCH EINE FEINE IDEE, SIE GLEICH IN EINE BLUMENAMPEL ZU PFLANZEN. SO SIND SIE SOFORT EINSATZBEREIT.

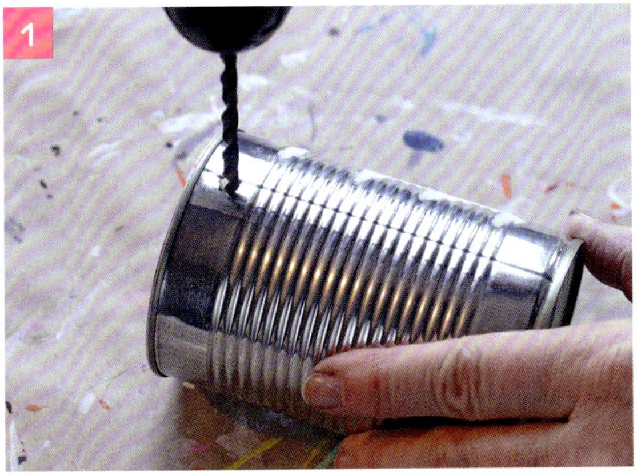


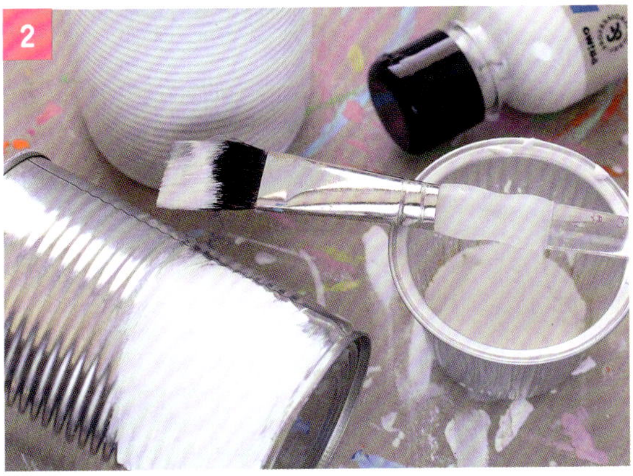


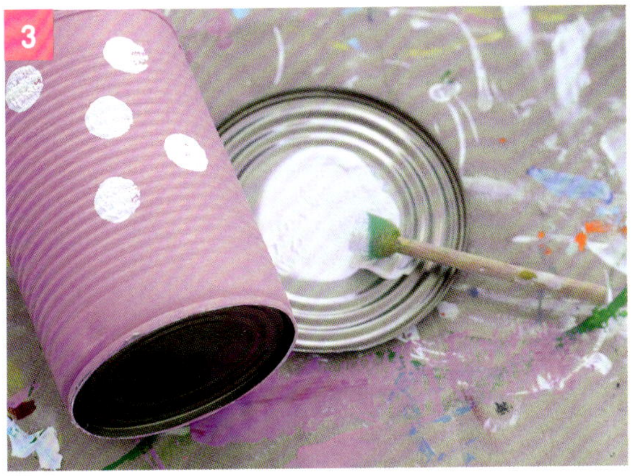


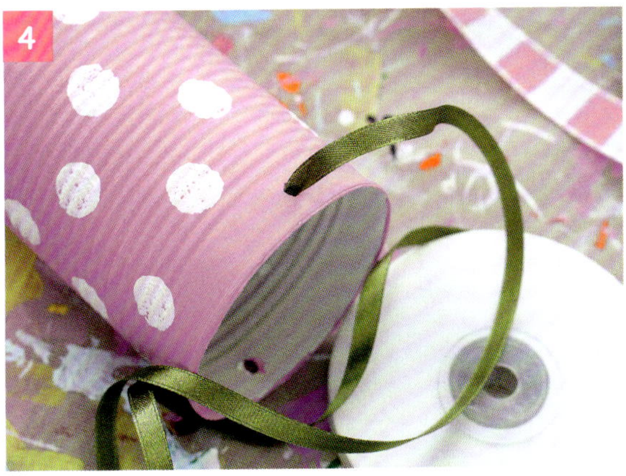


1. Für die Aufhängung müssen zuerst die Löcher links und rechts gebohrt werden. Dazu die Stellen mit einem Marker markieren. Dann mit Hammer und Nagel die Stelle kurz anschlagen, damit der Bohrer nicht verrutscht. Beim Bohren die Dose oben zusammendrücken, um mehr Spannung auf dem Blech zu haben.

2. Dann die Dosen mit weißer Acrylfarbe vorstreichen, damit die zweite Farbschicht besser deckt.

3. Nach dem Trocknen der Grundfarbe kann man eine Farbe seiner Wahl auftragen. Hier ist es ein pastelliges Rosa. Ist auch diese Farbe komplett angetrocknet, kann man die Punkte mit einem kleinen Schaumstoff-Stempel auf die Dose tupfen.

4. Nun noch ein hübsches Band durch die beiden Löcher ziehen und innen mit dicken Knoten sichern. Dann ist die Dose bereit zum Bepflanzen. Als Ablauf für das Gießwasser sollte man an der Unterseite der Dose noch ein Loch einschlagen.

# Holzverkleidung

**MATERIAL:**
DOSE, HOLZLEISTEN, SÄGE, GUMMIRING, HEISSKLEBEPISTOLE, SCHMIRGELPAPIER, KIESEL, ERDE, PFLANZEN

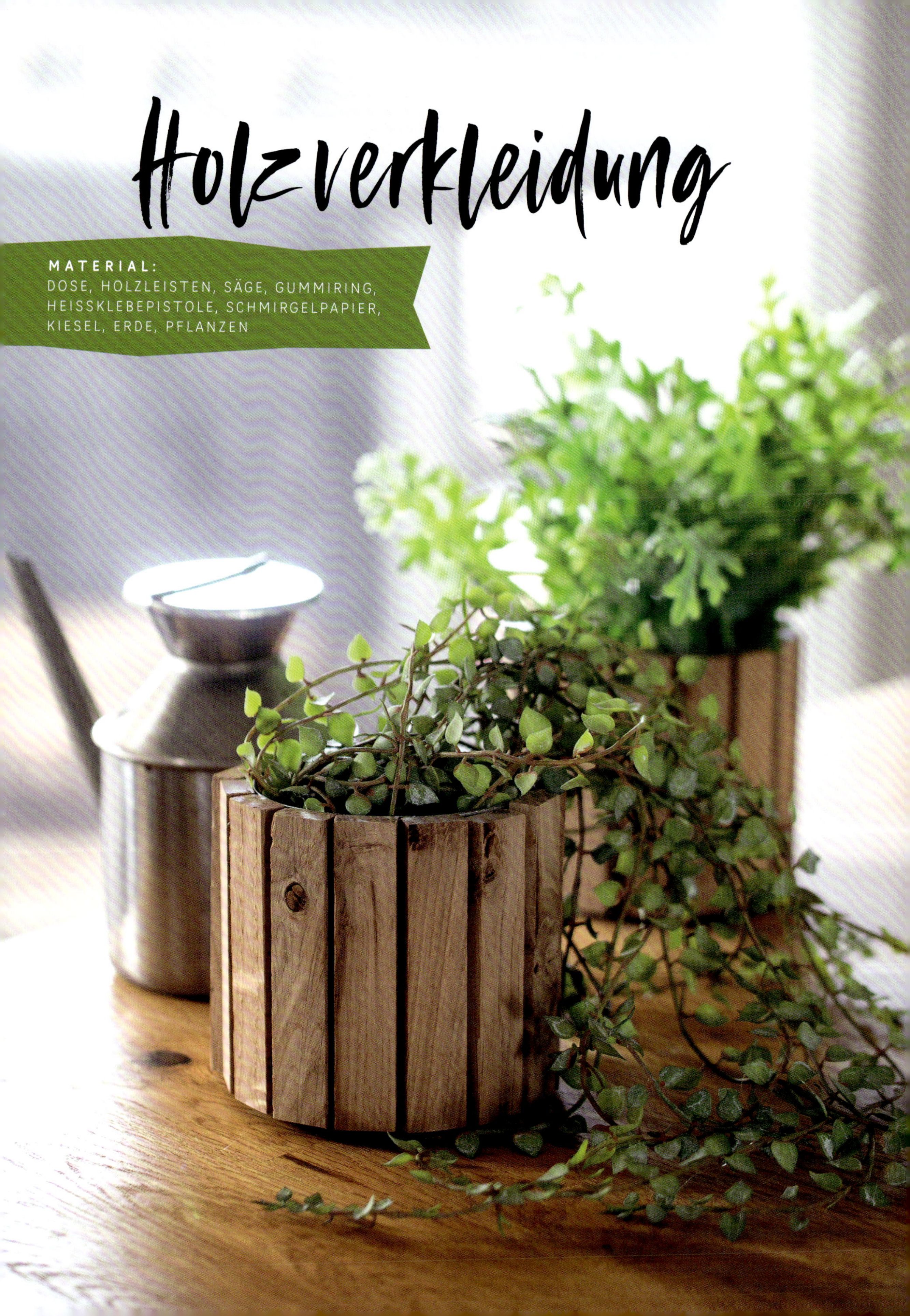

NICHT NUR FÜR PFLANZEN-GESCHENKE EIGENEN SICH DIESE HOLZVERKLEIDUNGEN, AUCH WENN MAL ZU HAUSE DER PASSENDE ÜBERTOPF FEHLT, KANN EINE DOSE AUSHELFEN. STATT DER HOLZLEISTEN KANN MAN HIER AUCH GUT KLEINE ZUGESCHNITTENE ÄSTE VERWENDEN.

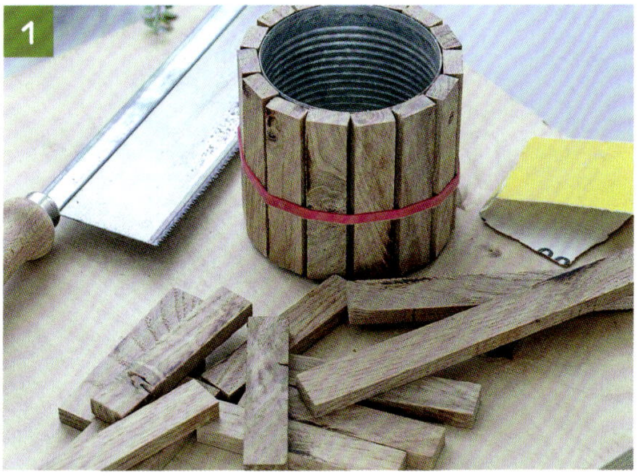


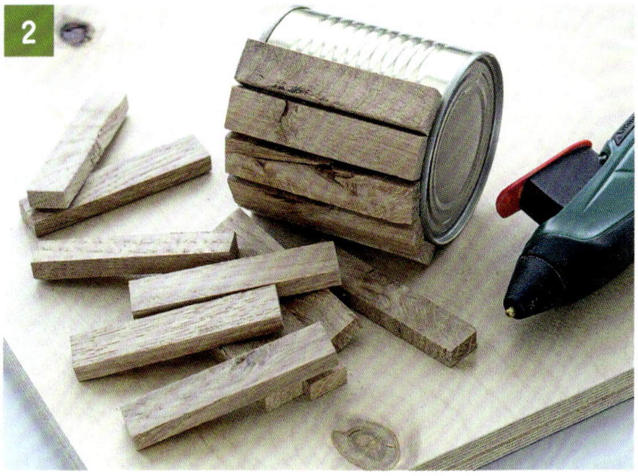


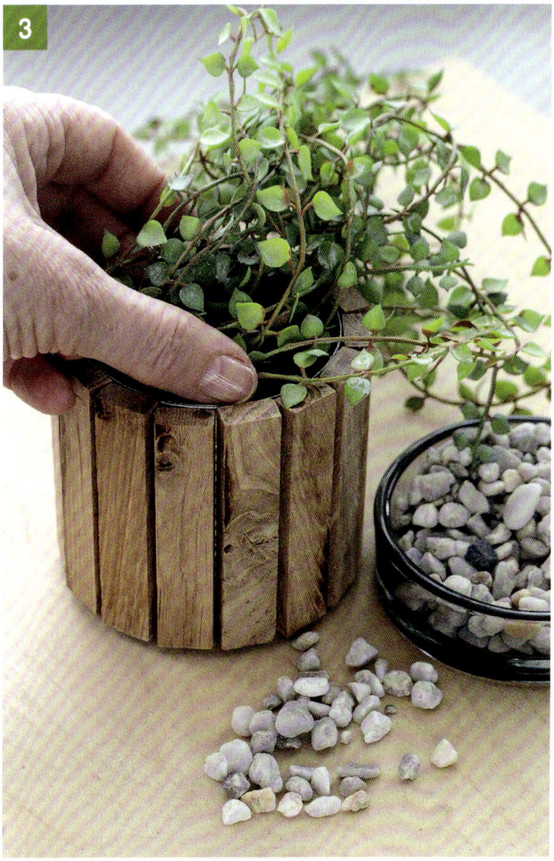


1. Nachdem die Länge der Holzleisten ermittelt ist, testet man, wieviele Leisten um die Dose passen. Dazu kann man die Hölzchen probeweise mit einem Gummiband an der Dose befestigen. Dann die nötige Anzahl zurechtsägen. Die Kanten anschließend noch ein wenig glattschmirgeln.

2. Nun der Reihe nach die einzelnen Hölzchen mit der Heißklebepistole auf die Dose kleben.

3. Vor dem Eintopfen der Pflanzen eine kleine Schicht Kiesel (oder Blähton) in die Dose einfüllen, damit es keine Staunässe gibt. Dann Erde und Pflanze einsetzen.

Alternativ kann man auch mit einem Metallbohrer kleine Löcher in den Boden bohren. Dann benötigt man allerdings eine kleine Auffangschale.

# Königinnen-Style

**MATERIAL:**
DOSEN, MASSBAND, PAPIER, STIFTE, SCHERE, BLECHSCHERE, PERLEN, HEISSKLEBEPISTOLE, ACRYLFARBEN (SCHWARZ, GRAU UND WEISS) PINSEL, BABYPUDER

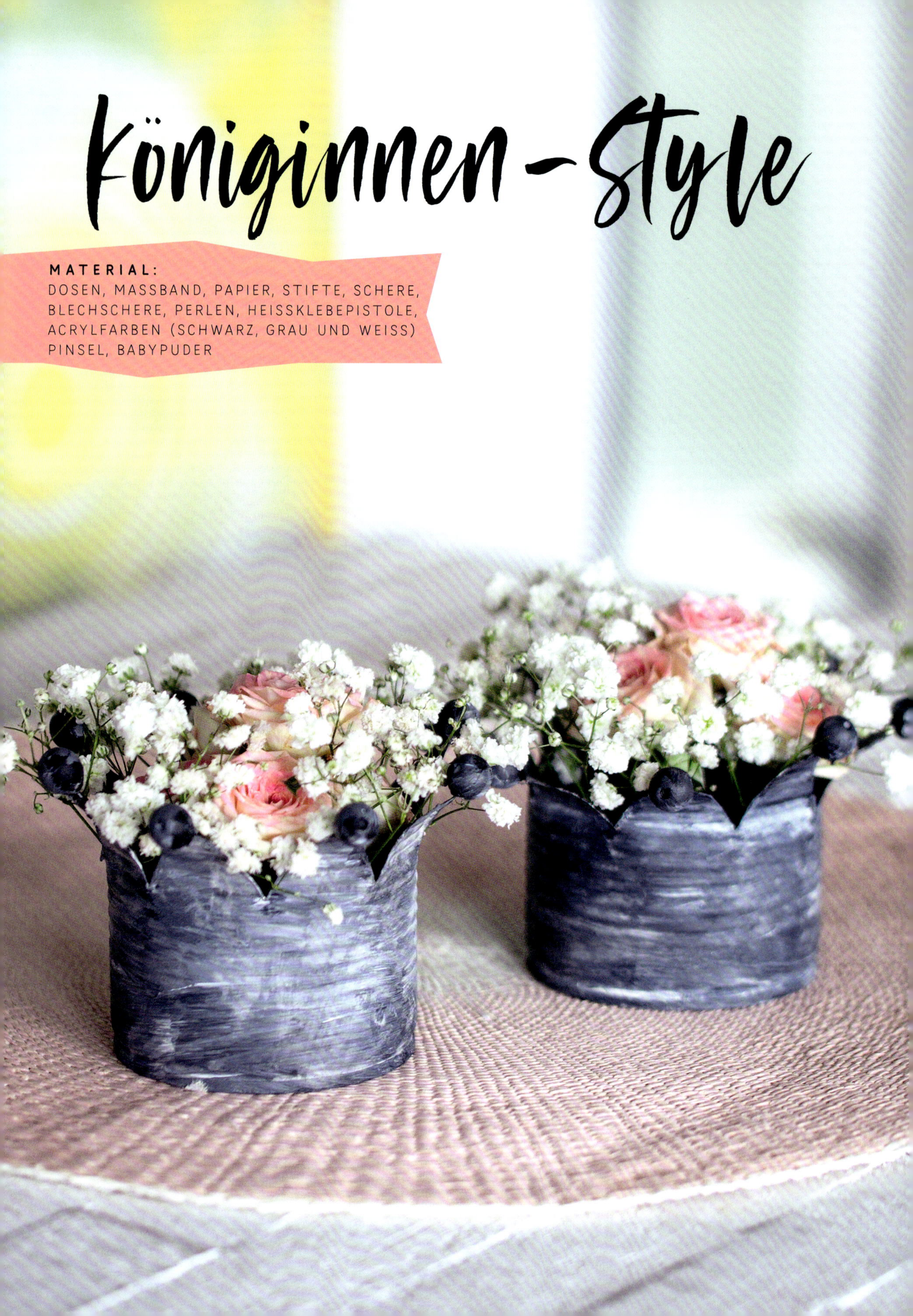

DA BRICHT SICH NIEMAND EINEN ZACKEN AUS DER KRONE, WENN ALS DEKORATION OLLE KONSERVENDOSEN AUF DEM TISCH STEHEN. WAHRSCHEINLICH MERKEN DAS DIE GÄSTE NOCH NICHT MAL UND WUNDERN SICH NUR ÜBER DIE TOLLEN ANTIKEN BLUMENHALTER.

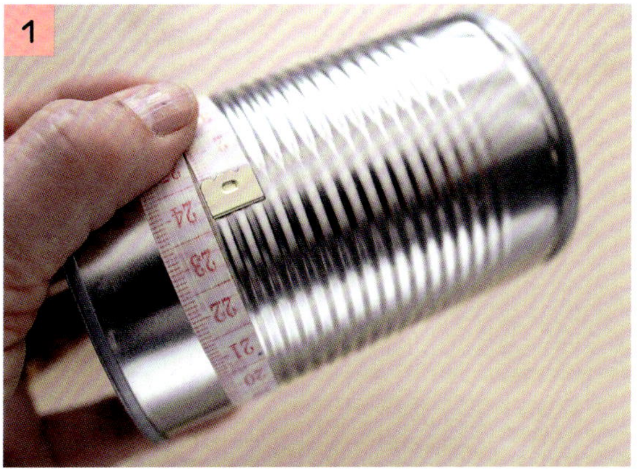

1

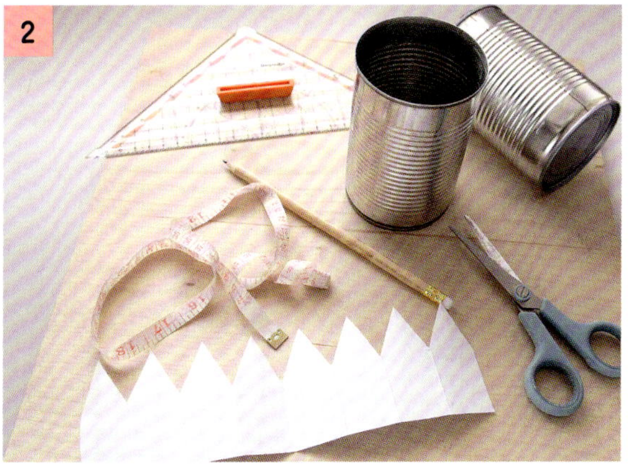

2

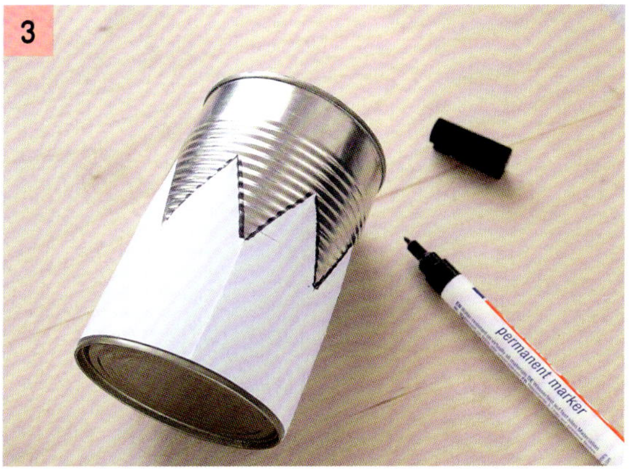


3

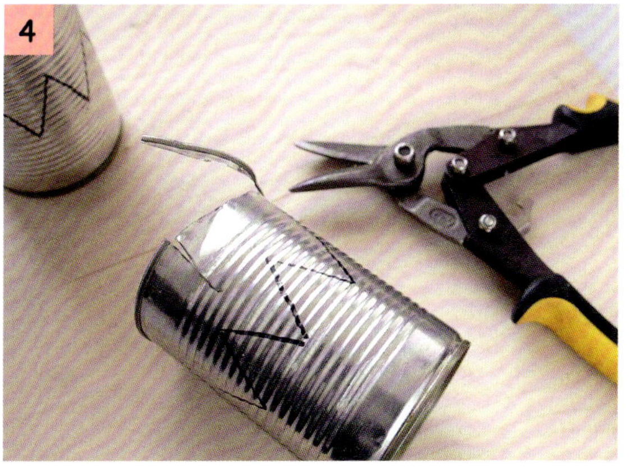

4

1. Nach dem Reinigen der Dose ermittelt man mit einem Maßband ihren Umfang und überträgt das Maß auf einen Bogen Papier. Anschließend legt man noch die gewünschte Höhe fest.

2. Für eine gerade Zahl von Zacken faltet man den Streifen Papier nun einfach immer wieder in der Mitte, bis die gewünschte Anzahl erreicht ist. In diesem Beispiel sind es acht Zacken.
Dann legt man noch die Länge der Zacken fest, zeichnet sie mit einem Stift auf das Papier und schneidet die Schablone anschließend aus.

3. Mit einem Klebestreifen kann man nun die Schablone an der Dose befestigen und mit einem Permanentmarker die Zacken auf die Dose übertragen.

4. Mit einer Blechschere schneidet man dann zunächst in den dicken oberen Rand der Dose, den man komplett abtrennt. Am besten ist es, wenn man einen recht breiten Steifen bis kurz oberhalb der Zacken abschneidet. Vorsicht: Die Kanten sind sehr scharf.

Fortsetzung auf
der nächsten Seite

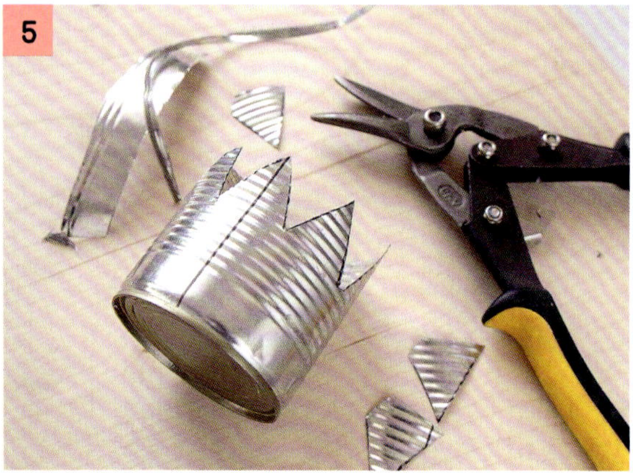


5. Nun schneidet man Stück für Stück die Zacken aus. Auch hier vorsichtig vorgehen. Wer mag, kann dabei Handschuhe tragen.

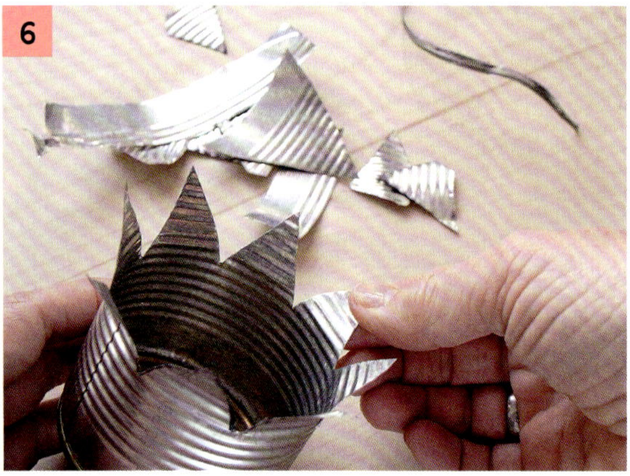


6. Sind alle Zacken ausgeschnitten, biegt man sie leicht nach außen.

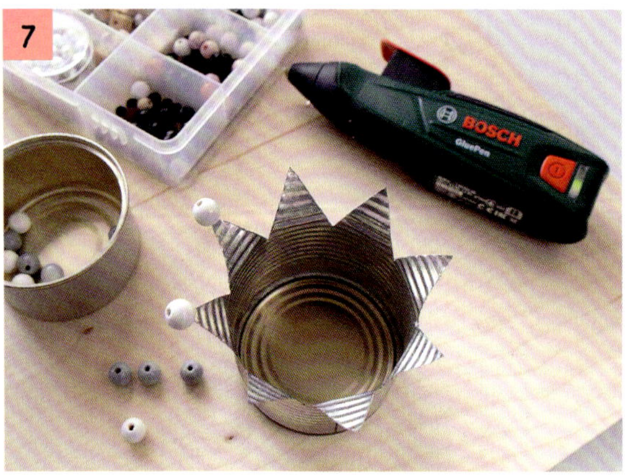


7. Nun mit der Heißklebepistole (oder Sekundenkleber) die Perlen auf die Spitzen kleben.

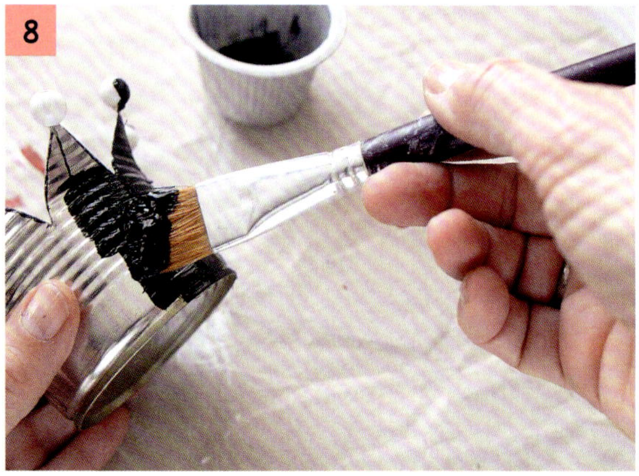


8. Die erste Farbe, die außen und innen aufgetragen wird, ist Schwarz. Dabei auch die Löcher der Perlen nach und nach schließen.

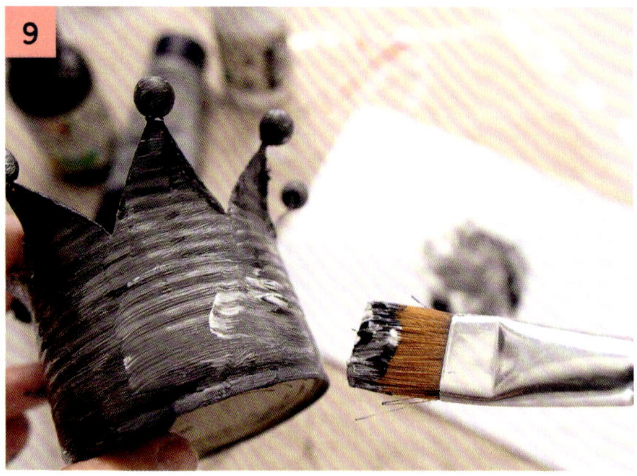


9. Dann vermischt man vorsichtig Schwarz, Grau und Weiß auf einer Palette und trägt die Farbe unregelmäßig auf.

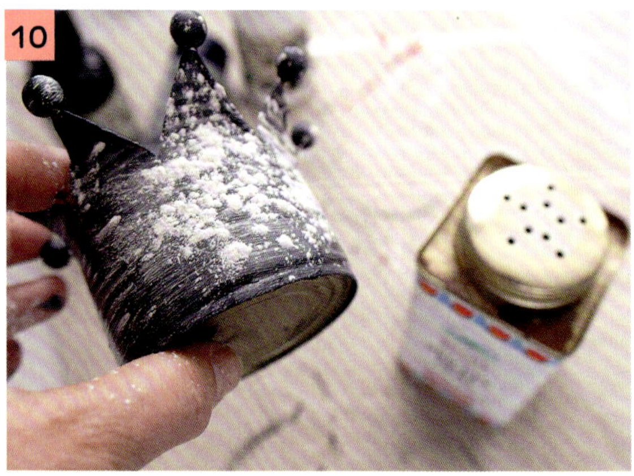


10. Auf die noch feuchte Farbschicht bringt man nun großzügig Puder auf. Die Farbe gut trocknen lassen. Später den Puder mit einem großen Pinsel abfegen.

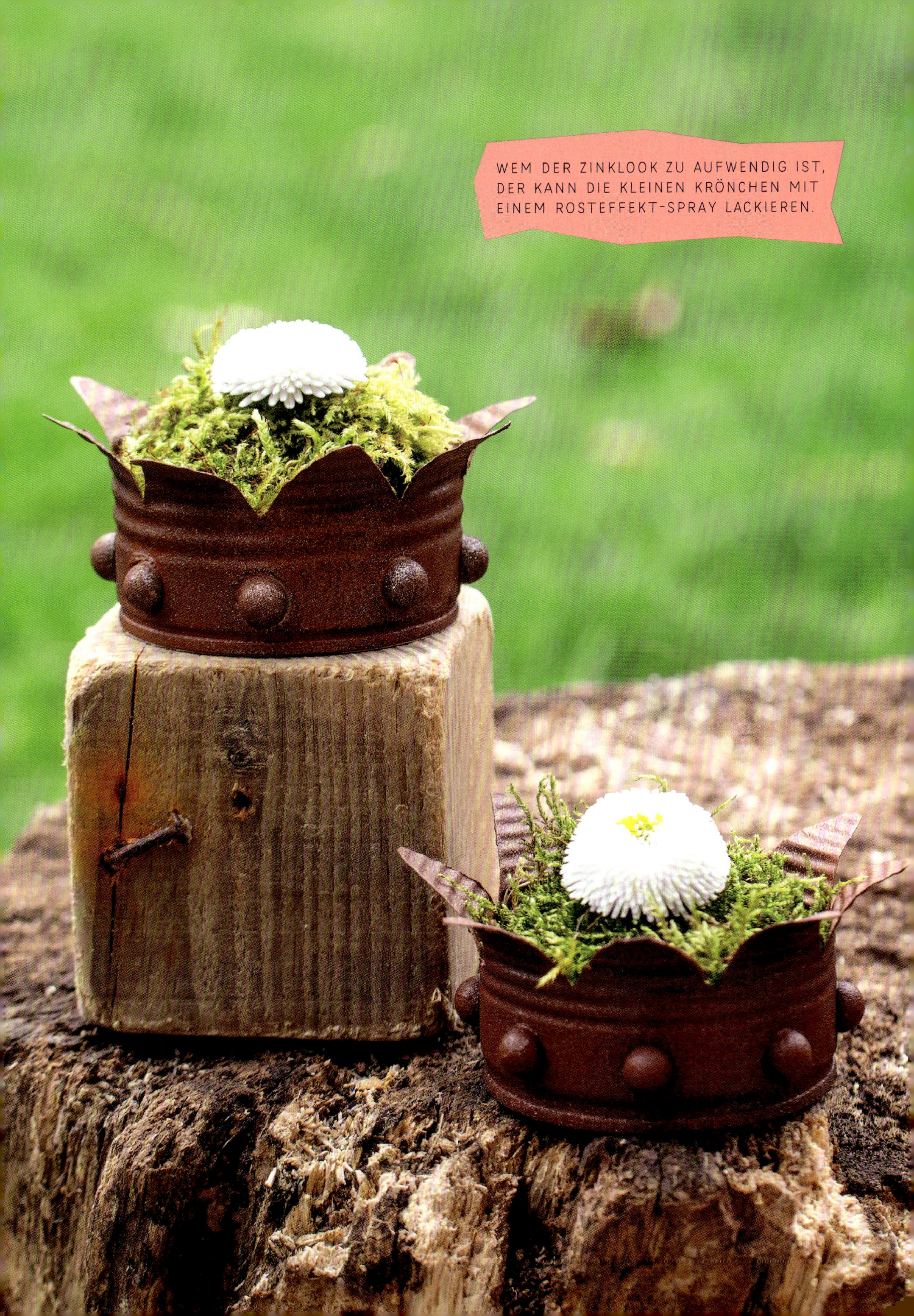

WEM DER ZINKLOOK ZU AUFWENDIG IST, DER KANN DIE KLEINEN KRÖNCHEN MIT EINEM ROSTEFFEKT-SPRAY LACKIEREN.

# Kleiner Hochstapler

**MATERIAL:**
DREI DOSEN, ACRYLLACK, RUNDSTÄBE (CA. 15 MM DURCHMESSER), UNTERLEGSCHEIBEN, SÄGE, SEKUNDENKLEBER

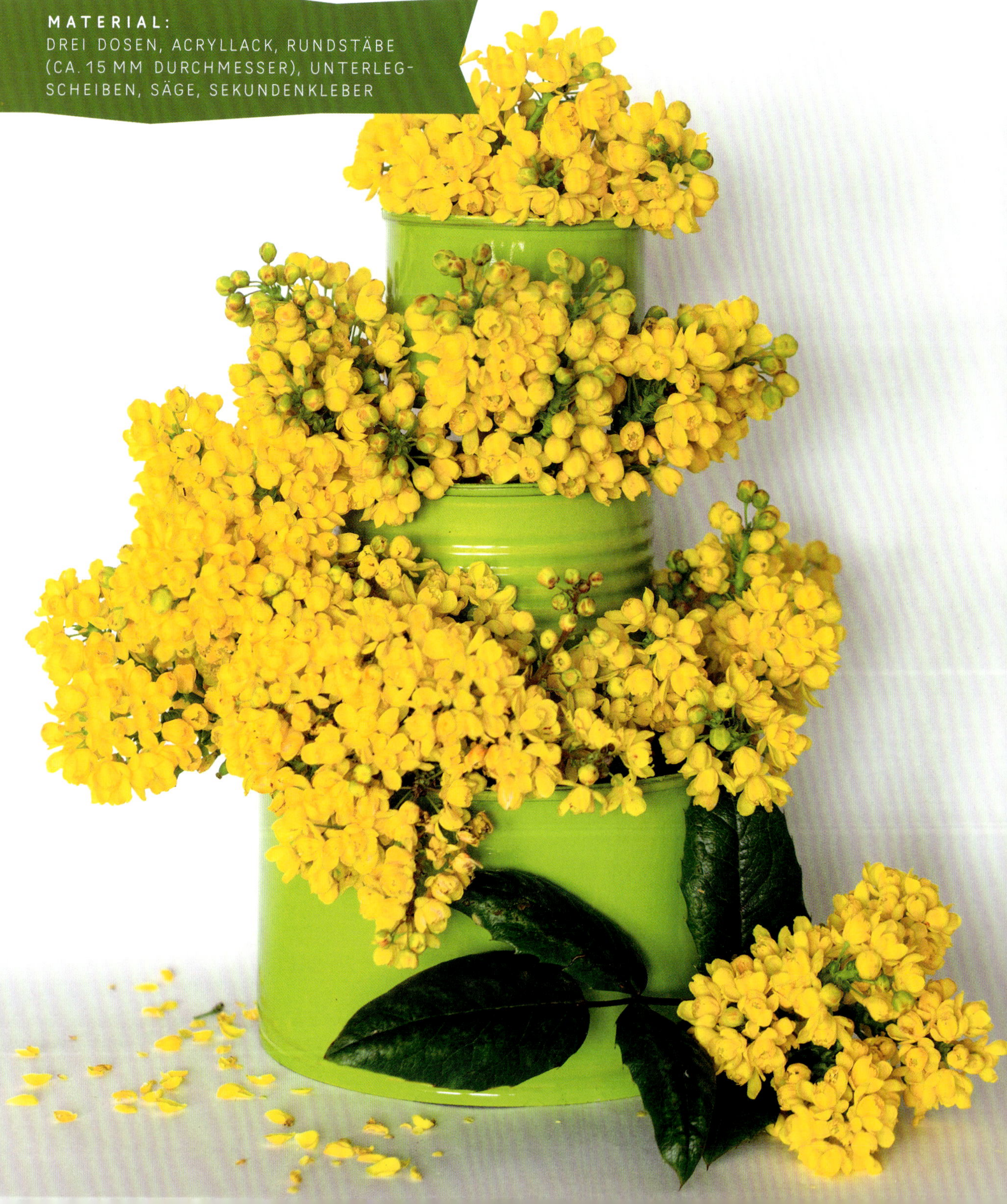

EINE BLUMENVASE IST SCHÖN – DREI ÜBEREINANDER IST BESSER! EINE ETAGERE AUS DOSEN FÜR EIN BLUMENPOTPOURRI AUS DEM GARTEN. AM BESTEN MACHEN SICH HIER ÜPPIGE BLÜTEN, DIE DIE DOSEN SO RICHTIG AUSFÜLLEN.

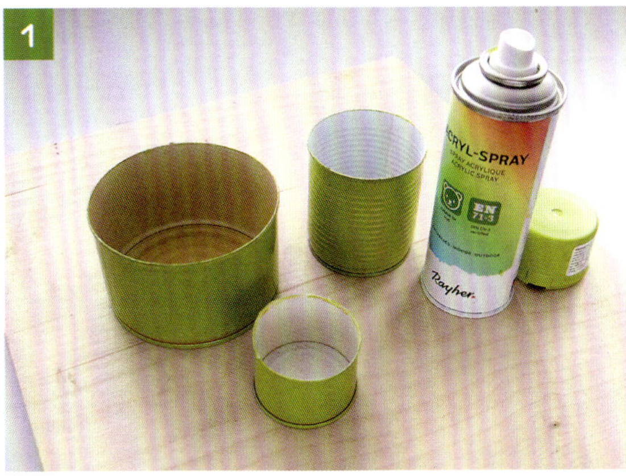


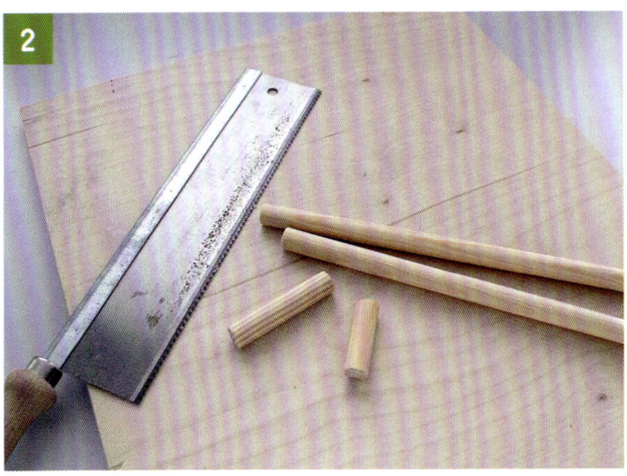


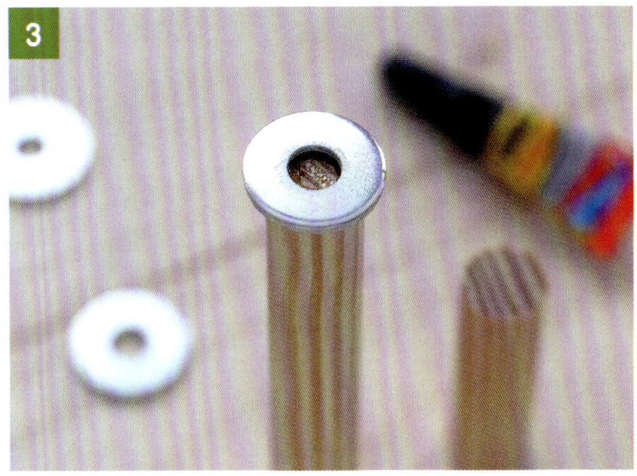


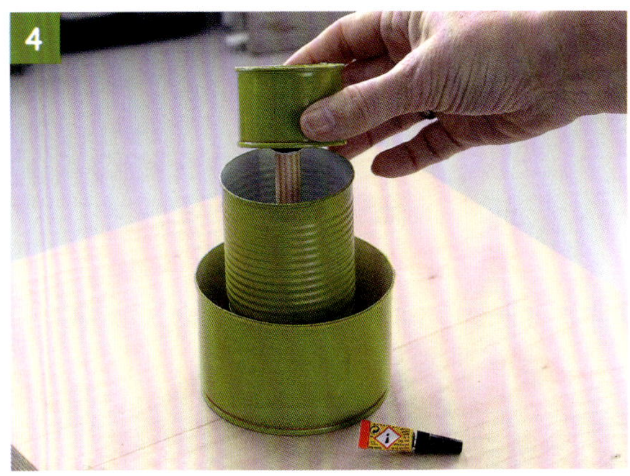


1. Drei Dosengrößen wählen, die sich gut ineinander stapeln lassen, und die Dosen in der gewünschten Farbe lackieren.

2. Dann die kleinen Mittelstützen aus den Rundhölzern zurechtsägen. Auf ihnen klebt später jeweils eine der kleineren Dosen. Längen entsprechend der Dosenhöhen anpassen.

3. Für ein bisschen mehr Halt kann man auf die Hölzer noch Unterlegscheiben mit Sekundenkleber aufkleben.

4. Dann das erste Rundhölzchen mit Sekundenkleber in die größte Dose kleben. Darauf dann die zweite Dose befestigen. In diese klebt man anschließend wieder ein Stück Rundholz am Boden fest und klebt die letzte kleine Dose oben drauf.

Dosen mit Wasser befüllen und kleine Blütenstängel darin arrangieren.

# Schick eingetutet

**MATERIAL:**
DOSEN, DOSENÖFFNER, LOCHZANGE, HAMMER, PINSEL, ACRYLFARBEN, SERVIETTEN, SERVIETTENKLEBER, DRAHT, FOLIE, SCHERE

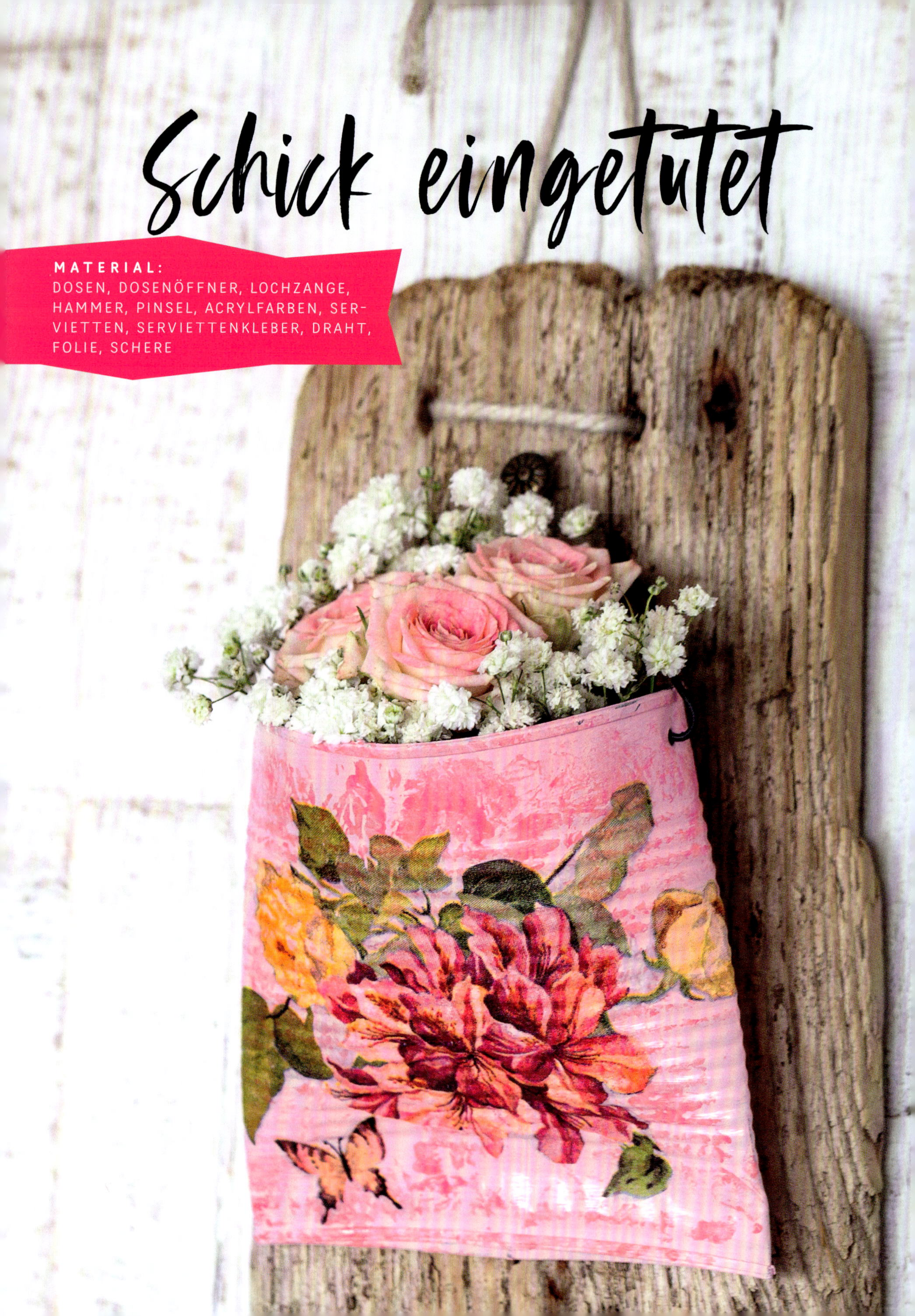

EINE BLUMENAMPEL DER ETWAS ANDEREN ART. DA IST KAUM NOCH ZU ERKENNEN, DASS ES MAL EINE KONSERVENDOSE WAR. EIN HÜBSCHES MITBRINGSEL ODER AUCH FÜR ZU HAUSE GANZ PRAKTISCH – AUCH ALS HALTER FÜR DIE LESEBRILLE ODER DAS MOBILTELEFON.

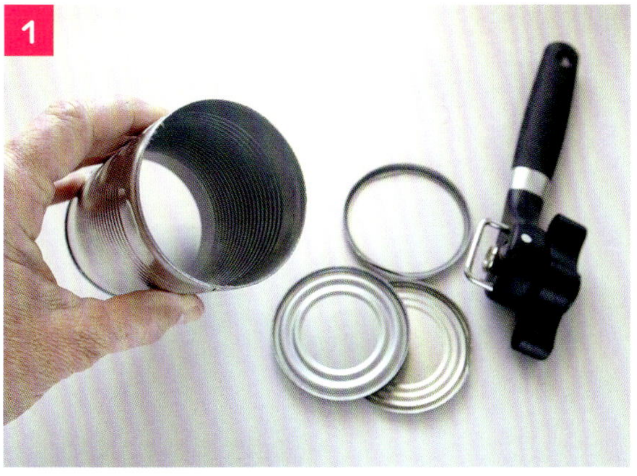


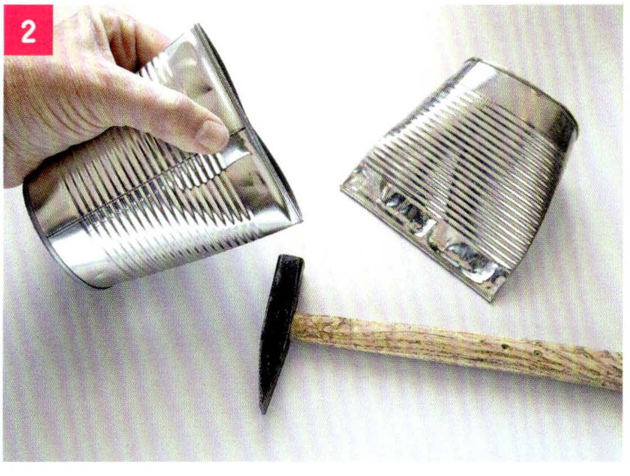


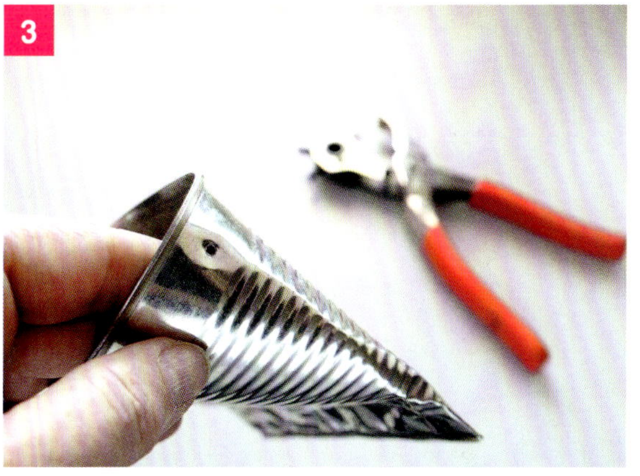


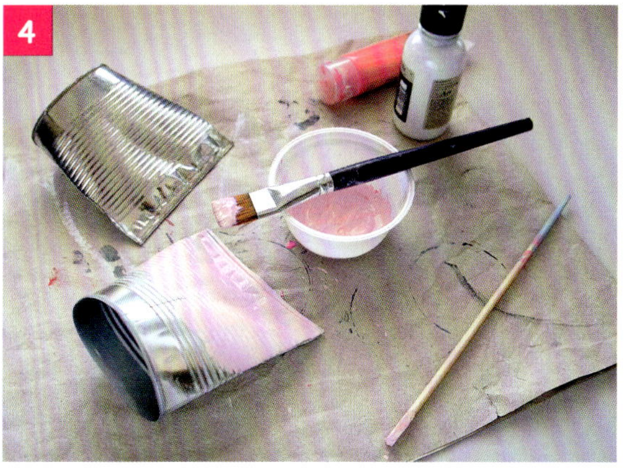


1. Für diese Dosentüten muss man sowohl den Deckel als auch den Boden der Dosen mit dem Dosenöffner entfernen.

2. Anschließend drückt man eine Seite der Dose fest zusammen und bearbeitet den Rand mit dem Hammer, um die Dose richtig zusammenzupressen. Wer einen Schraubstock hat, kann den Dosenrand auch darin einspannen und die Ränder fest aufeinanderdrücken.

3. Dann mit einer Lochzange an der offenen Seite der Dose rechts und links ein Loch stanzen. Wer keine Lochzange verwenden möchte, sollte die Löcher am Anfang mit einem Nagel hineinschlagen.

4. Nun können die Dosen in der gewünschten Farbe angepinselt werden. Da anschließend mit Servietten gearbeitet wird, sollte die Farbe sehr hell sein, denn nur so kommen die Muster richtig zur Geltung.

Ein bis zwei Schichten Farbe auftragen, damit sie richtig deckt. Wer mag, kann die letzte Schicht auch grob auftupfen oder mit einem anderen, etwas dunklerem Farbton arbeiten.

Fortsetzung auf der nächsten Seite

5

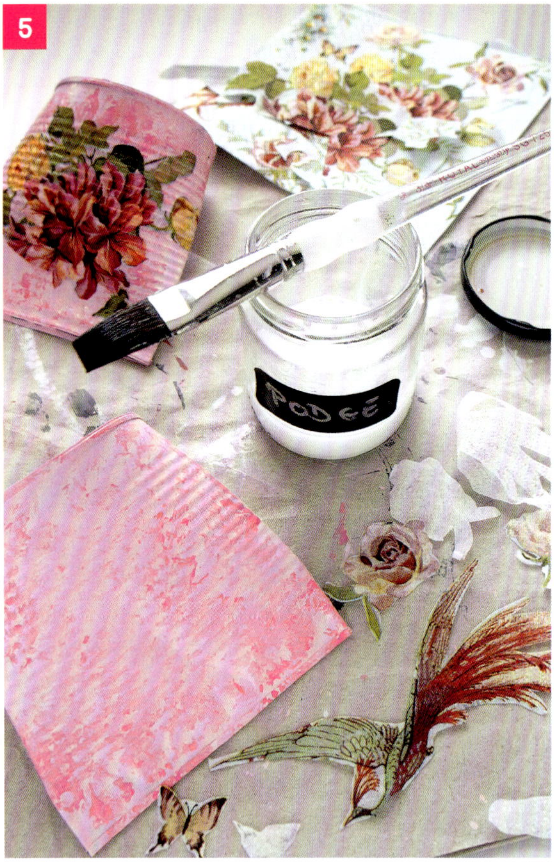


6

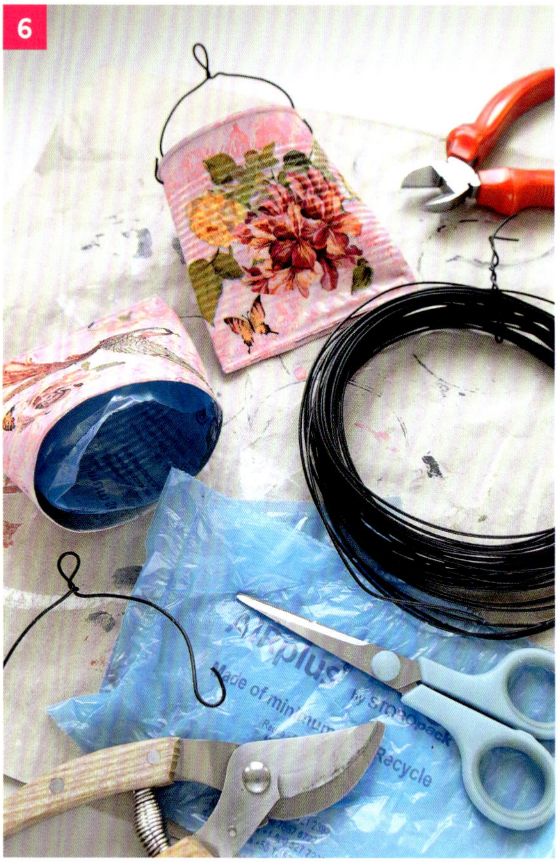

5. Nachdem die Farbe richtig angetrocknet ist, kann man beginnen, die Serviettenmuster aufzukleben. Dazu das gewünschte Muster knapp mit der Schere ausschneiden und die oberste Schicht der Serviette ablösen.

Anschließend etwas Kleber auf die Dose pinseln, die Serviette vorsichtig platzieren und mit dem Pinsel feststreichen.

Sind alle Teile aufgeklebt und angetrocknet, kann man die komplette Dose noch einmal mit dem Kleber übermalen. So sind alle Teil auch gut gegen Wasserflecken geschützt.

**Tipp:** Serviettenkleber lässt sich leicht selbst herstellen. Eine Anleitung befindet sich auf Seite 12.

6. Möchte man die kleinen Dosentüten später bepflanzen, muss man sie ein wenig mit Folie ausschlagen, da die Unterseite ja nicht wirklich dicht ist. Dazu zum Beispiel einfach eine alte Tüte zerschneiden.

Für die Aufhängung kann man sich einen Draht biegen und durch die Löcher am Rand fädeln. Alternativ funktioniert natürlich auch ein Stück Sisalschnur.

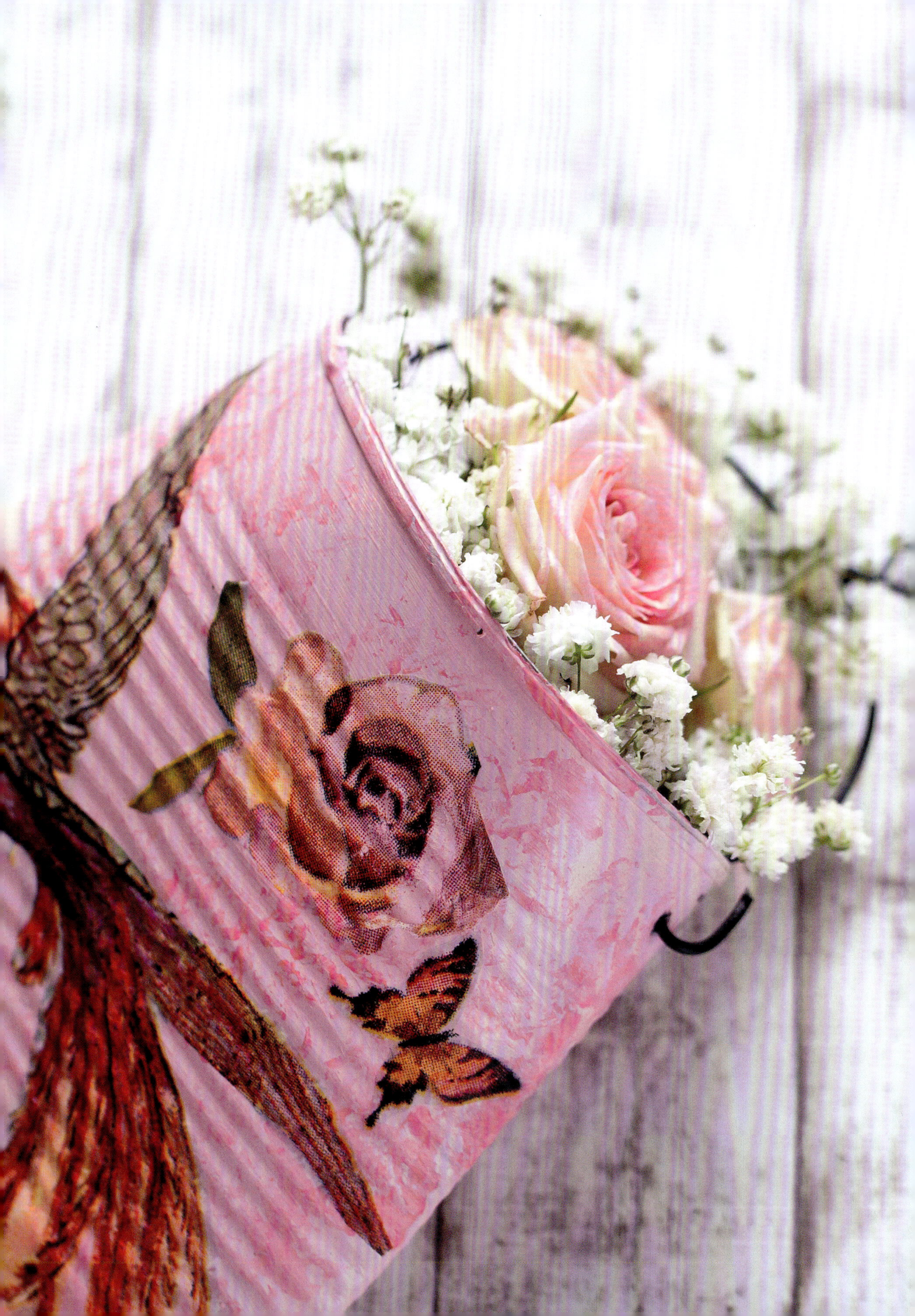

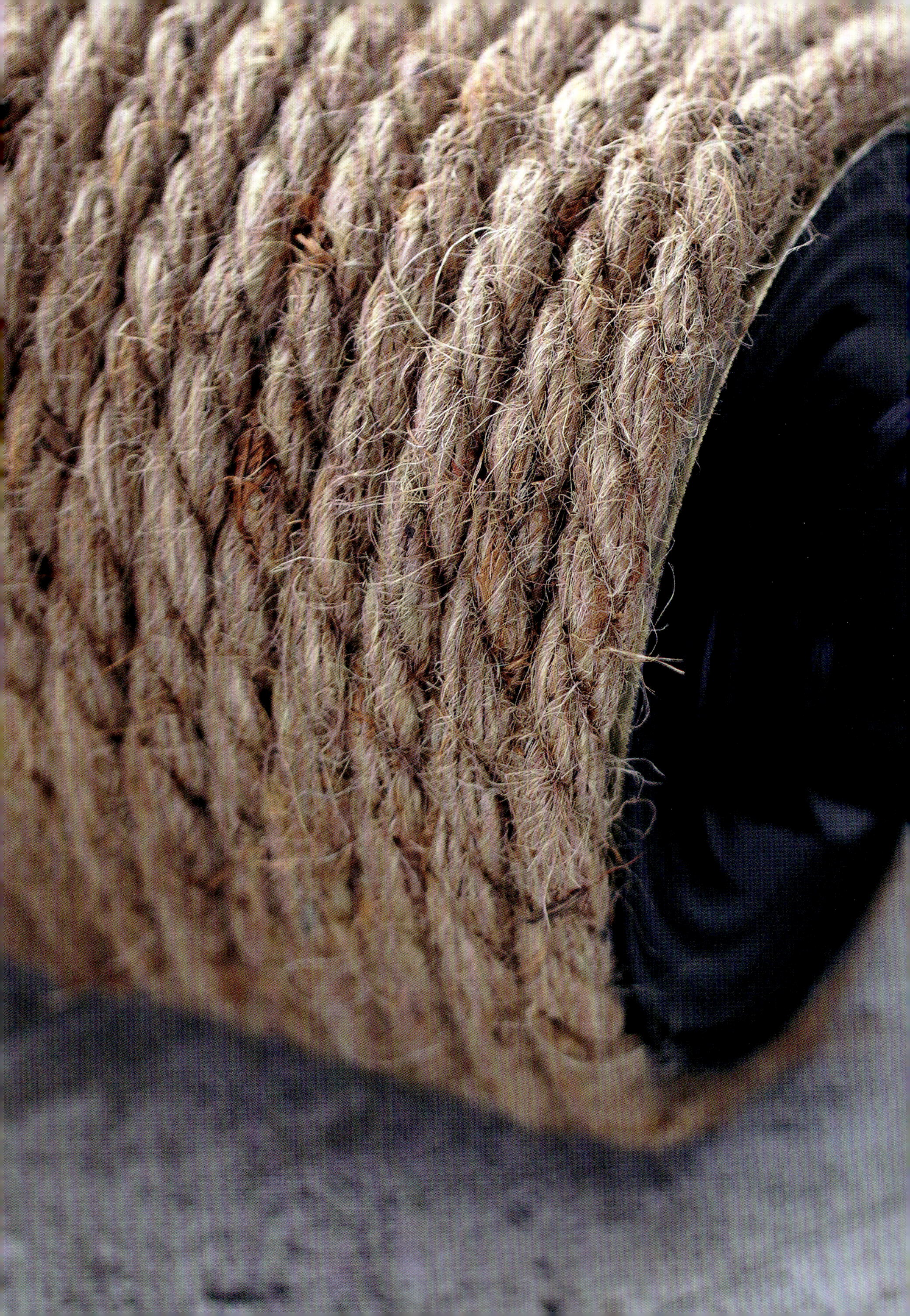

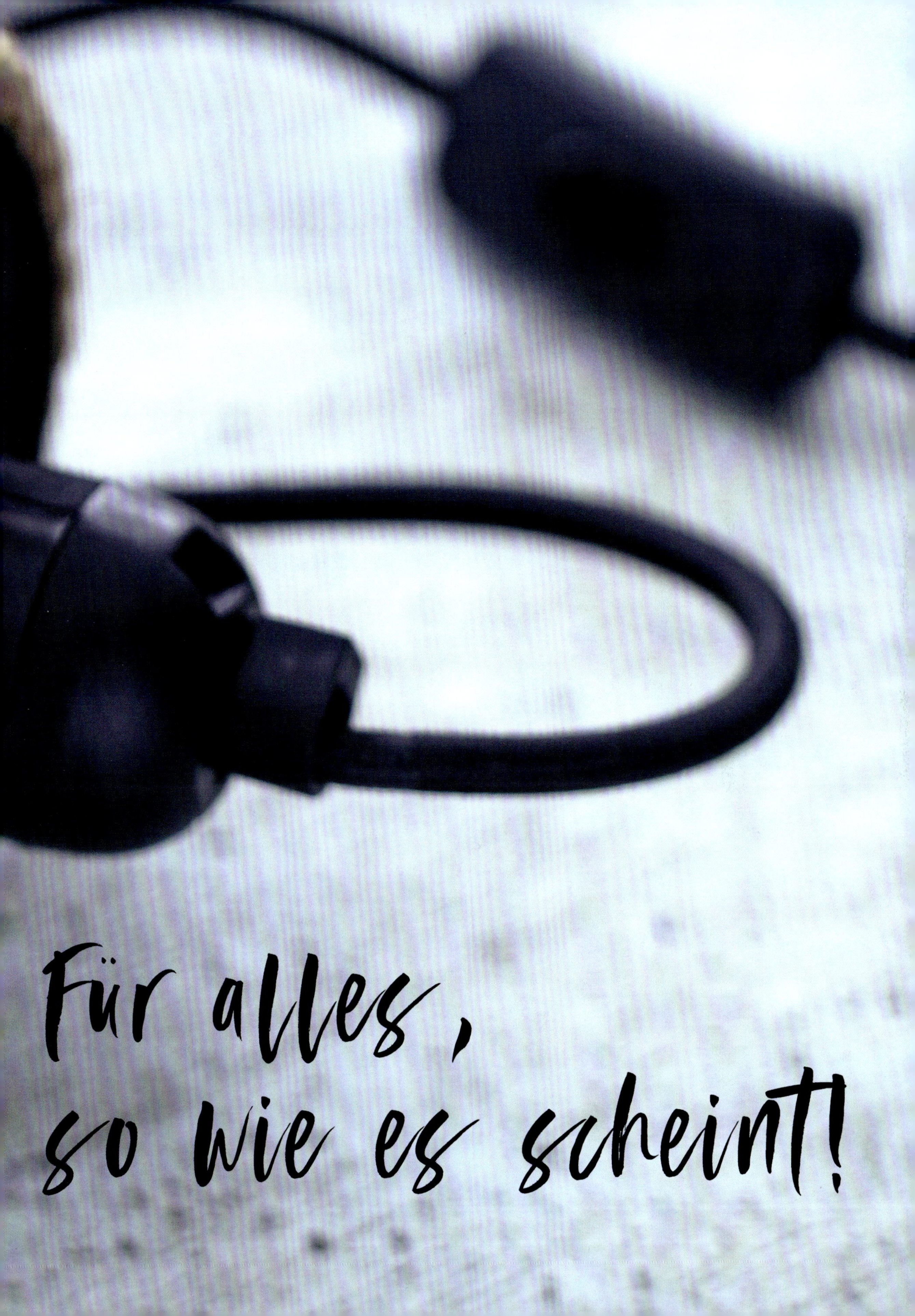
Für alles,
so wie es scheint!

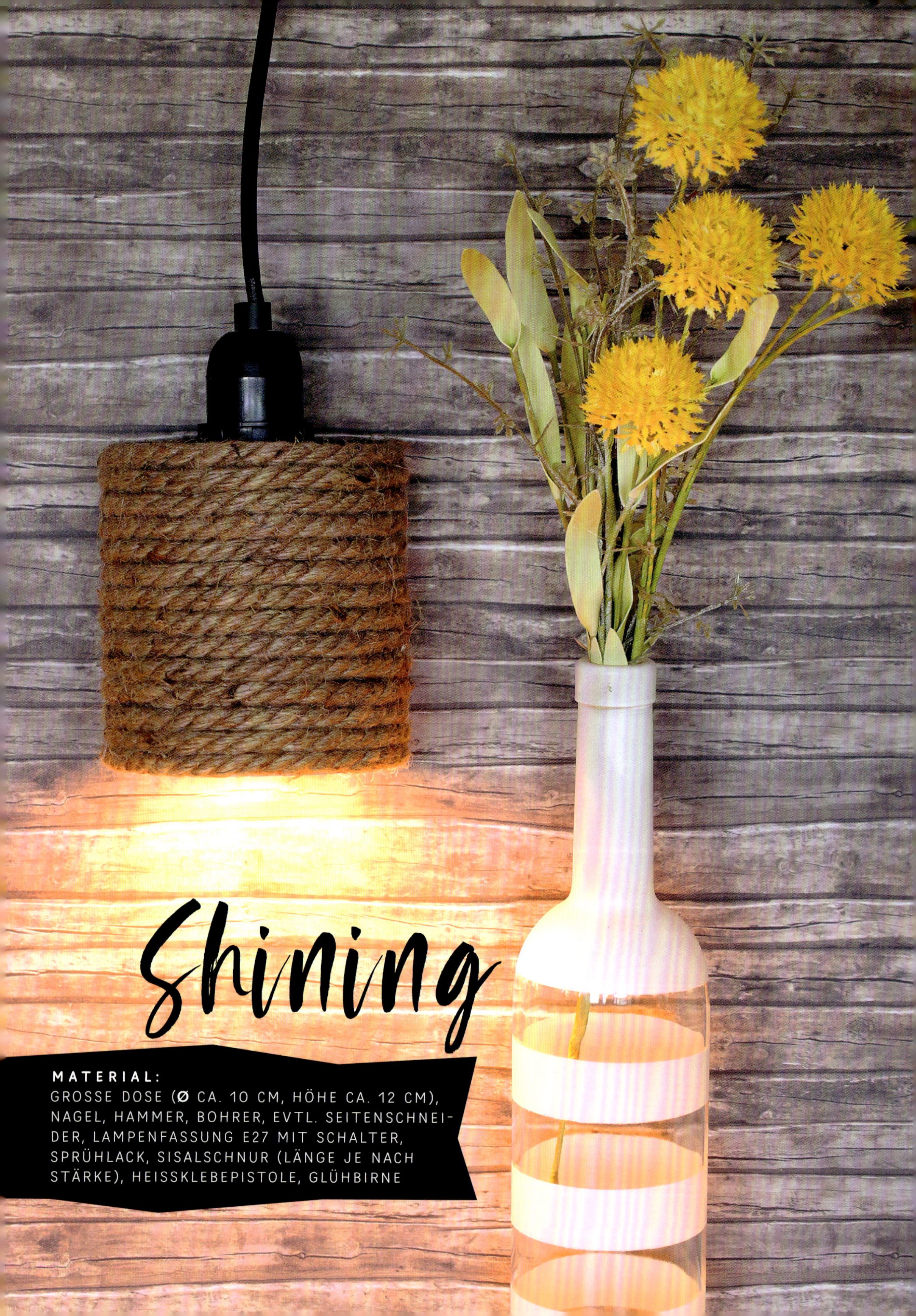

# Shining

**MATERIAL:**
GROSSE DOSE (Ø CA. 10 CM, HÖHE CA. 12 CM), NAGEL, HAMMER, BOHRER, EVTL. SEITENSCHNEIDER, LAMPENFASSUNG E27 MIT SCHALTER, SPRÜHLACK, SISALSCHNUR (LÄNGE JE NACH STÄRKE), HEISSKLEBEPISTOLE, GLÜHBIRNE

NATURFASER + COOLE DOSE = EINE KLEINE STYLISCHE LAMPE, DIE MAN DA HINHÄNGEN KANN, WO SIE GEBRAUCHT WIRD – SEHR PRAKTISCH. STECKER REIN, SCHALTER AN. HÄNGT GUT, KANN ABER AUCH MAL LIEGEND VERWENDET WERDEN.

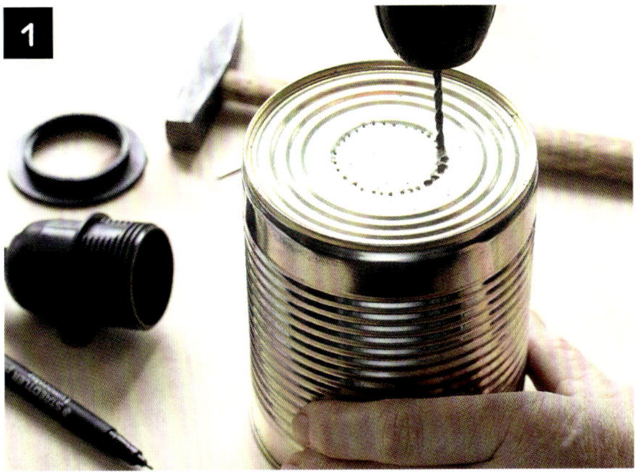


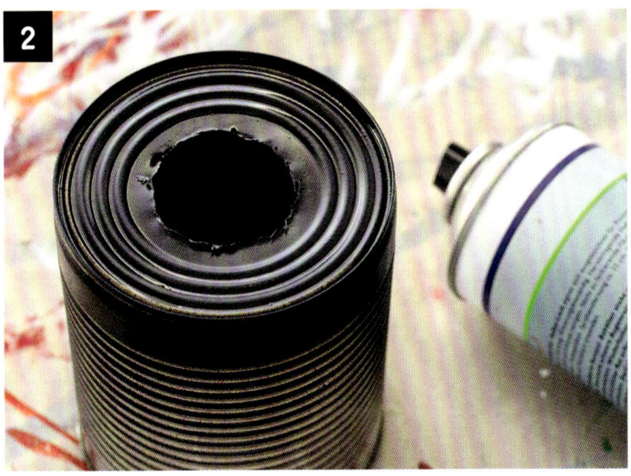


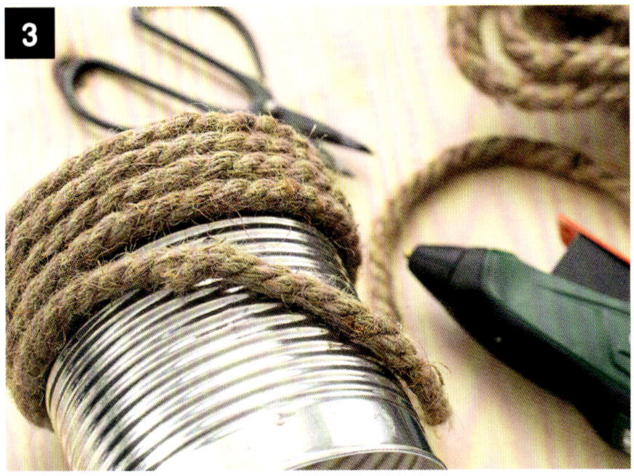


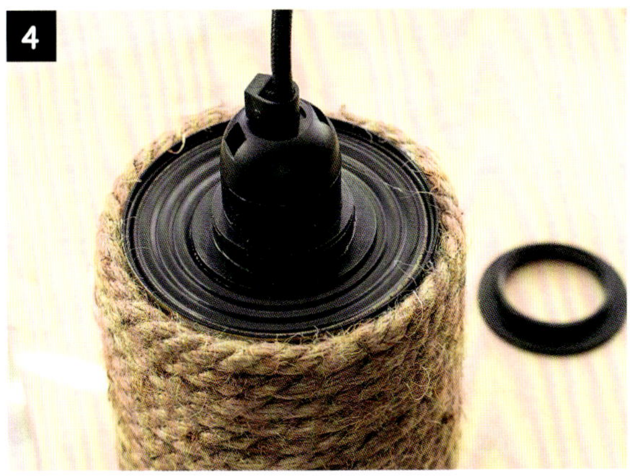


1. Zunächst den Durchmesser für die Öffnung im Dosenboden ermitteln. Das Loch sollte später so knapp sein, dass die Fassung den ausgebohrten Rand verdeckt. Mit Nagel und Hammer die Löcher dicht an dicht vorkörnen, damit der Bohrer später nicht abrutscht. Dann Loch an Loch ganz dicht bohren. Sollte sich die Öffnung so nicht lösen lassen, kann man einen Seitenschneider verwenden. Achtung: Die Kante ist sehr scharf!

2. Dann den Deckel in der passenden Farbe lackieren. In diesem Fall schwarz, da auch die Lampenfassung schwarz ist.

3. Nun mit der Heißklebepistole die Sisalschnur Stück für Stück aufkleben. Es empfiehlt sich, die Schnur vorher einmal drumherum zu wickeln, um die Länge abschätzen zu können. Das Ende anschließend gut verkleben.

4. Nun noch von Innen den Schraubring auf die Fassung schrauben, um das Ganze zu fixieren. Glühbirne reinschrauben – Licht an!

# Pretty in Pink

**MATERIAL:**
DOSE, LAMPENFASSUNGS E14 MIT SCHALTER, GLÜHBIRNE, CA. 8 EASY STICKS, HAMMER, NAGEL, SÄGE, GEHRUNGSLADE, BOHRSCHRAUBER, METALLBOHRER, HOLZLEIM, SEITENSCHNEIDER, SPRÜHLACK, 2 GEWINDESCHRAUBEN, 2 UNTERLEGSCHEIBEN, 2 FLÜGELMUTTERN

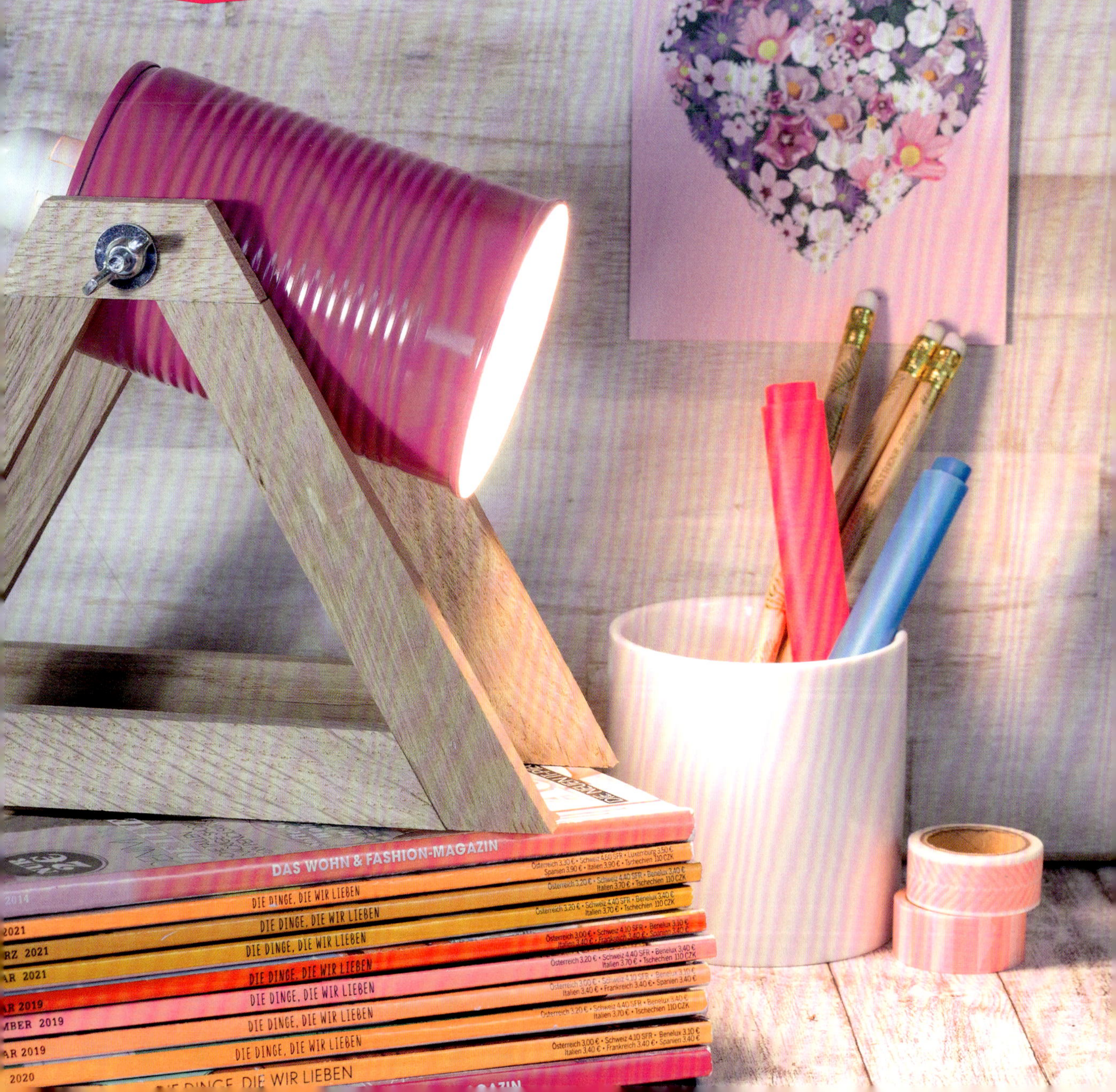

DIE KLEINE POPPIGE TISCHLAMPE MACHT NICHT NUR LICHT, SONDERN AUCH GUTE LAUNE. OB AUF DEM SCHREIBTISCH ODER DEM NACHTTISCH – HIER LIEGT DER HOTSPOT GANZ KLAR AUF DER LIEBLINGSFARBE DES BESITZERS ...

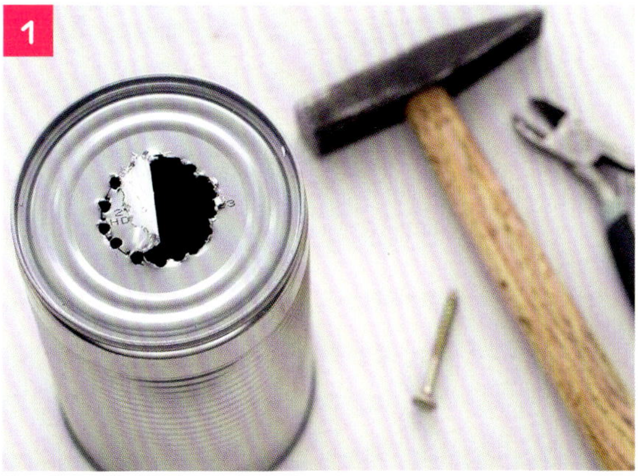


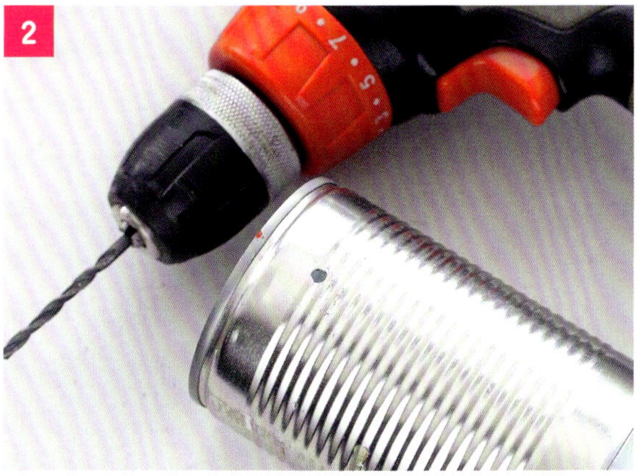


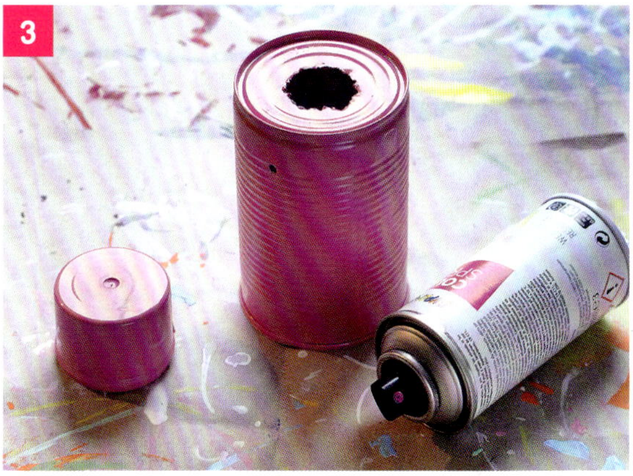


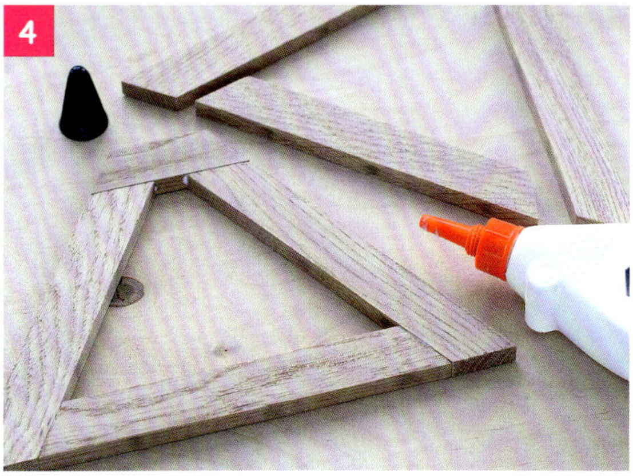


1. Mit Nagel und Hammer schlägt man zunächst im Kreis viele kleine Löcher in den Boden der Dose, um so die Öffnung für die Lampenfassung vorzubereiten. Mit einem Seitenschneider schneidet man anschließend den Metallkreis heraus. Vorsicht, die Kanten sind sehr scharf!

2. Rechts und links in die Dose ca. 2–2,5 cm vom Dosenboden entfernt je ein Loch für die Gewindeschrauben bohren.

3. Jetzt kann man die Dose lackieren. 1- bis 2-mal, bis die Farbe richtig gut deckt.

4. In der Zwischenzeit sägt man das Gestell für die Lampe zu, orientiert an den Maßen in der Zeichnung auf der nächsten Seite.

Hier wurden Easy Sticks, also kleine kurze Holzleisten, verwendet. Natürlich kann man auch andere Leisten nutzen.
Die Winkel betragen alle 60 ° und lassen sich am besten in einer Gehrungslade zuschneiden. Entsprechend der Zeichnung auf der nächsten Seite die zwei Seitengestelle zusammenkleben.

*(Da es zu Ungenauigkeiten beim Sägen kommen kann, sind die angegebenen Maße nur Richtwerte.)*

Fortsetzung auf der nächsten Seite

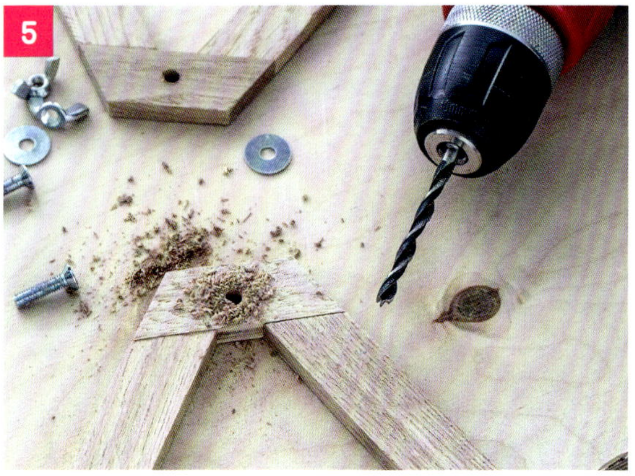


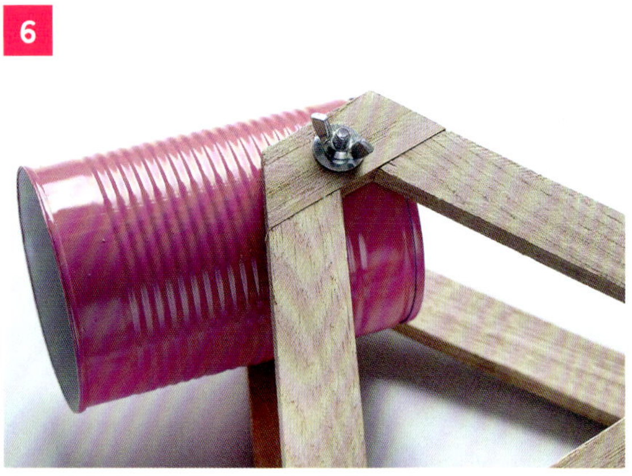


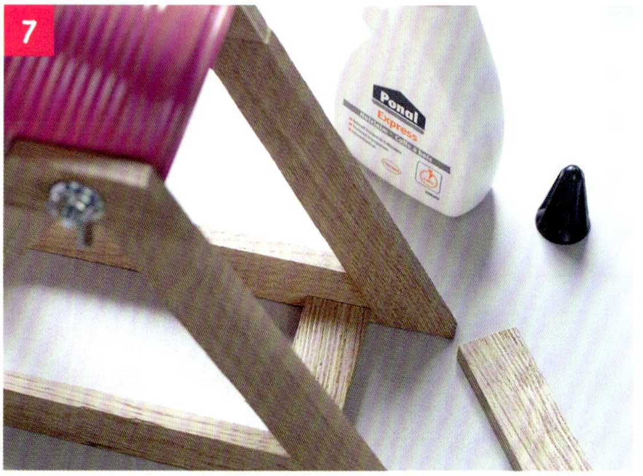


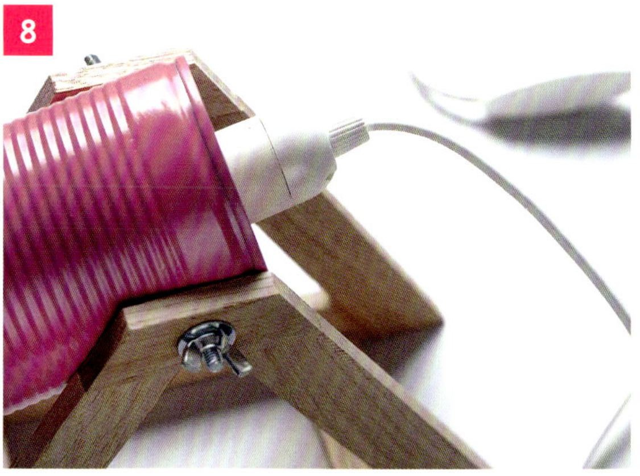


5. In die oberen Querstücke bohrt man nun je ein Loch, passend für die ausgwählten Gewindeschrauben.

6. Nun steckt man die Gewindeschrauben von innen in die Dose, dann durch die Bohrung im Holz, legt eine Unterlegscheiben unter und dreht die Flügelmuttern fest.

7. Zur Stabilisierung der Lampenhalterung sägt man nun zwei passende Holzstücke zu und klebt sie mit Holzleim zwischen die unteren Leisten.

8. Nun steckt man die Lampenfassung von hinten durch das Loch der Dose und schraubt innen den Fassungsring dagegen. Glühbirne rein. Licht an!

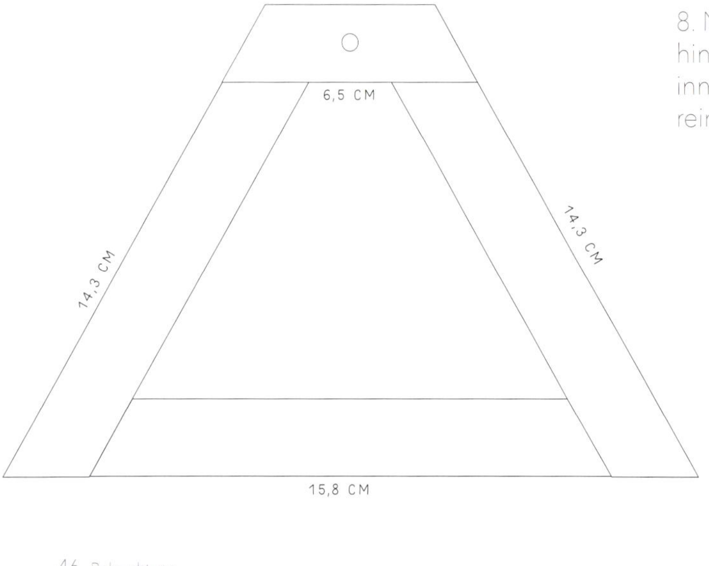

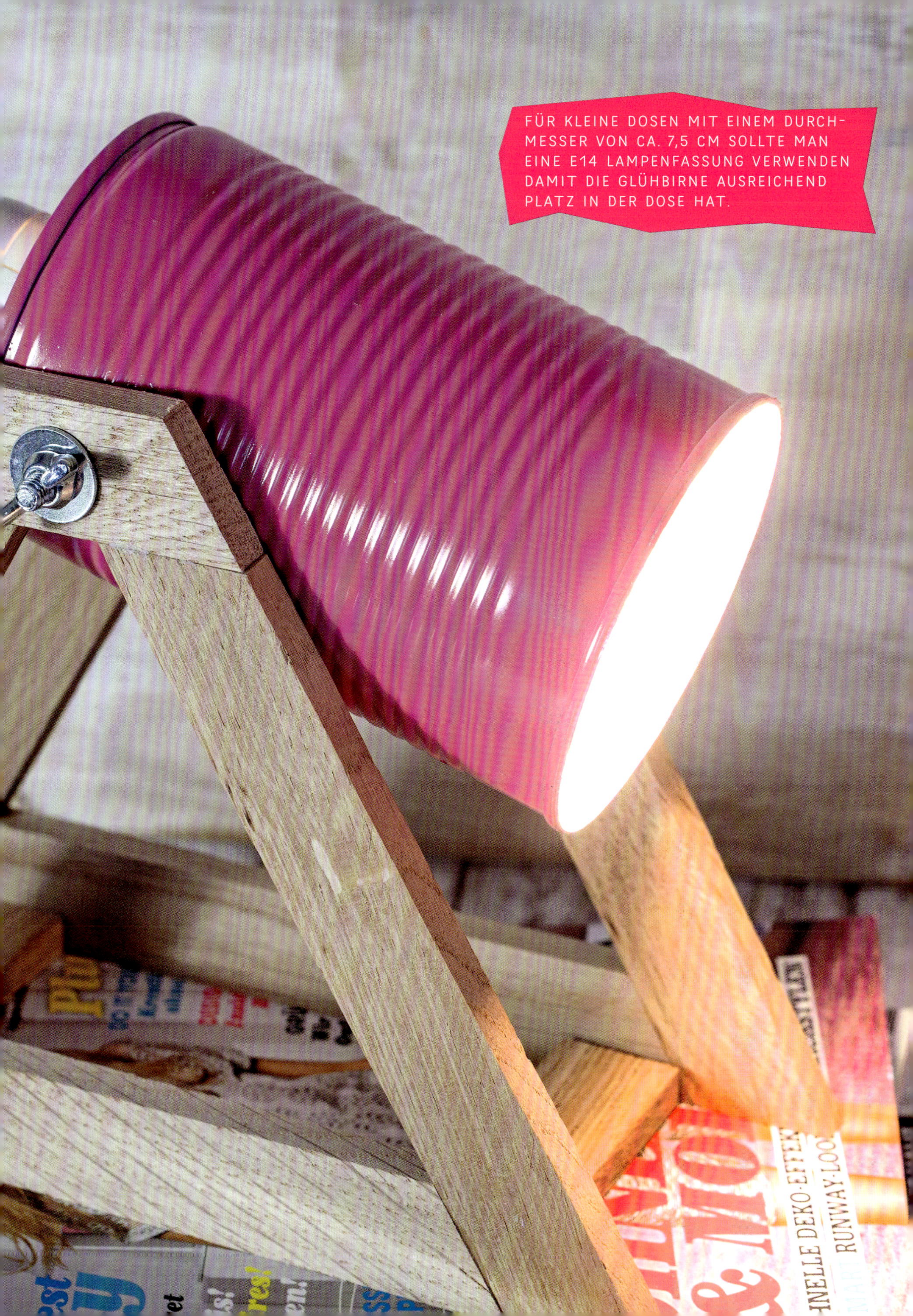

FÜR KLEINE DOSEN MIT EINEM DURCHMESSER VON CA. 7,5 CM SOLLTE MAN EINE E14 LAMPENFASSUNG VERWENDEN DAMIT DIE GLÜHBIRNE AUSREICHEND PLATZ IN DER DOSE HAT.

# Kerzen-Minis

**MATERIAL:**
KLEINE DOSEN, DOSENÖFFNER, KERZENDOCHTE, KERZENWACHSRESTE, CITRONELLA, DOPPELSEITIGES KLEBEBAND, HOLZKLAMMERN, ALTER TOPF ZUM EINSCHMELZEN

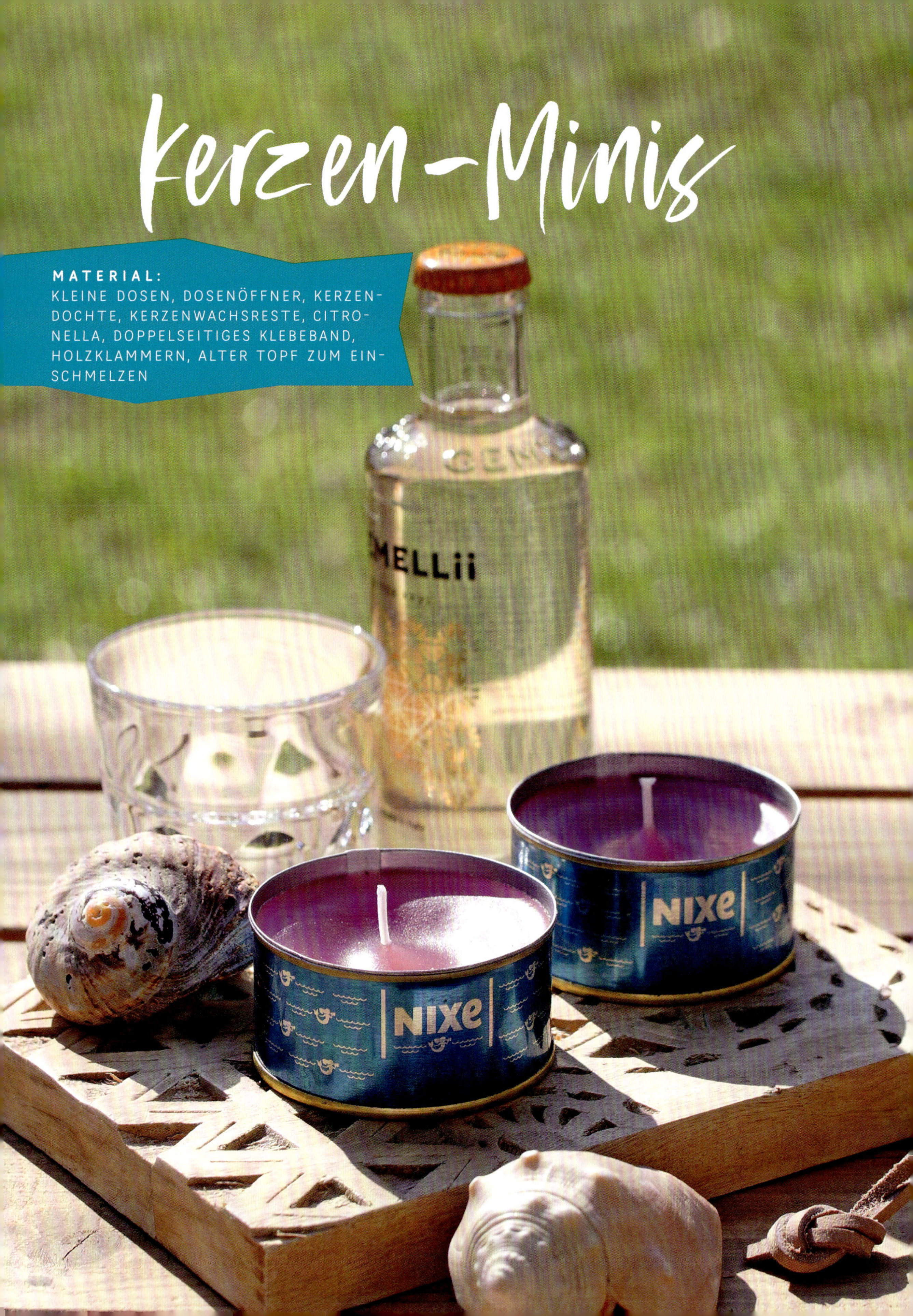

MANCHMAL SIND DIE VERWENDETEN DOSEN ZU SCHÖN, UM SIE MIT FARBE ÜBERZULACKIEREN. WARUM NICHT MAL GANZ EINFACH GLÄNZEN LASSEN? BESTIMMT EIN HINGUCKER BEI DER NÄCHSTEN GARTENPARTY. UND MIT EINEM TROPFEN CITRONELLA AUCH NOCH GUT GEGEN MÜCKEN.

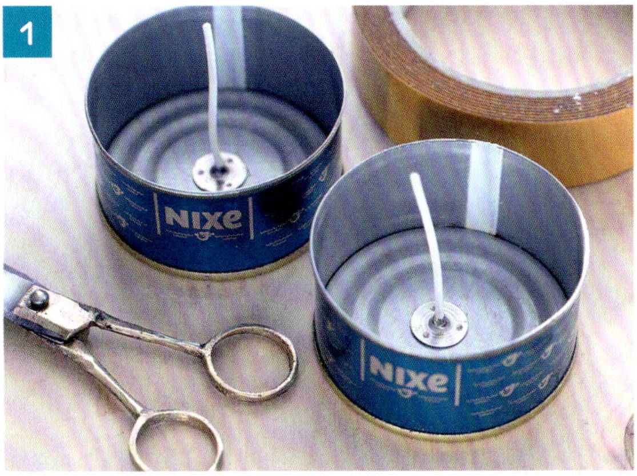


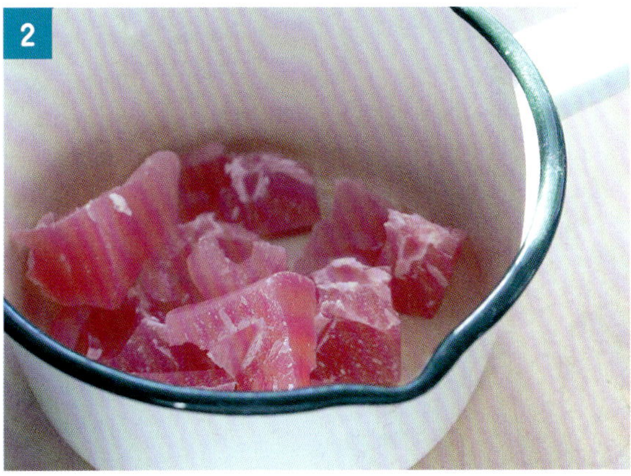


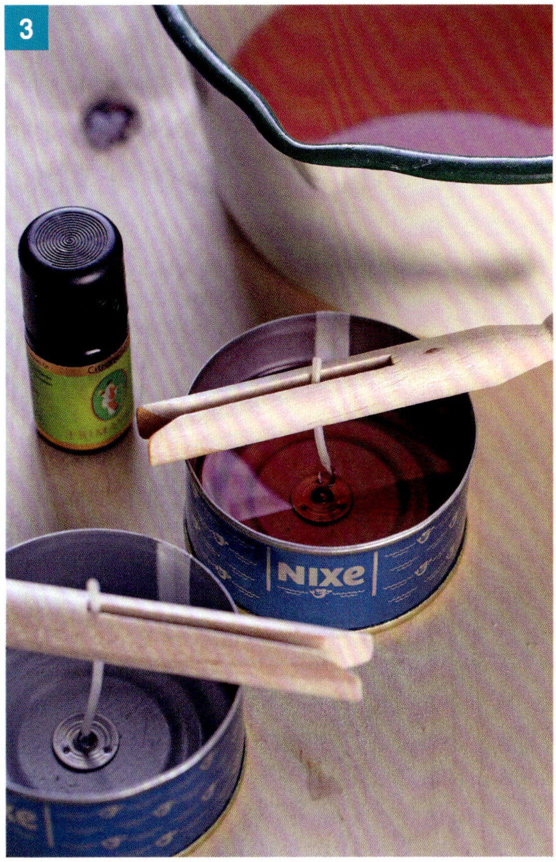


1. Den scharfen Rand der Minidöschen mit dem Spezialdosenöffner entfernen. Anschließend die Kerzendochte mittig auf dem Dosenboden mit doppelseitigem Klebeband fixieren.

2. In einem alten Topf Kerzenreste einschmelzen. Hier können auch verschiedene Farben gemischt werden. Nach dem Schmelzen vielleicht noch ein paar Tropfen Citronella hinzufügen.

(Wer keinen alten Topf besitzt, kann auch eine alte Konservendose verwenden. Kerzenreste in die Dose und diese dann im Wasserbad erhitzen.)

3. Damit der Docht sich durch das heiße Wachs nicht wieder verschiebt oder umknickt, sichert man ihn am besten mit einer Klammer. Dann vorsichtig das heiße Wachs nach und nach in die Dosen gießen.

Da das Metall die Hitze leitet, sollte man die Dosen erst wieder anfassen, wenn das Wachs ausgekühlt und gehärtet ist. Dann können auch die Klammern entfernt und die Dochte entsprechend gekürzt werden.

# Stimmungsaufheller

**MATERIAL:**
KONSERVENDOSE, BOHRVORLAGE, KREPPBAND, AKKUBOHRSCHRAUBER, METALLBOHRER, SPRÜHLACK, LICHTERKETTE ODER TEELICHT

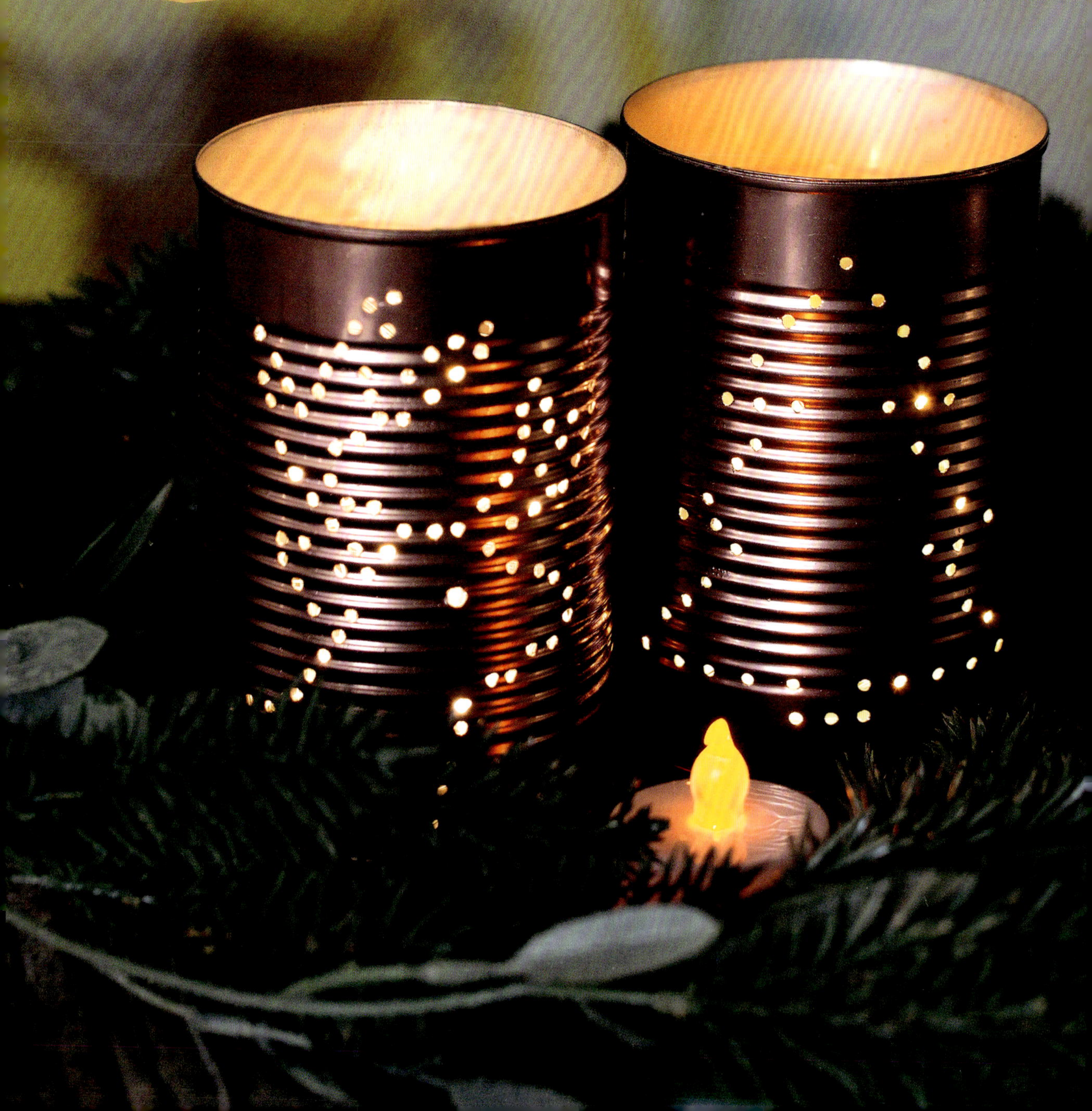

TEELICHTER KANN MAN BEKANNTLICH NIE GENUG HABEN. UND GERADE ZUR WEIHNACHTSZEIT SORGEN SIE FÜR FESTLICHE STIMMUNG. MAN KANN DIE DOSEN MIT EIGENEN MOTIVEN GESTALTEN ODER SICH VORLAGEN AUS DEM INTERNET SUCHEN.

1

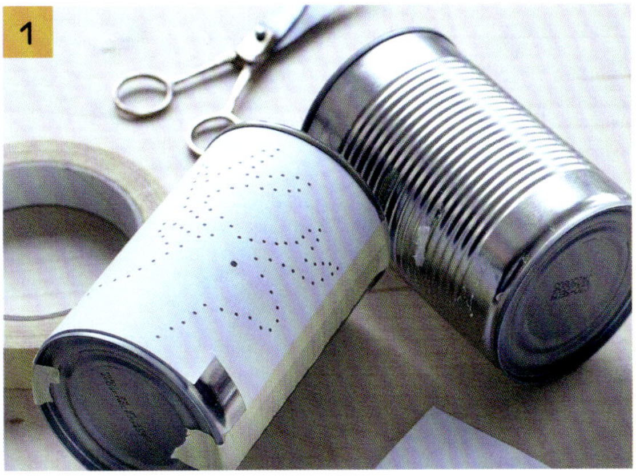

2

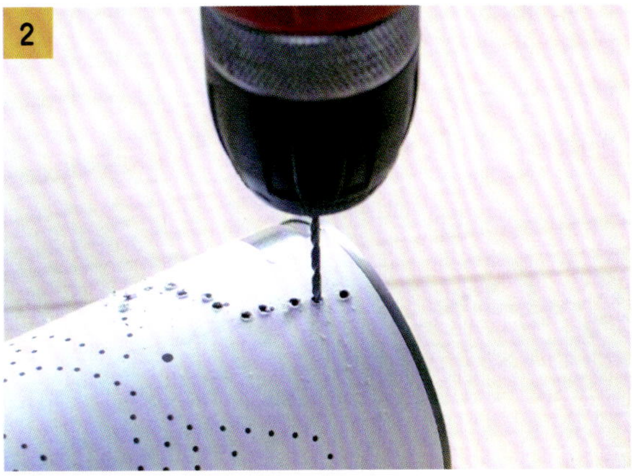

3

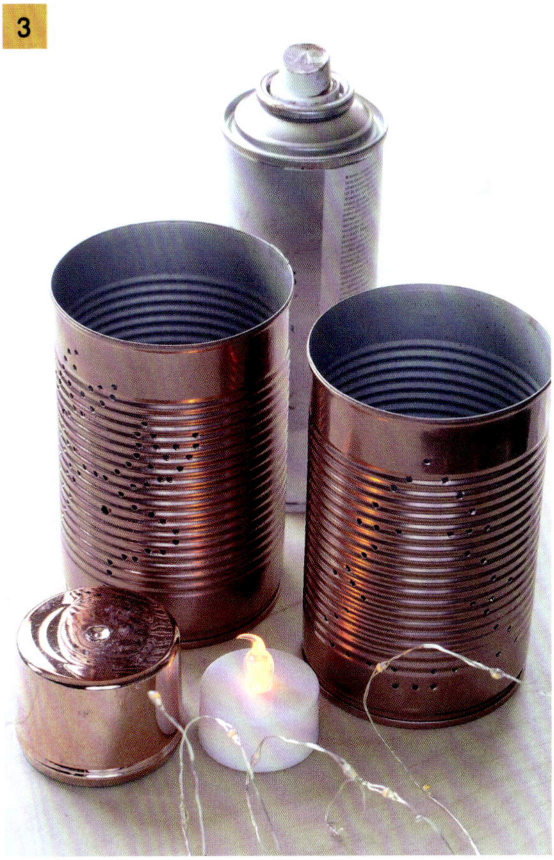

1. Die gewählten Motive passend auf einen Bogen Papier übertragen, ausschneiden und mit Kreppband auf die Dosen kleben. (Vorlagen auf Seite 125). Wer sich selbst Motive erstellt, sollte darauf achten, die Bohrungen nicht zu dicht aneinander zu setzen, damit, falls der Bohrer einmal verrutscht, die Löcher nicht zu dicht beieinander liegen und einreißen.

2. Dann mit dem Bohren loslegen. Für die Vorlage von Seite 125 sollte man einen 2er-Metallbohrer verwenden. Verrutscht der Bohrer doch einmal wegen der Rillen, einfach ein Stückchen daneben bohren.

3. Danach die Dosen in der gewünschte Farbe lackieren. Das geht mit Sprühlack ganz gut. Neben Gold, Silber und Kupfer gibt es auch andere schöne Metallicfarben.
Wenn der Lack ausreichend getrocknet ist, kann man seine Kerze, das Teelicht oder eine Lichterkette in die Dosen platzieren.

# Nicht lange fackeln ...

**MATERIAL FÜR 2 FACKELN:**
2 THUNFISCHDOSEN, RUNDE HOLZSTÄBE, 2 REDUZIERMUFFEN, 2 LANGE SCHRAUBEN, BOHRMASCHINE, SÄGE, HAMMER, NAGEL, SCHRAUBENDREHER, SPRÜHLACK, KLEBEBAND, HITZEBESTÄNDIGES GLAS, TEELICHTER

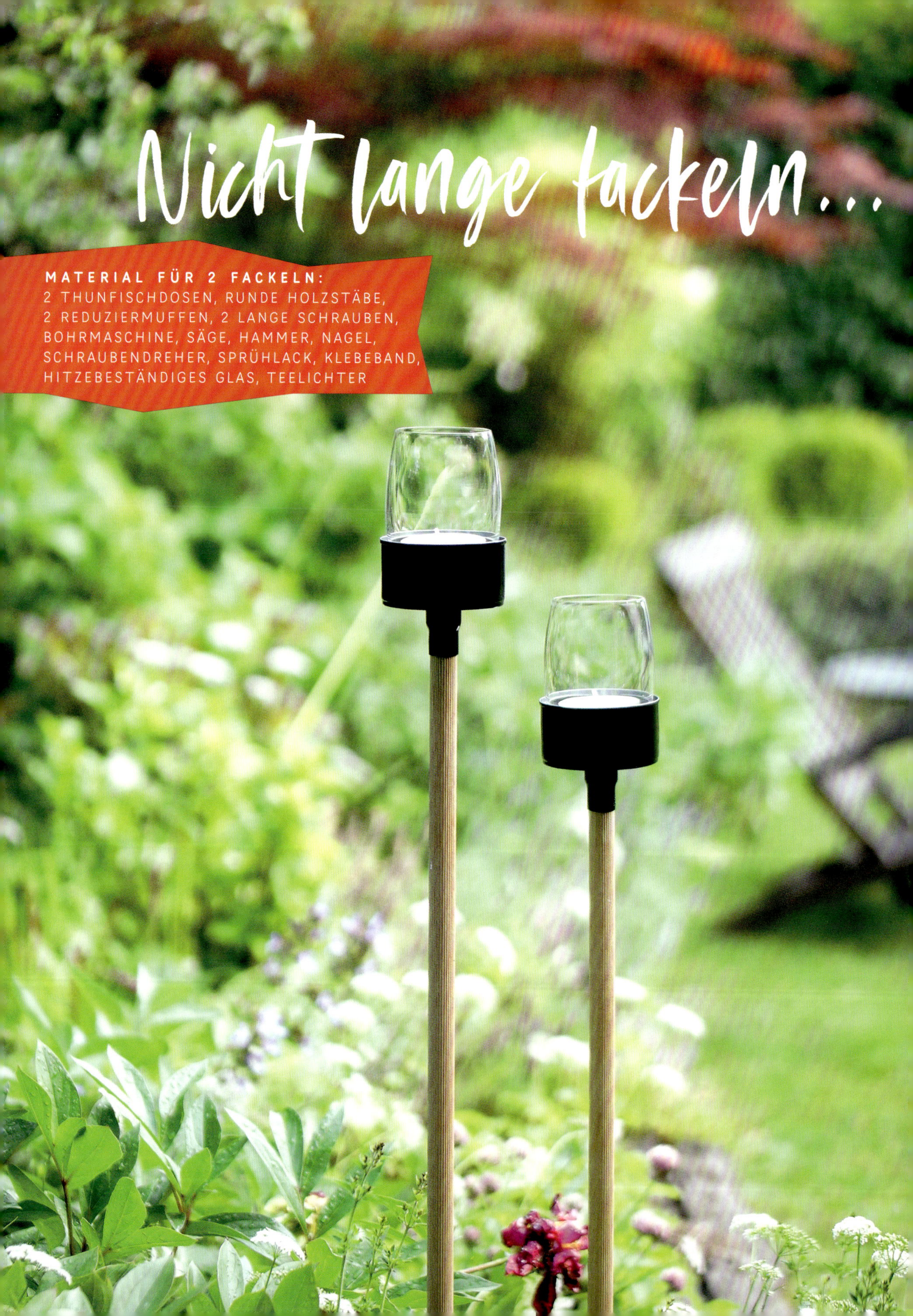

TAGSÜBER WIRKEN SIE WIE ZARTE SKULPTUREN, ABENDS BRINGEN SIE SO RICHTIG STIMMUNG IN DEN GARTEN. OB MIT GROSSEN TEELICHTERN ODER KLEINEN STUMPENKERZEN: MIT EINEM PASSENDEN GLAS WIRD DIE THUNFISCHDOSE ZUM DESIGNOBJEKT.

1

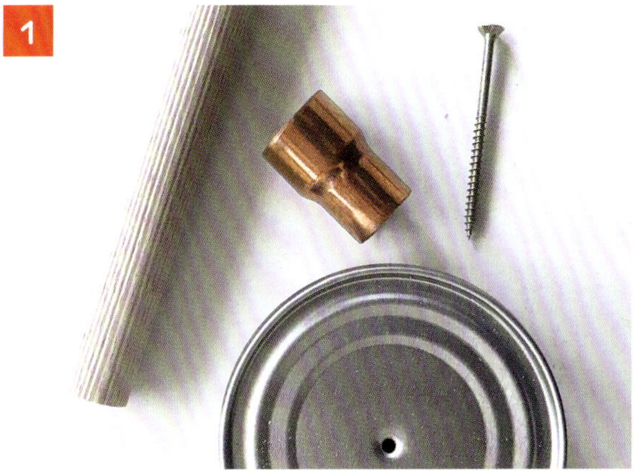

2

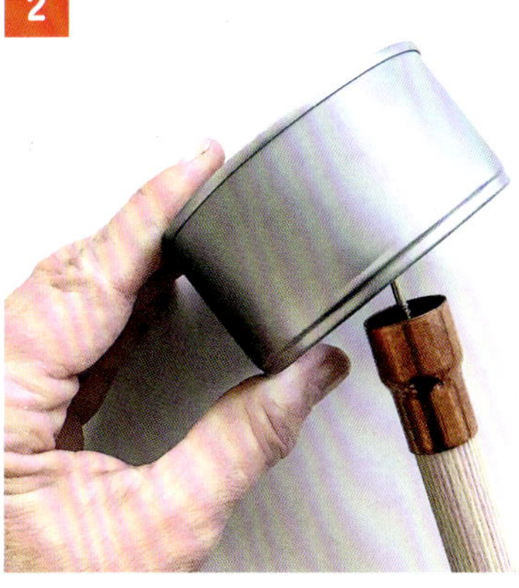

3

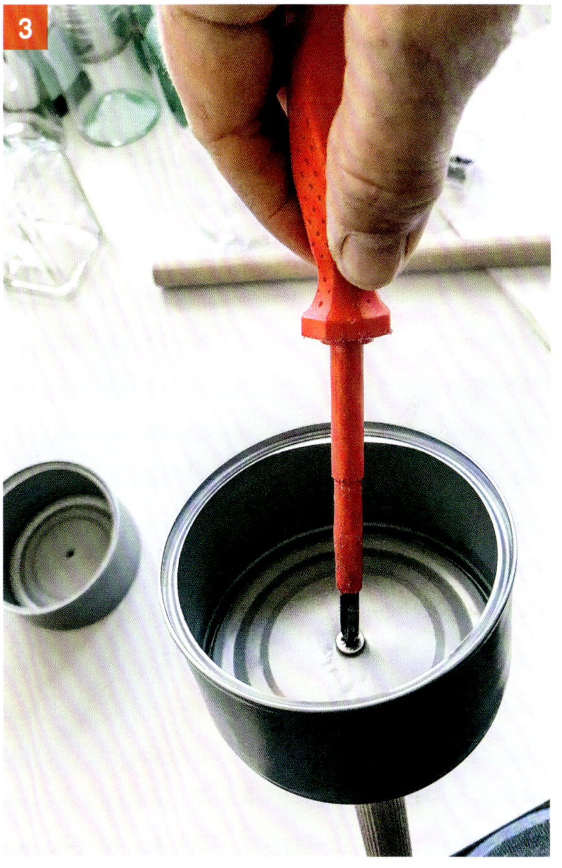

1. Die Reduziermuffen müssen einen Durchmesser haben, der auf die Holzstäbe passt. Die Stäbe hier sind ca. 2 cm dick. Die Länge kann jeder selbst bestimmen und entsprechend zusägen.

Mit einem Nagel schlägt man zunächst ein Loch in die Mitte des Dosenbodens. Den Holzstab sollte man von oben anbohren, damit sich die Schraube besser festdrehen lässt.

2. Die Reduziermuffe steckt man auf den Holzstab. Eventuell mit dem Hammer etwas festschlagen. Dann setzt man von oben die lange Schraube durch die Dose.

3. Mit einem Schraubendreher wird nun die Schraube in den Holzstab geschraubt, bis die Dose fest auf der Muffe sitzt.

Fortsetzung auf der nächsten Seite

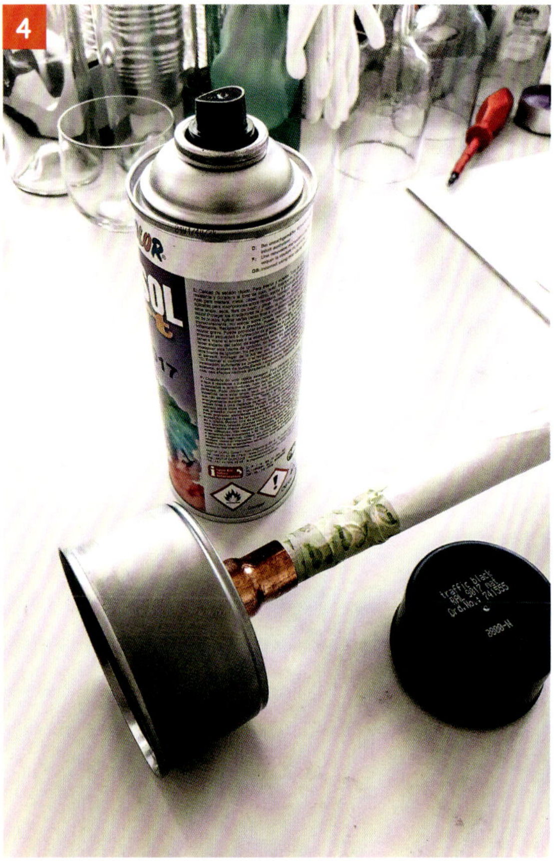

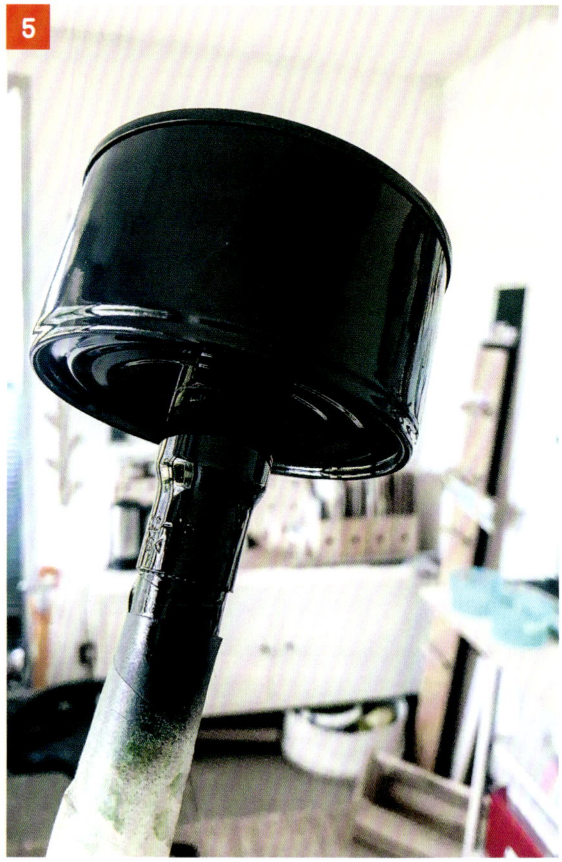

4. Da der Holzstab nicht mitlackiert wird, kebt man ihn mit etwas Klebeband ab.
(Wer mag, kann natürlich auch alles komplett lackieren, oder auch die Kupfermuffe lassen, wie sie ist.)

5. Dann die Dosen in der gewünschten Farbe lackieren und die Farbe anschließend gut trocknen lassen. Später stellt man ein passendes Glas hinein, mit einem Teelicht oder einer Kerze. Aus Sicherheitsgründen, sollte man ein hitzebeständiges Glas verwenden.

Den Stab kann man dann im Garten in die Erde stecken oder in einen Eimer mit Sand auch auf der Terrasse aufstellen.

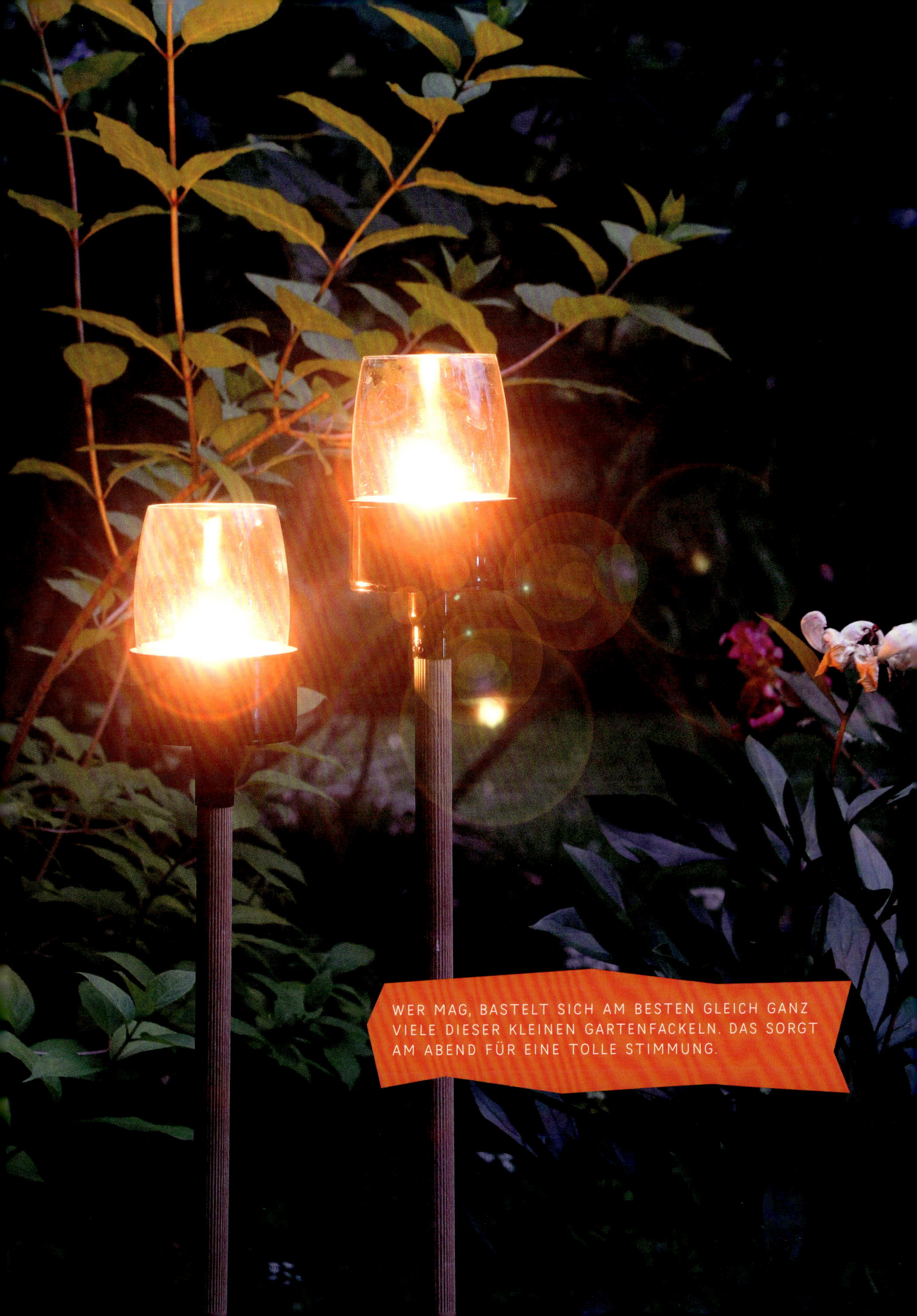

WER MAG, BASTELT SICH AM BESTEN GLEICH GANZ VIELE DIESER KLEINEN GARTENFACKELN. DAS SORGT AM ABEND FÜR EINE TOLLE STIMMUNG.

# Metallica Light

**MATERIAL:**
GETRÄNKEDOSEN (0,33 L), SCHERE, CUTTER, PAPIERSCHABLONE, KLEBESTREIFEN, PERMANENTMARKER, DEKOSAND, TEELICHTER

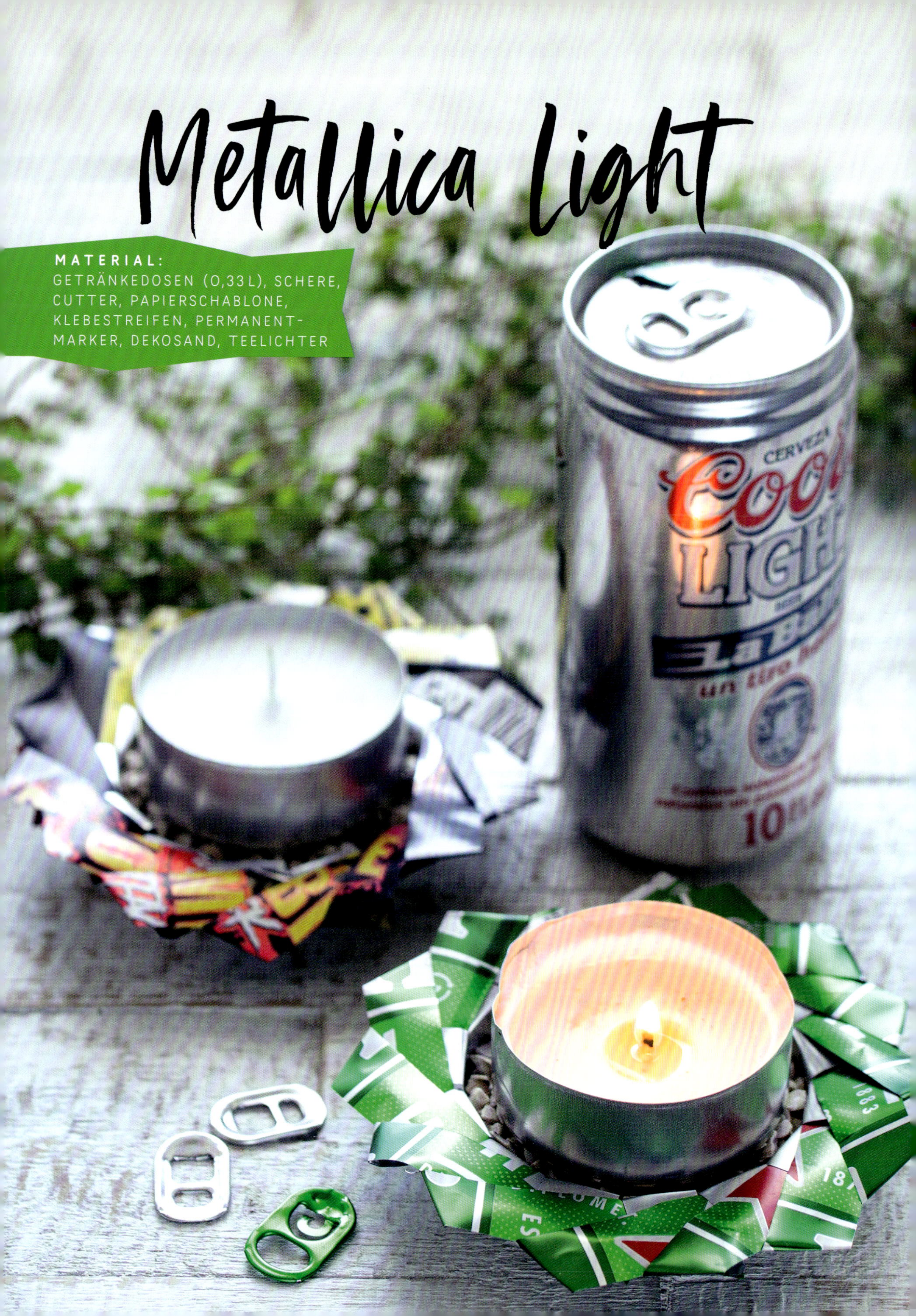

DIESE TEELICHTHALTER ROCKEN! AUF JEDEN FALL SIND SIE EIN HINGUCKER BEIM NÄCHSTEN GRILLFEST. DA KANN MAN AUCH SCHON MAL AUFS DOSENPFAND VERZICHTEN, ODER? ABER GUT MÖGLICH, DASS SICH JEMAND FRAGT, WO DENN SEIN BIER GEBLIEBEN IST? HMMMMM!

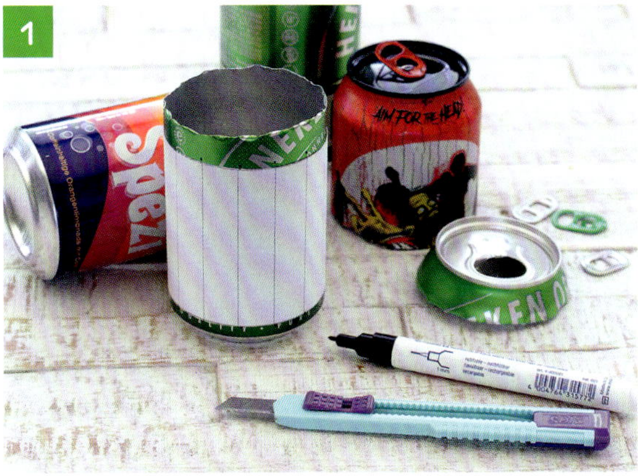


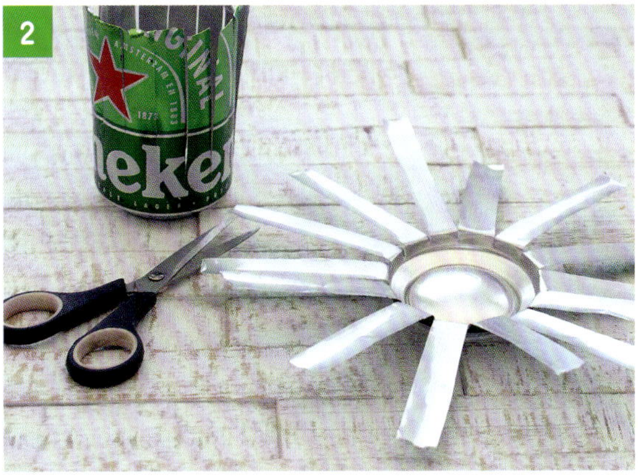


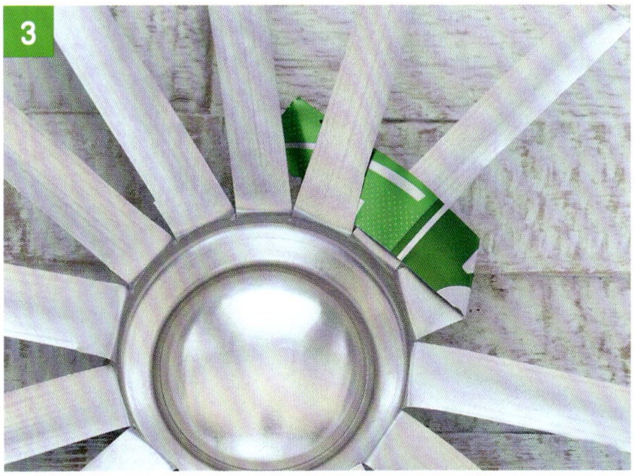


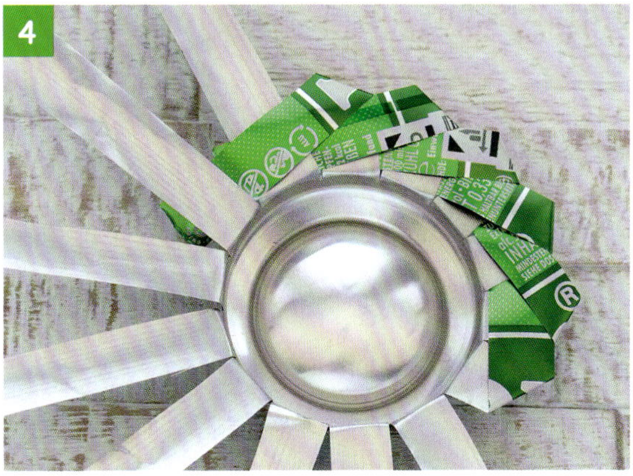


1. Die Dosen gut ausspülen und mit einem Cuttermesser den oberen Rand abschneiden. Vorsicht: Die Kanten sind sehr scharf! Für ein gleichmäßiges Schneiden fertigt man sich am besten eine Schablone an und klebt diese um die Dose. Dazu einen Papierstreifen zuschneiden und in 14 bis 16 gleichmäßige Streifen einteilen. Mit einem Marker ober- und unterhalb der Schablone auf der Dose einen Punkt markieren. Anschließend die Schablone entfernen und mit einer Schere die Dose in Streifen schneiden. Bis ca. 1 cm vom unteren Rand.

2. Dann alle Streifen gleichmäßig nach außen biegen.

3. Nun den ersten Streifen wie in Abb. 3 entgegen des Uhrzeigersinns nach links biegen und unter den übernächsten Streifen stecken.

4. Die restlichen Streifen nun in gleicher Weise wegknicken und das letzte Stück einfach hinter den ersten Streifen stecken. Sollten auf der Unterseite die Streifen etwas zu lang sein, kann man sie mit der Schere einfach kürzen.

Da der Dosenboden nach innen gewölbt ist, sollte man ein wenig Dekosand oder ein Granulat hineinstreuen, damit die Teelichter gerade stehen.

# Schwarzlicht

**MATERIAL:**
DOSENDECKEL, THUNFISCHDOSE, 3 HOLZKUGELN (Ø CA. 25 MM), LACKFARBE, GOLDLACK, PINSEL, TEMPORÄRE TATTOOS, GLAS, KERZE

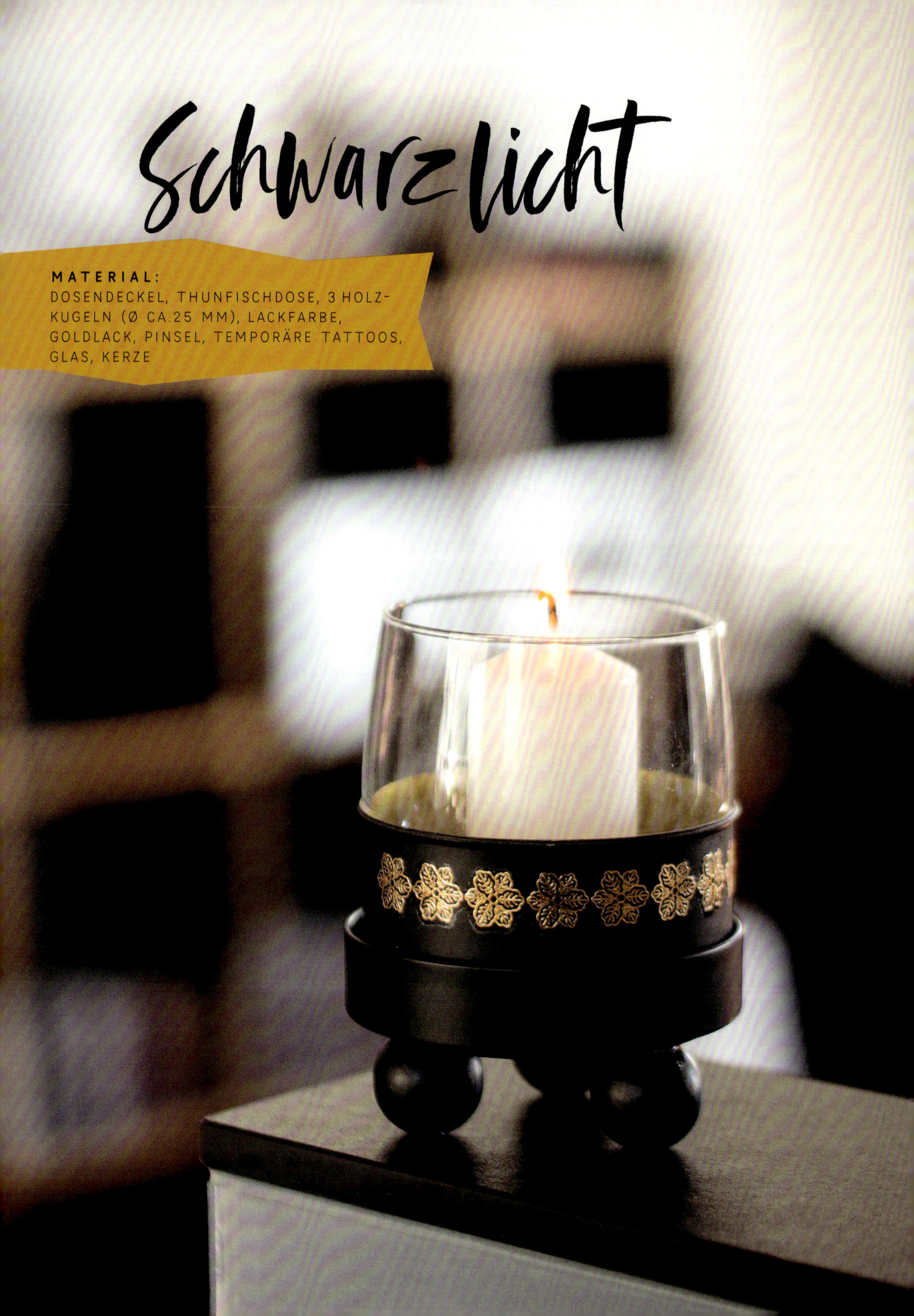

EIN GEMÜTLICHES TEELICHT GEHT IMMER. NICHT ALS WIRKLICH BENÖTIGTE LICHTQUELLE, ABER ALS ZUVERLÄSSIGER STIMMUNGSZAUBERER ODER FÜR EIN ROMANTISCHES AMBIENTE. SCHWARZ UND GOLD GEBEN HIER DEN TON AN.

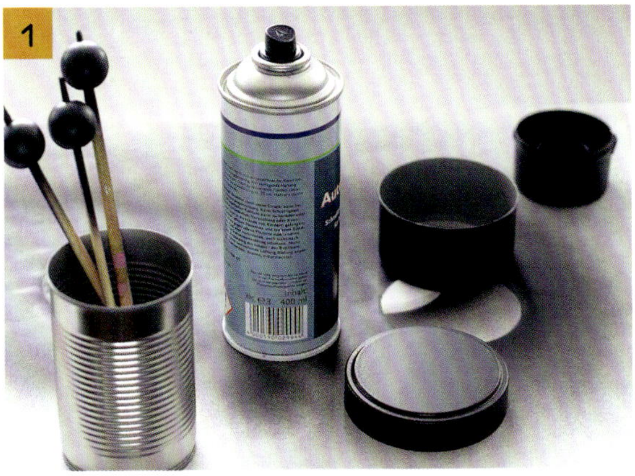


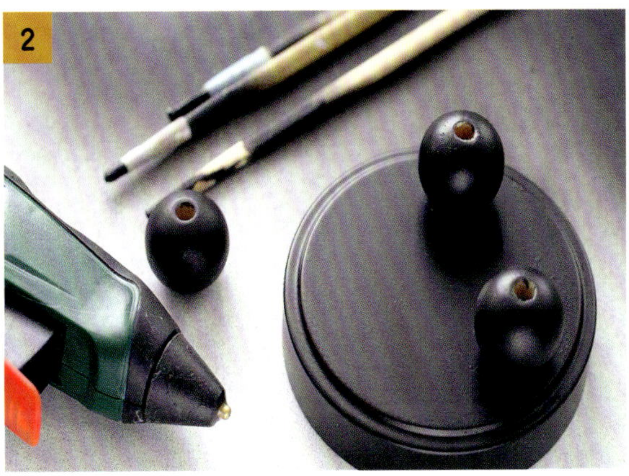


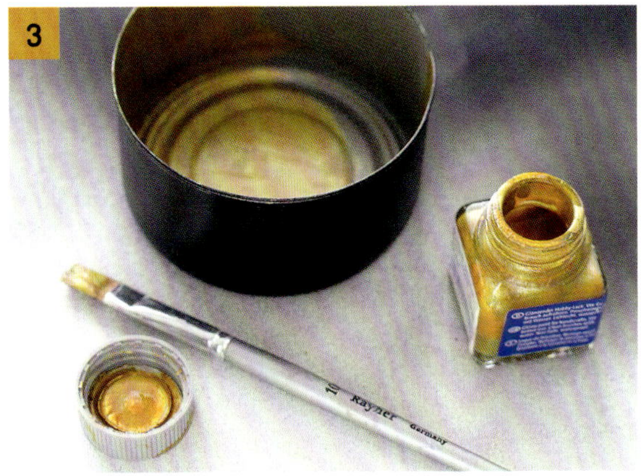


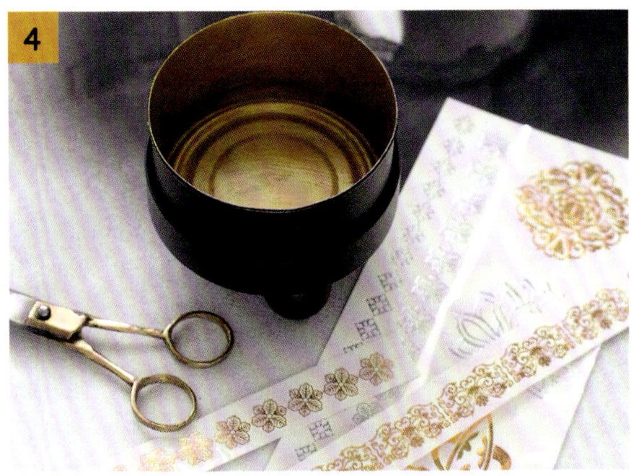


1. Der Dosendeckel, die Dose und die Holzkugeln werden erst einmal schwarz lackiert und die Farbe muss gut trocknen. Die Kugeln steckt man dafür am besten auf einen Stab, den man anschließend in eine alte Dose stellt.

2. Im nächsten Schritt klebt man die 3 Kugeln mit der Heißklebepistole auf den Deckel. (Kugeln mit Löchern lassen sich besser befestigen als Kugeln ohne Löcher.)

3. Das Innere der Dose malt man mit Goldlack aus. Auch hier die Farbe gut antrocknen lassen.

4. Danach kann man das Äußere der Dose noch mit temporären Tattoos verschönern. Anschließend ein passendes Glas und die Kerze hineinstellen.

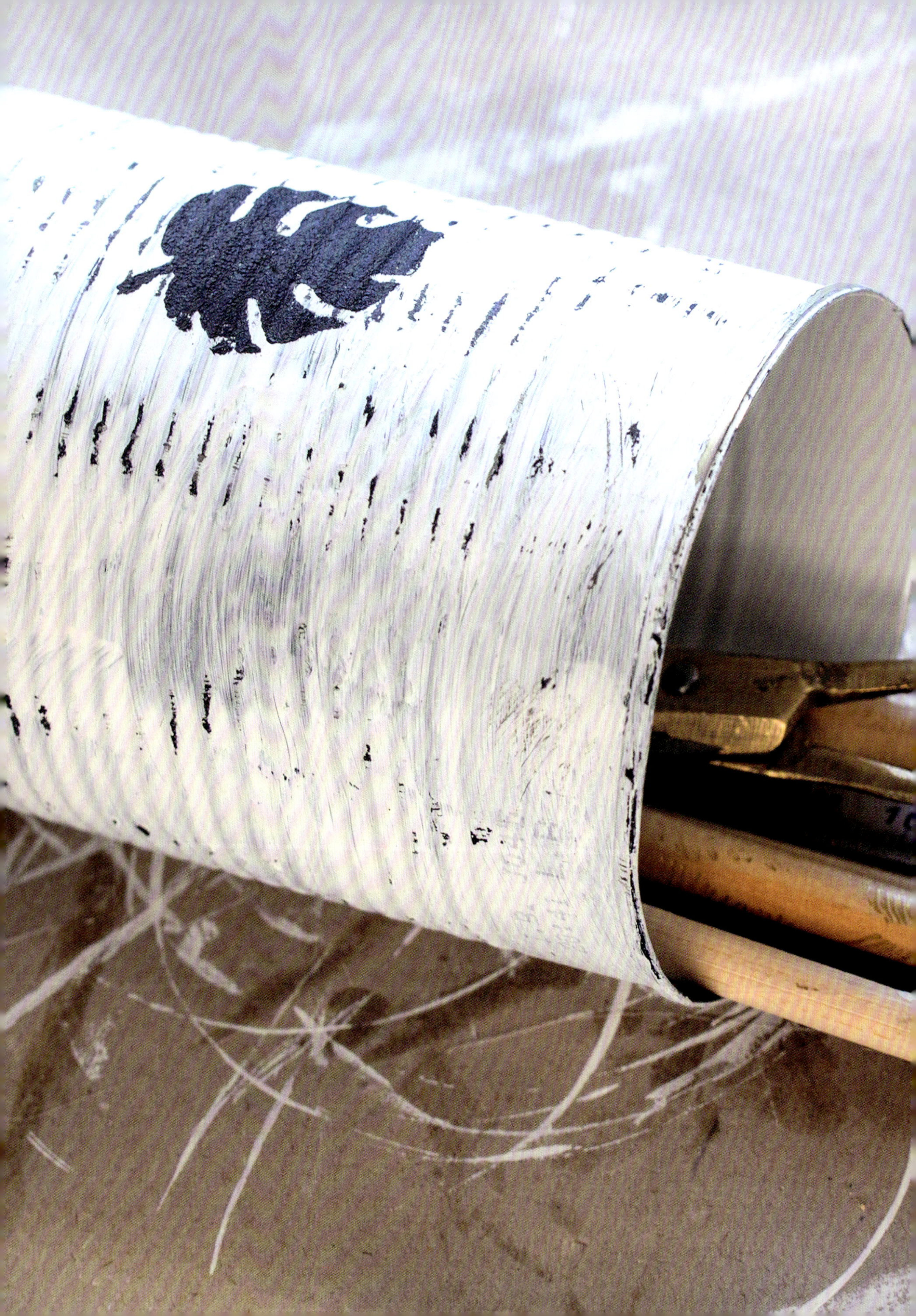

# Für mehr Ordnung im Chaos!

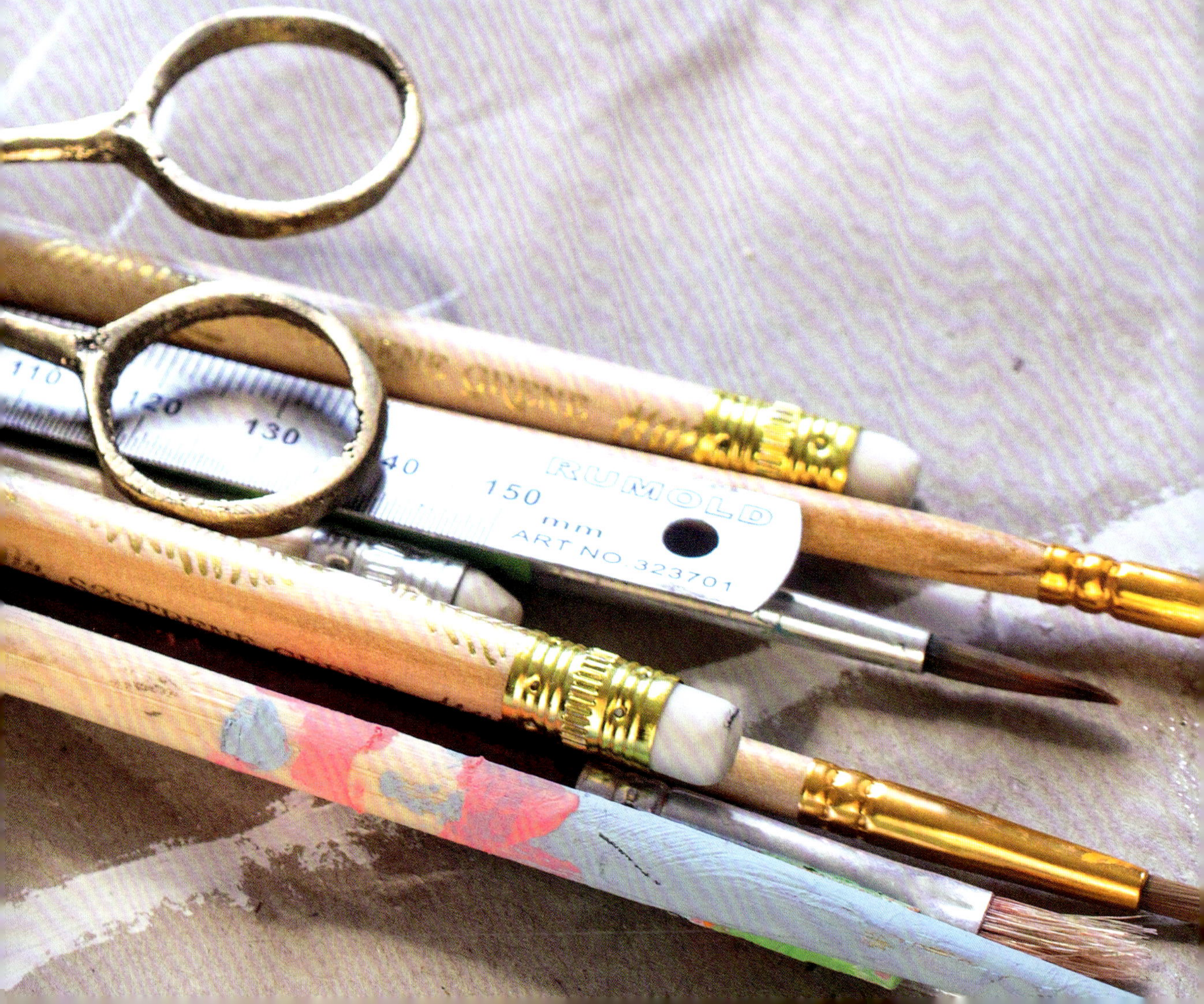

# Selbstbedienung

**MATERIAL:**
RUNDSTAB, HOLZPLATTE, 4 DOSEN, STIFT, SPRÜHLACK, AKKUBOHRSCHRAUBER, HOLZ- UND METALLBOHRER, HOLZSCHRAUBEN, RINGSCHRAUBE, SCHRAUBENDREHER, SELBSTKLEBENDES KORKPAPIER, FILZGLEITER

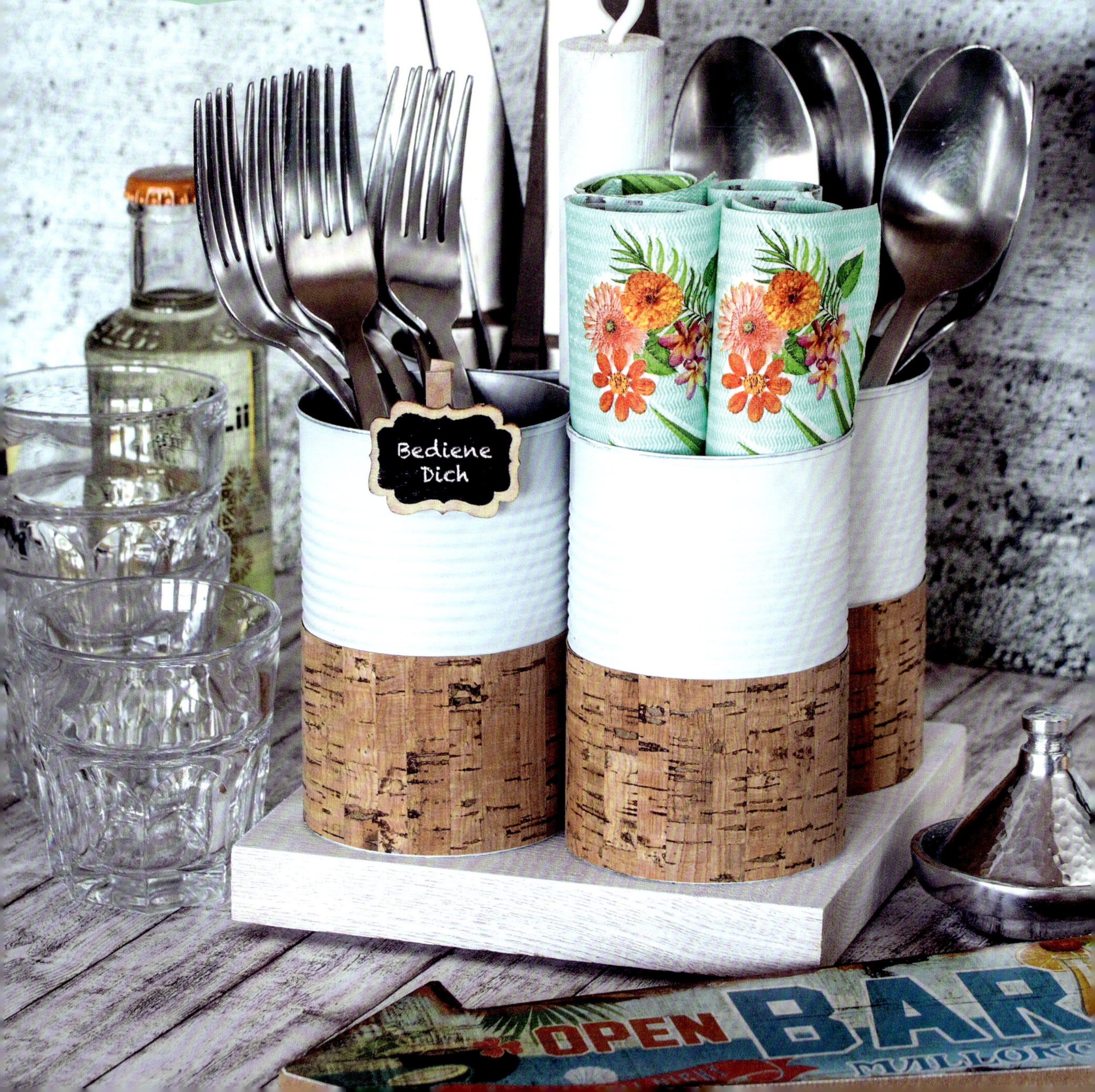

EINLADUNG ZUM GRILLEN. DER EINE BRINGT DEN SALAT, DER ANDERE DAS BROT UND EINER DEN NACHTISCH. JEDER NIMMT SICH SELBST. DAS GILT AUCH FÜRS BESTECK. IST ES ZENTRAL PLATZIERT, FINDET JEDER, WAS ER BRAUCHT.

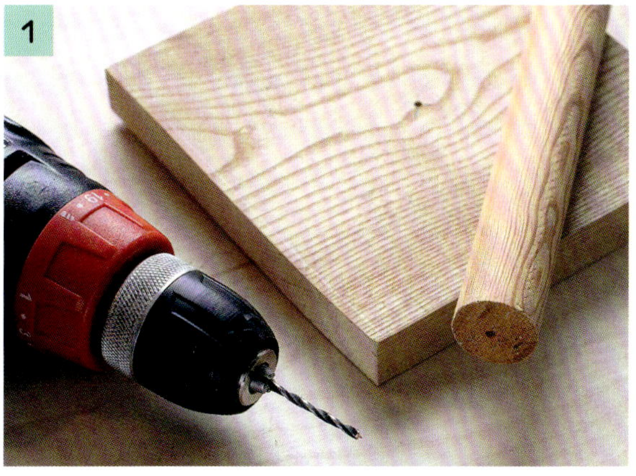


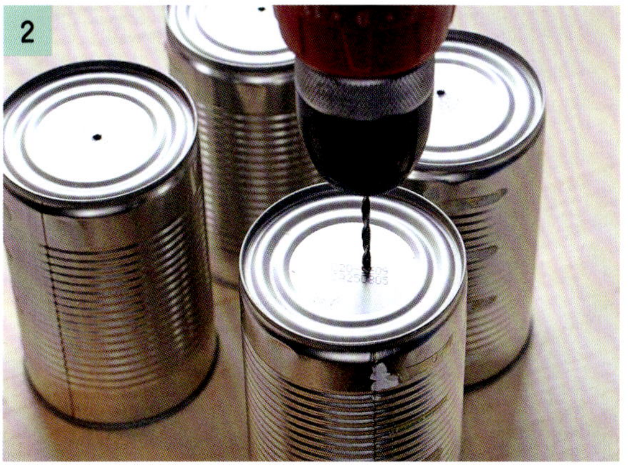


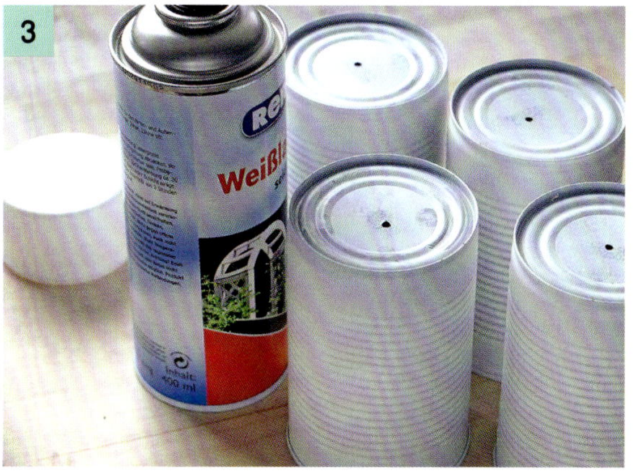


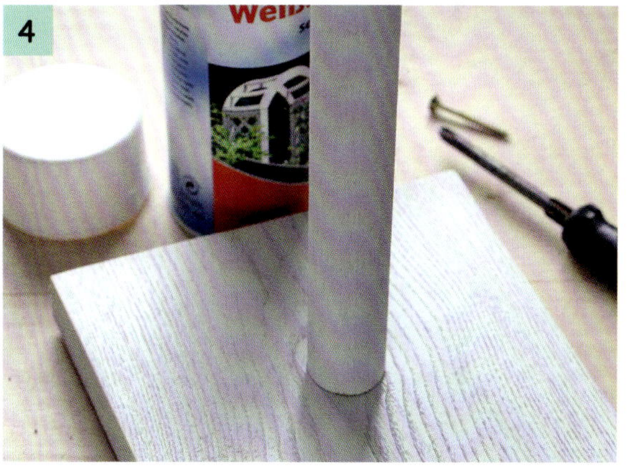


1. Die Bodenplatte besteht aus Holz und sollte so groß sein, dass die Dosen genügend Platz finden. Hier haben die Dosen einen Durchmesser von ca. 7,5 cm. Die Platte ist 16,5 cm x 16,5 cm groß. Der Rundstab hat einen Durchmesser von 2,5 cm und ist 20 cm lang. In der Mitte der Platte ein Loch für die Befestigungsschraube bohren. Den Stab von beiden Seiten leicht anbohren.

2. Die Dosen anschließend von unten anbohren. Hier werden sie später am Boden festgeschraubt.

3. Nun die Dosen in der gewünschten Farbe lackieren. Am besten draußen an der frischen Luft. Damit die Dosen innen nicht eingesprüht wird, stellt man sie am besten auf den Kopf.

4. In der Zwischenzeit den Rundstab von unten an das Brett anschrauben und anschließend ebenfalls lackieren. Holz und Dosen gut trocknen lassen.

Fortsetzung auf der nächsten Seite

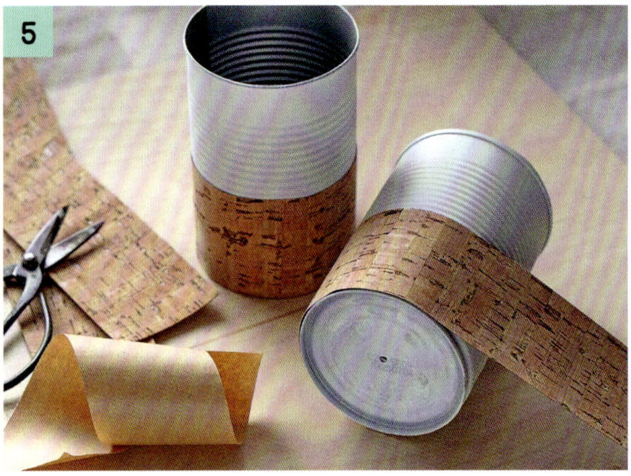


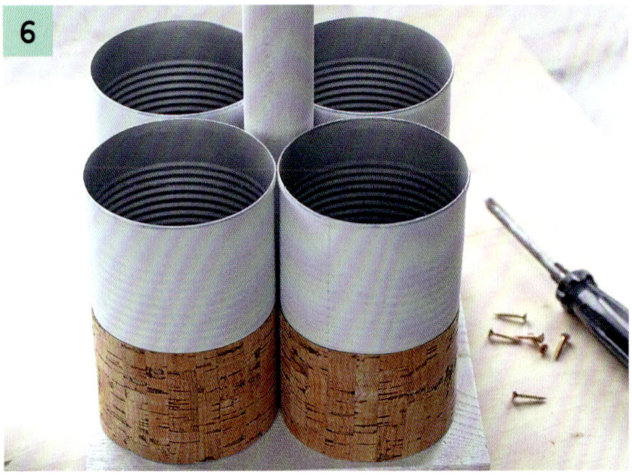


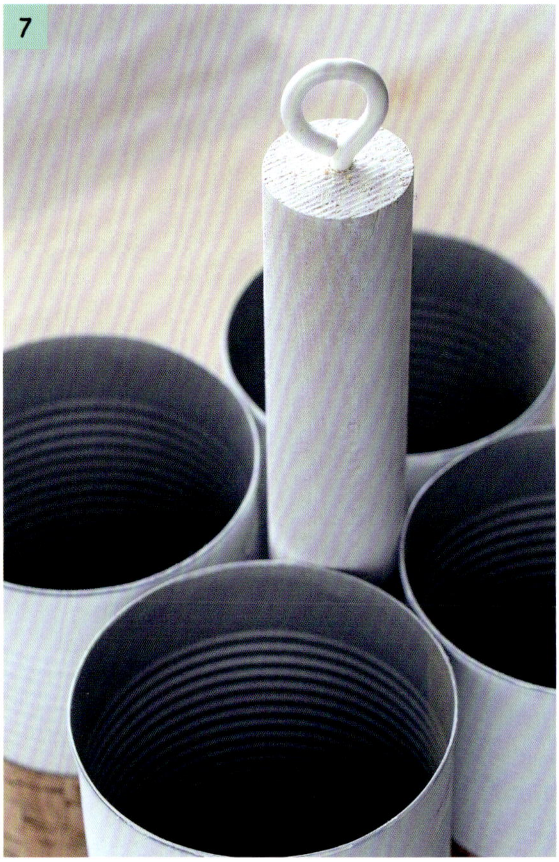


5. Vier gleiche Streifen des Korkpapiers zuschneiden und um die unteren Ränder der Dosen kleben.

6. Nun alle vier Dosen auf der Platte positionieren und von innen die Schrauben anbringen, um die Dosen zu befestigen. Hier ist es ganz praktisch, wenn der Schraubendreher magnetisch ist, da man schlecht in die engen Dosen hineinkommt.

7. Auf der Oberseite des Rundstabes nun noch eine Ringschraube eindrehen. Damit kann man den Besteckhalter gut tragen.

Um die Schraube an der Unterseite der Platte auszugleichen, sollte man unten vier Filzgleiter anbringen (alternativ Gummifüßchen). So wackelt die Platte nicht und verkratzt auch keine empfindliche Oberfläche.

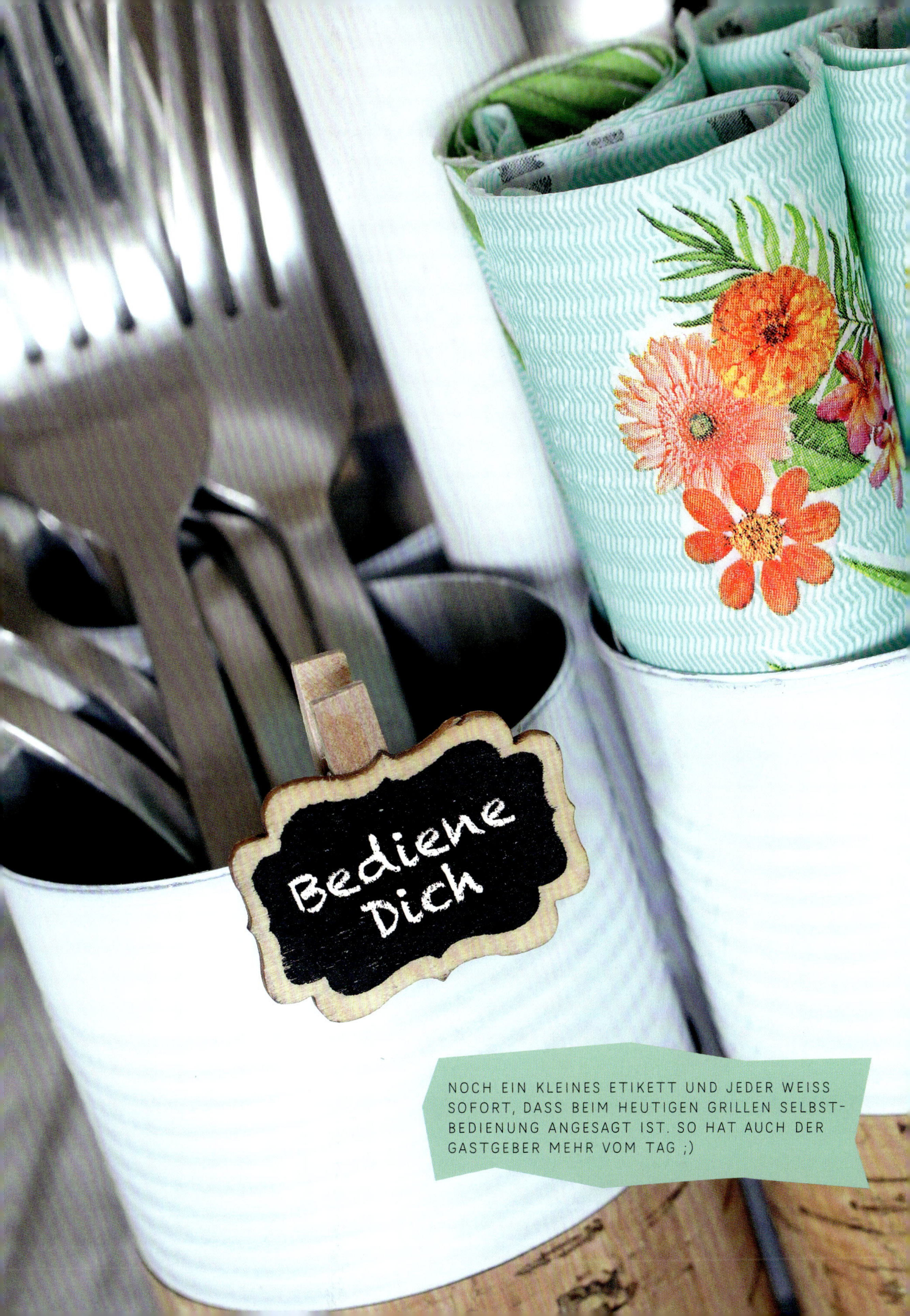


NOCH EIN KLEINES ETIKETT UND JEDER WEISS SOFORT, DASS BEIM HEUTIGEN GRILLEN SELBSTBEDIENUNG ANGESAGT IST. SO HAT AUCH DER GASTGEBER MEHR VOM TAG ;)

# Picknick-Set

**MATERIAL:**
DOSEN, SERVIETTEN, ACRYLFARBE, 2 PINSEL, SCHERE, SERVIETTENKLEBER, ETIKETTEN, EVTL. CLIPS

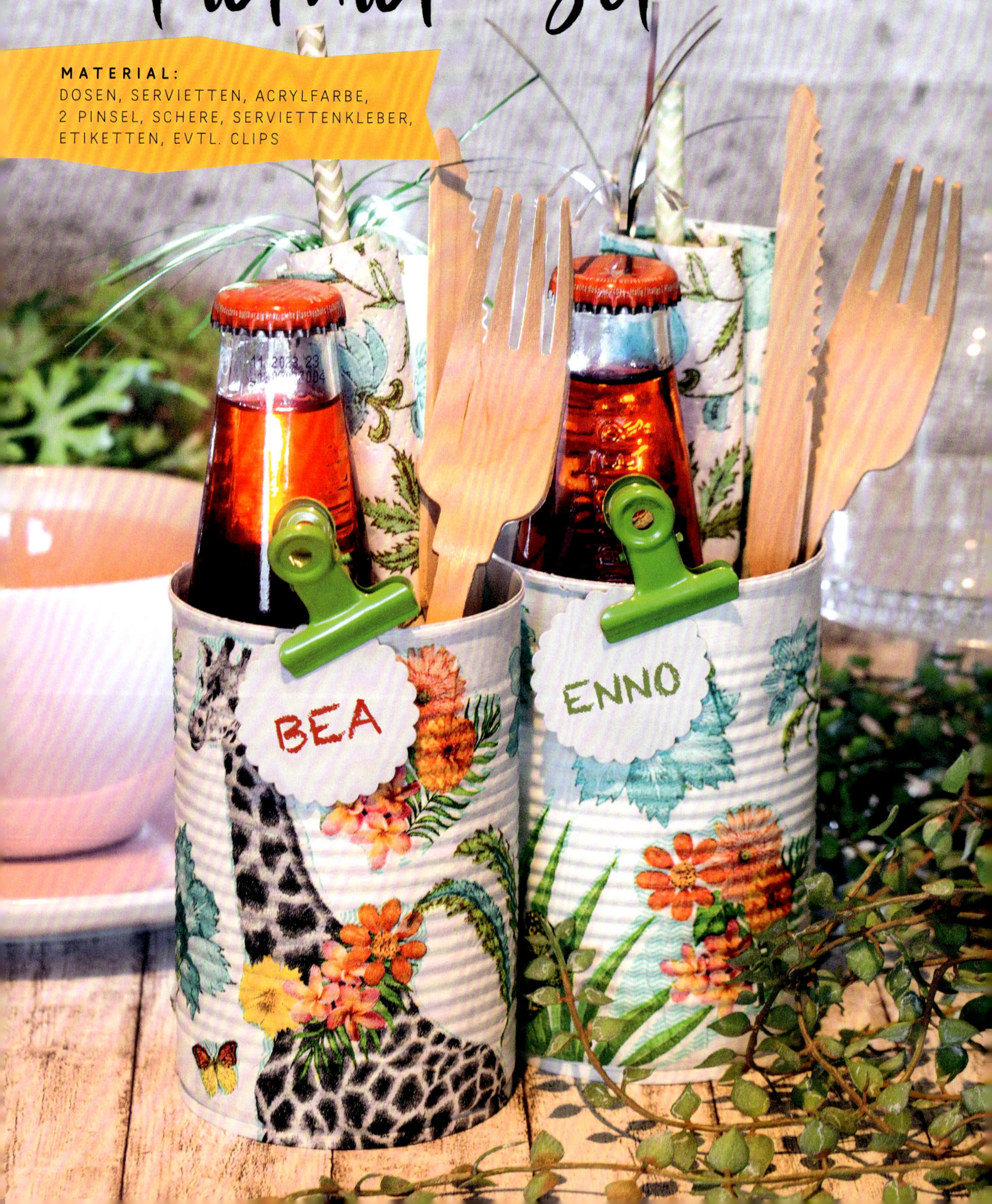

OB MAN NUN EIN PICKNICK MACHT ODER ZU HAUSE IM GARTEN GRILLT – WIE NETT, WENN JEDER SEINE EIGENE KLEINE DOSE MIT DEN PASSENDEN UTENSILIEN AN SEINEM PLATZ HAT. FEHLEN NUR NOCH DIE WÜRSTCHEN UND DER KARTOFFELSALAT :)

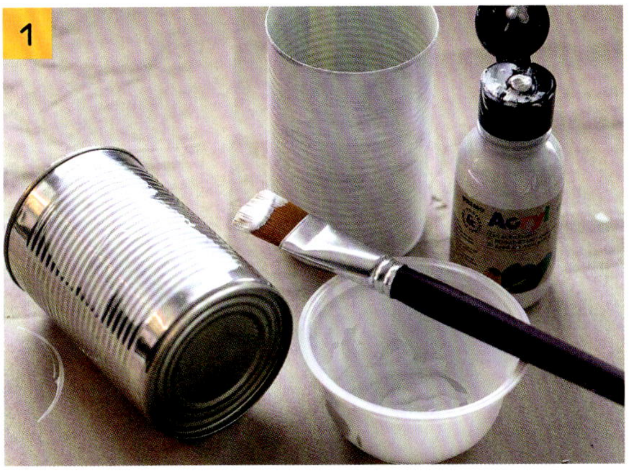


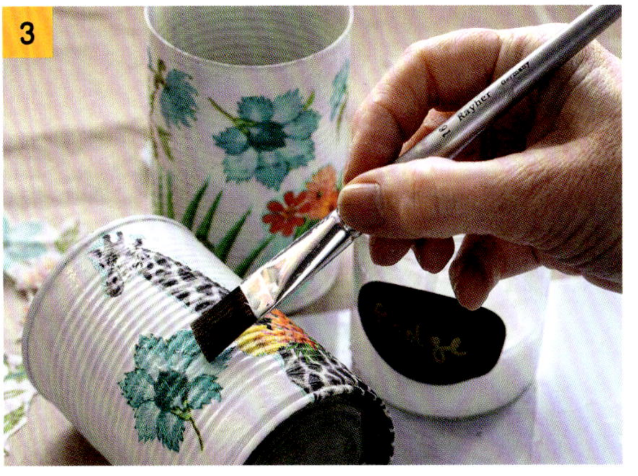


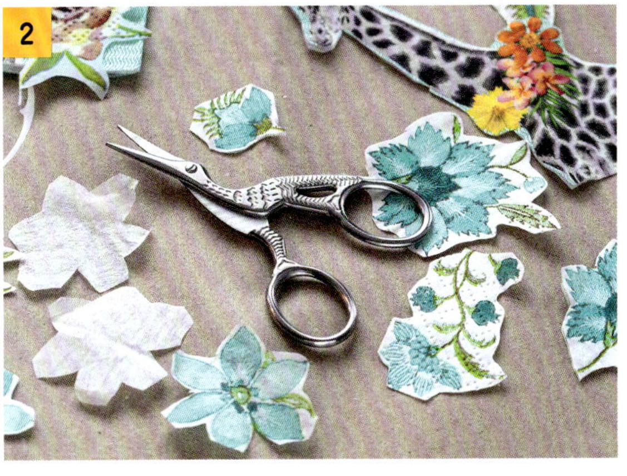


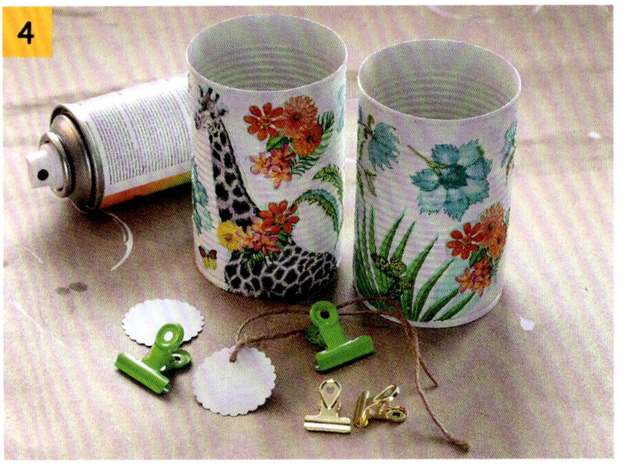


1. Die gereinigten Dosen werden für die Serviettentechnik zunächst weiß angepinselt. Das funktioniert gut mit Acrylfarbe. Am besten zwei Schichten auftragen, damit die Farbe richtig deckt. Anschließend gut trocknen lassen.

2. In der Zwischenzeit kann man die Motive vorbereiten. Dazu mit einer kleinen Schere die Motive der gewählten Servietten möglichst knapp ausschneiden. Wichtig für das spätere Aufkleben ist, dass man die einzelnen Serviettenschichten voneinander löst. In der Regel sind es drei Schichten. Benötigt wird nur die bedruckte Schicht.

3. Nun die Motive mit Serviettenkleber auftragen. (Kleber selbst herstellen siehe Seite 12) Den Kleber auf die Dose auftragen, das Motiv vorsichtig auflegen und mit dem Pinsel anstreichen. Anschließend mit etwas Kleber übermalen.

4. Für einen besseren Halt der Motive kann man die Dosen anschließend lackieren (mit Klarlack) oder einfach noch einmal eine komplette Schicht Kleber auftragen.
Gut trocknen lassen. Mit entsprechenden Etiketten für jeden Gast dekorieren und anschließend befüllen.

# Alles in Ordnung?

**MATERIAL:**
3 DOSEN, ACRYLFARBE IN WEISS + SCHWARZ, PINSEL, HAMMER, NAGEL, METALLBOHRER + HOLZBOHRER, HOLZBRETT, SCHMIRGELPAPIER, 2 RINGSCHRAUBEN, 3 HOLZSCHRAUBEN, SCHRAUBENDREHER, SISALSCHNUR

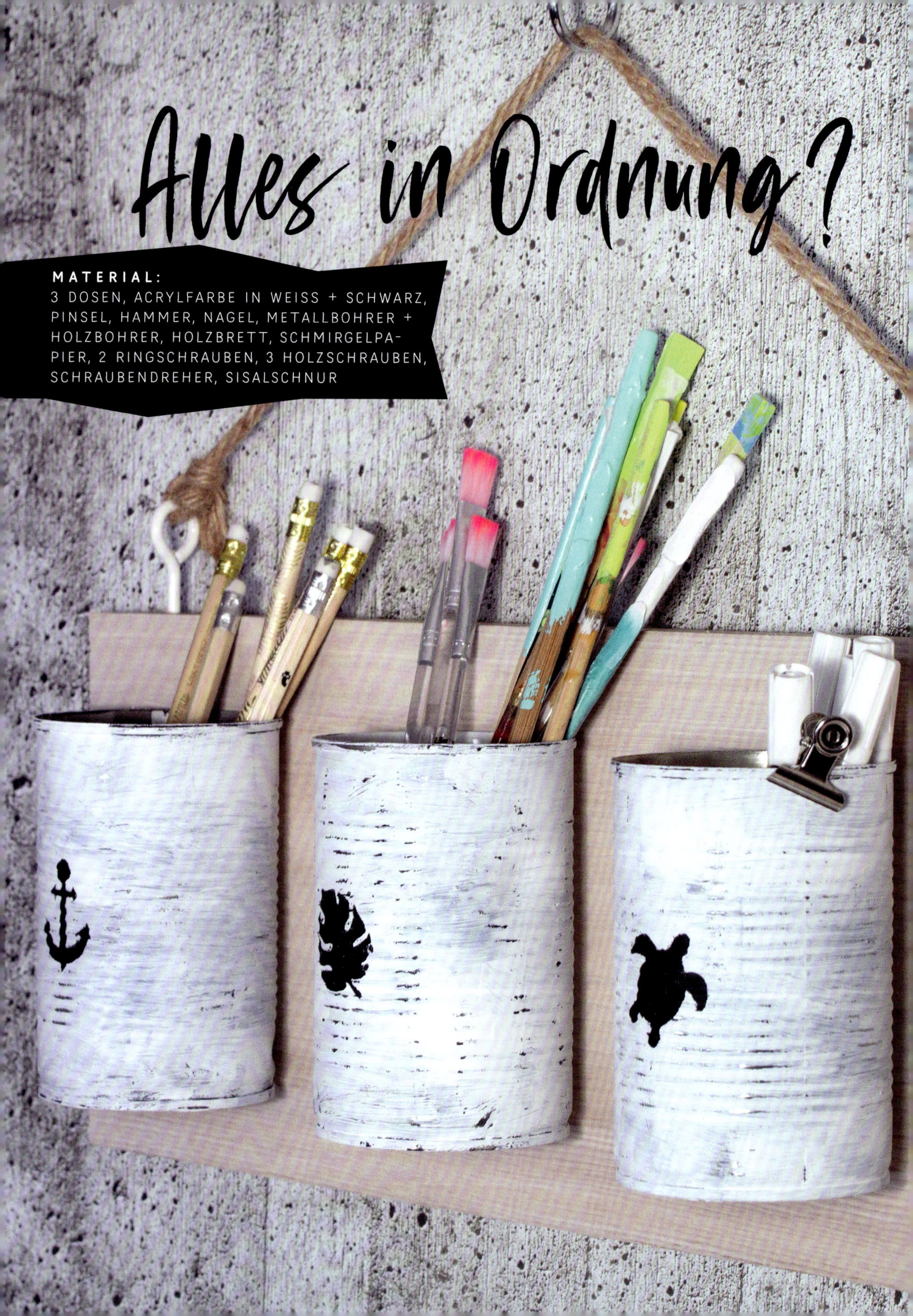

ALLES AN SEINEM PLATZ – DANK DER DOSEN IM VINTAGE-LOOK HERRSCHT JETZT ORDNUNG AM ARBEITSPLATZ. OB ANGESCHRAUBT AUF EINEM BRETT ODER EINFACH HINGESTELLT. FÜR STIFTE, PINSEL UND CO. GIBT ES NICHTS BESSERES.

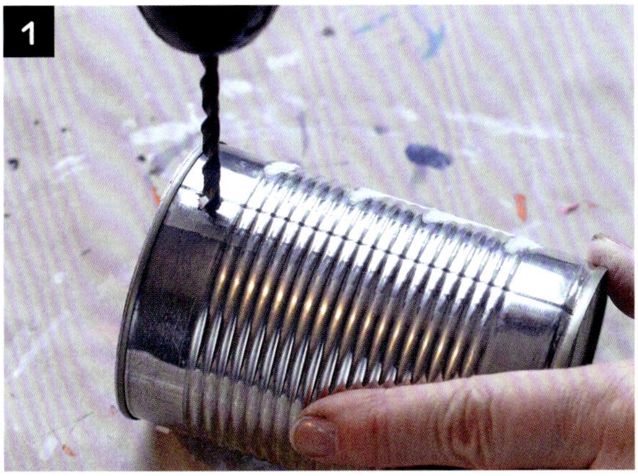


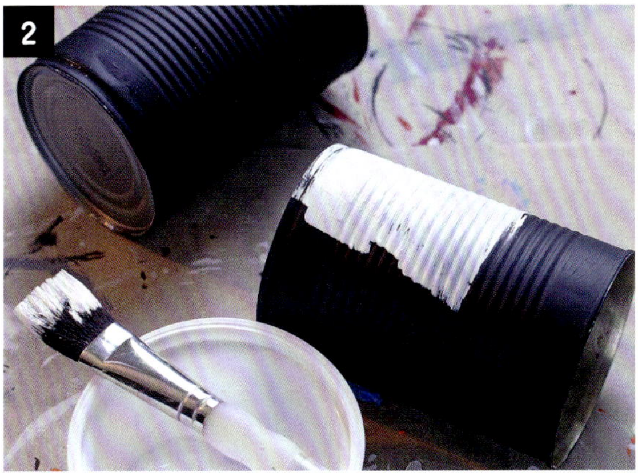


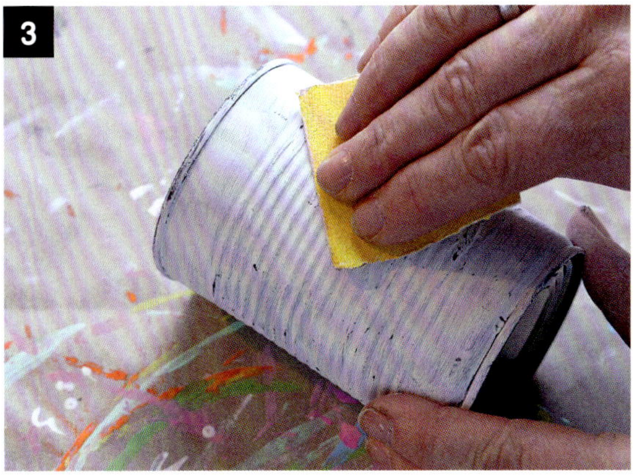


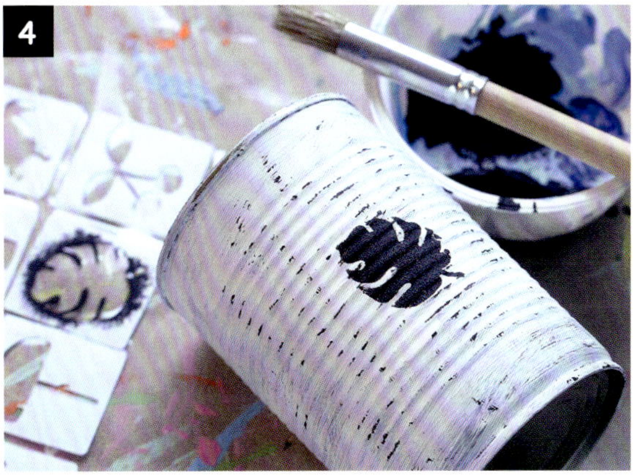


1. Zunächst alle Dosen am oberen Rand mit einem Metallbohrer lochen (mit Nagel und Hammer vorarbeiten, damit der Bohrer nicht abrutscht). Hier werden später die Dosen an das Brett geschraubt.

2. Dann die Dosen erst mit schwarzer Acrylfarbe anstreichen. Nach dem Antrocknen eine Schicht Weiß auftragen. Farbe anschließend gut trocknen lassen.

3. Mit einem Stück Schmirgelpapier dann leicht über verschiedene Stellen der Dose wischen, damit die schwarze Farbe zum Vorschein kommt. So lange wiederholen, bis man mit dem Ergebnis zufrieden ist.

4. Dann das gewünschte Motiv auftragen. Zum Beispiel mit einer Schablone ein wenig Farbe auftupfen.

Fortsetzung auf
der nächsten Seite

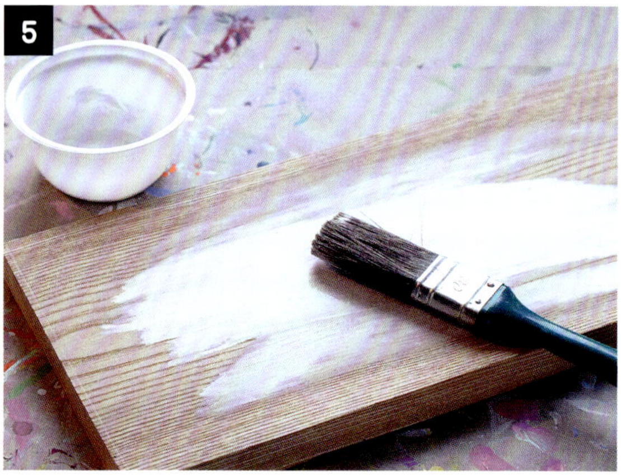


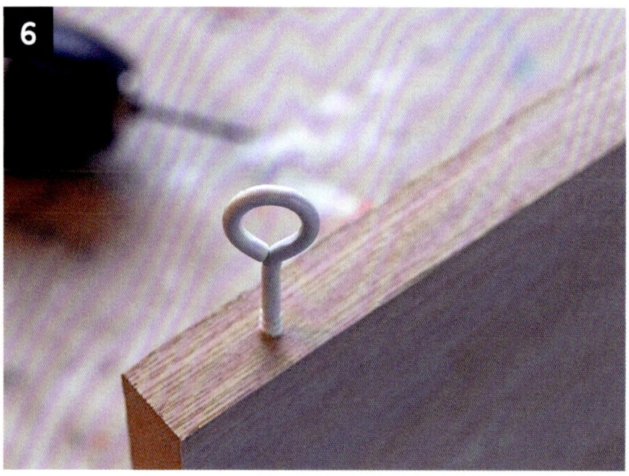


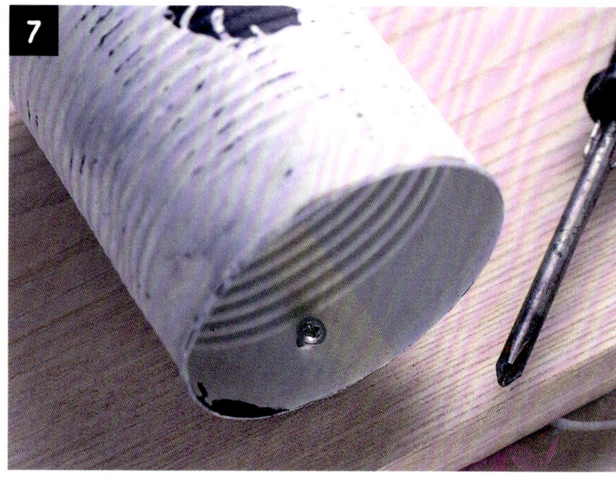


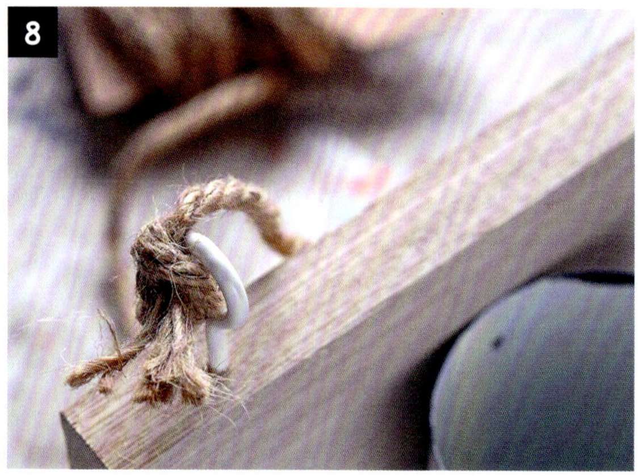


5. Danach das Brett (hier in einem Format von 40 cm x 17 cm) mit der weißen Acrylfarbe lasierend anstreichen.

6. Nach dem Trocknen der Farbe an der Oberkante des Brettes 2 Löcher bohren und die Ringschrauben eindrehen.

7. Auf dem Brett die Position für die Dosen ausmessen, markieren und die Behältnisse mit kleinen Schrauben auf das Brett schrauben.

8. Zum Schluss noch eine dicke Schnur an die Ringschrauben knoten, um das Brett daran aufzuhängen.

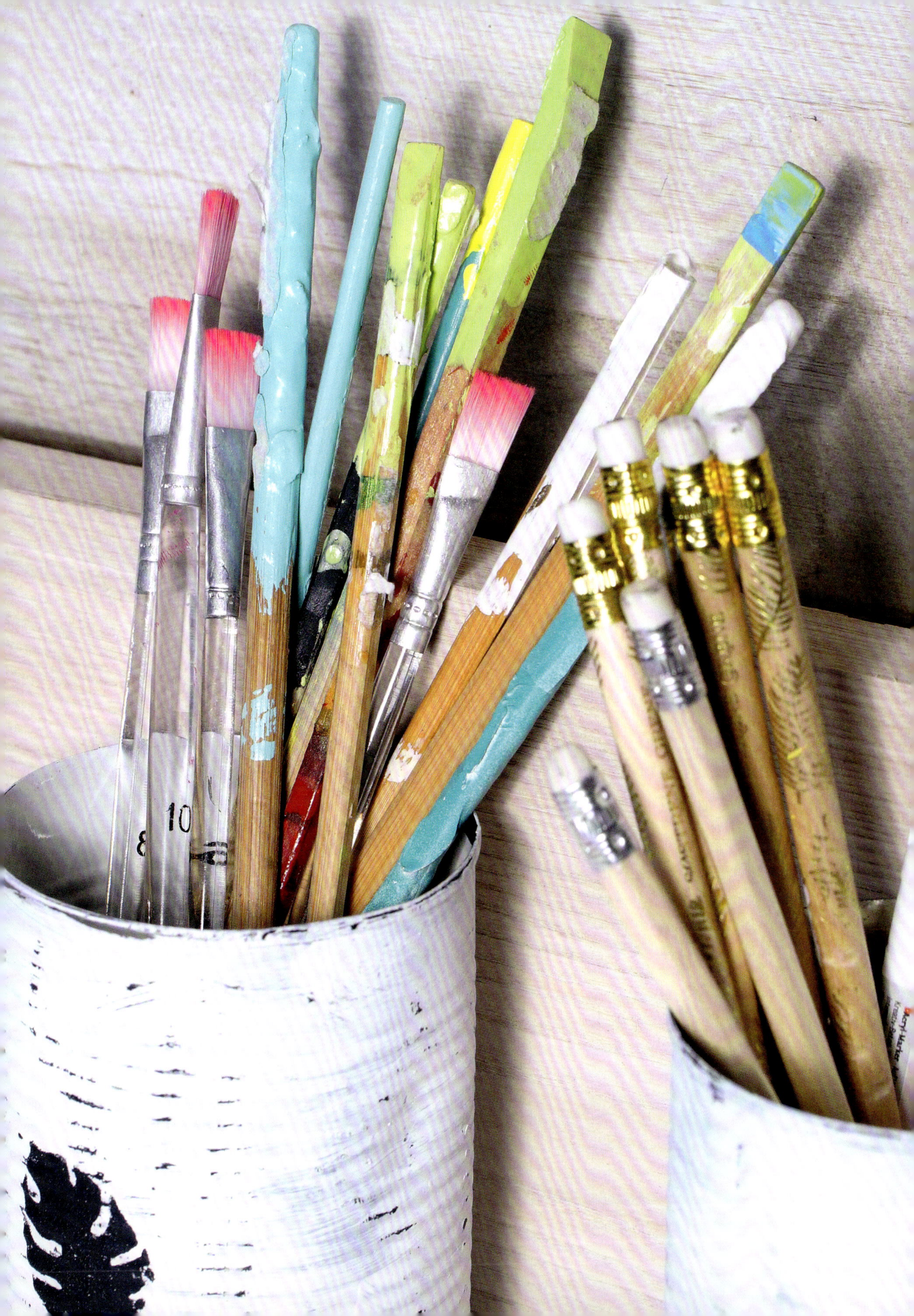
10

# Sparmaßnahmen

**MATERIAL:**
ERDNUSSDOSE MIT DECKEL, FESTES FARBIGES PAPIER, LINEAL, CUTTER, SCHERE, DOPPELSEITIGES KLEBEBAND, AUFKLEBER

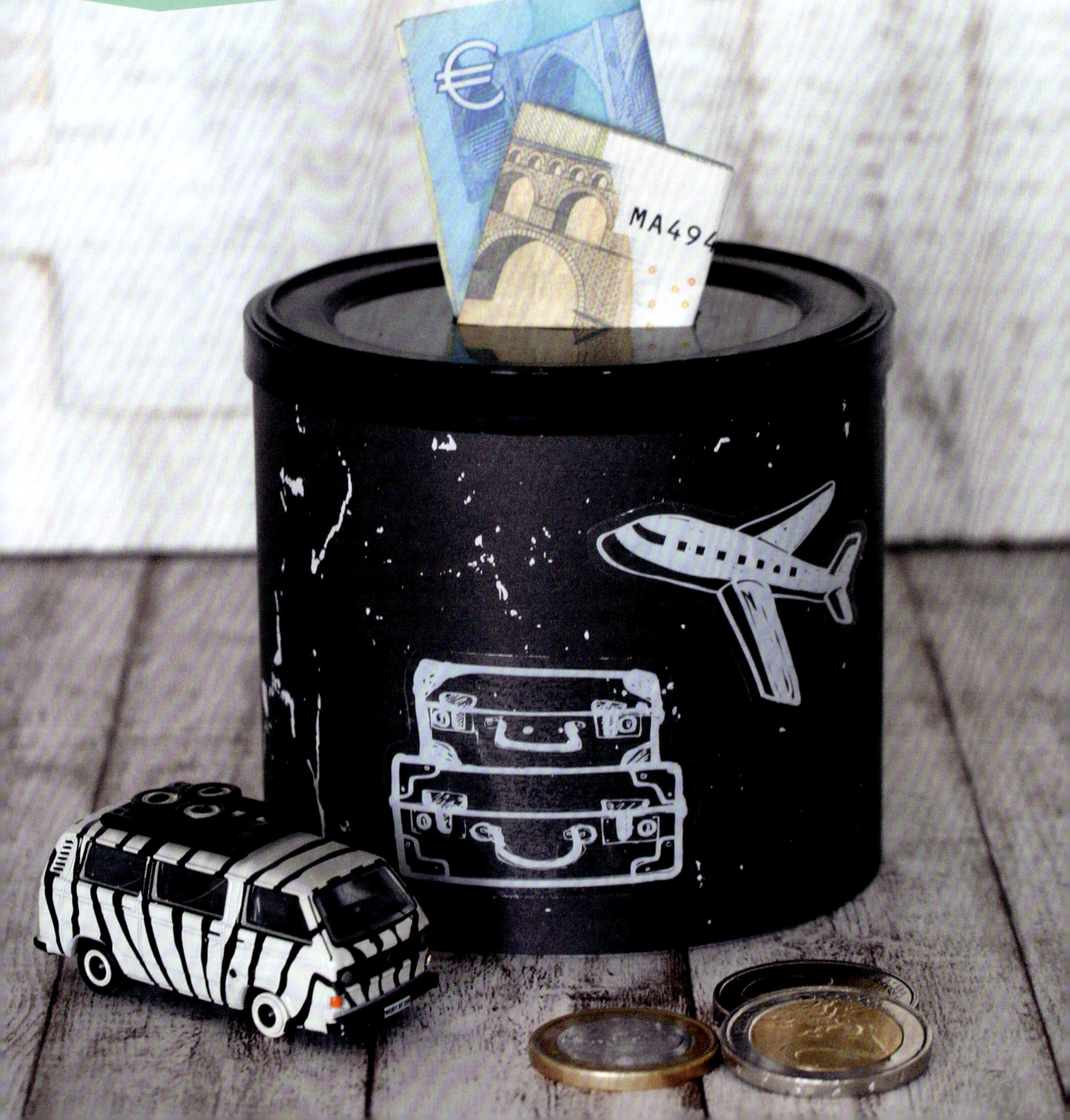

EASY-PEASY-SPARDOSE: EINFACHER FÜR DEN URLAUB SPAREN GEHT WIRKLICH NICHT. EIN PAAR ERDNÜSSE FUTTERN UND DANN DIE DOSE GANZ EINFACH MIT EINIGEN HANDGRIFFEN UMFUNKTIONIEREN.

1

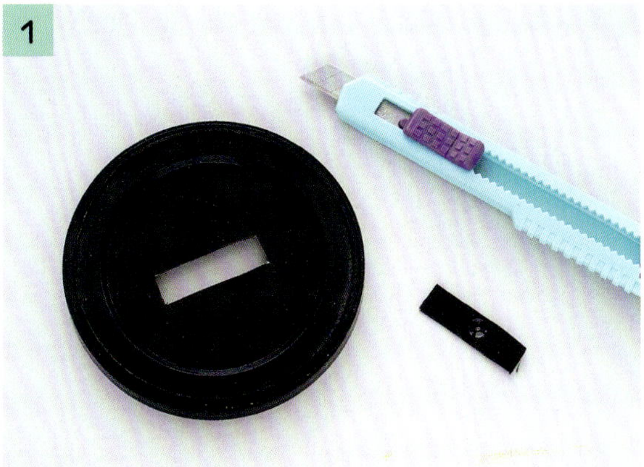

2

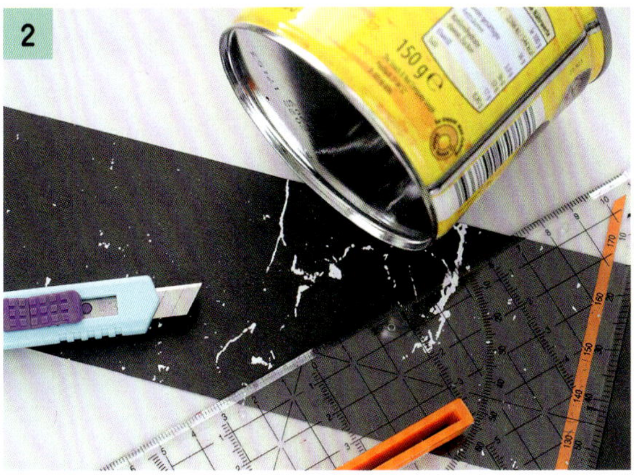

3

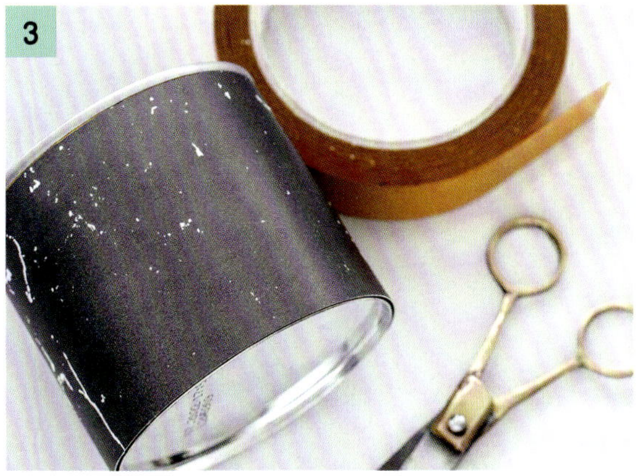

4

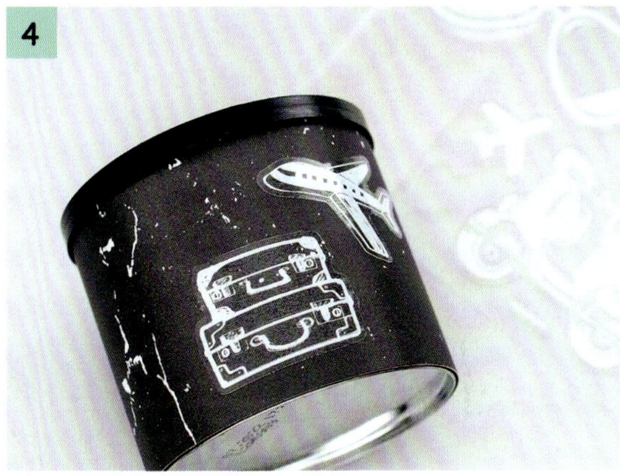

1. In den Deckel schneidet man mit dem Cutter einen kleinen Schlitz, um Geldscheine und Münzen hindurchzustecken.

2. Aus einem etwas festeren Papier (ca. 250 g) schneidet man einen passenden Streifen in der Höhe der Dose zurecht. Die Länge so, dass sich die Enden ein wenig überlappen.

3. Mit doppelseitigem Klebeband klebt man die Banderole anschließend um die Dose.

4. Noch einen Aufkleber drauf und dann steht dem nächsten Urlaub nichts mehr im Weg.

# Küchenhilfe

**MATERIAL:**
GROSSE DOSE, STOFFRESTE, SCHERE, CLIPS, NÄHMASCHINE

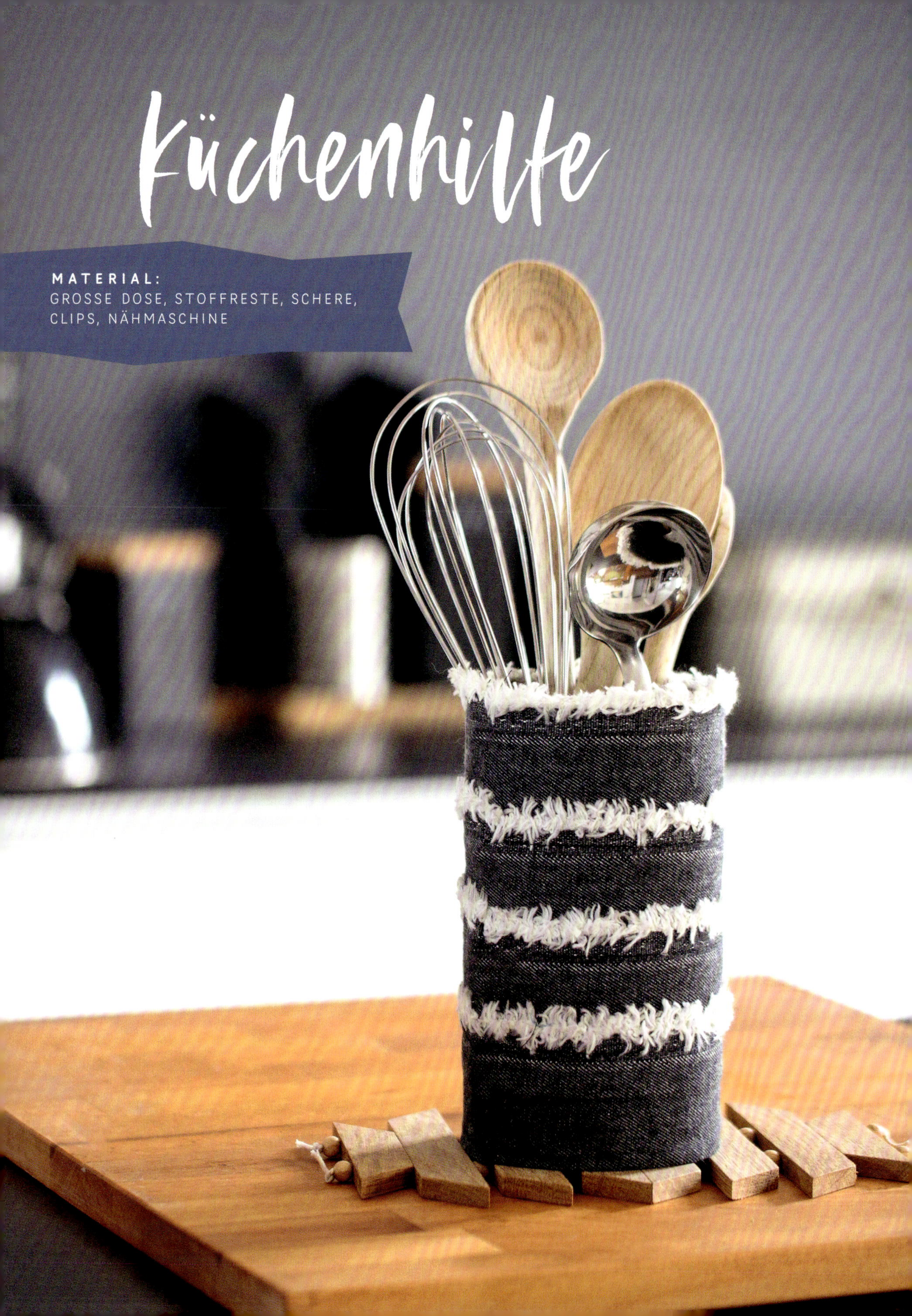

BEI DEM EINEN BAUMELN SIE AN DER WAND, BEI DEM ANDEREN VERSTOPFEN SIE DIE SCHUBLADE. SCHNEEBESEN UND KOCHLÖFFEL HABEN AB SOFORT EINEN FESTEN PLATZ IN EINER GROSSEN KONSERVENDOSE. NICHT WIEDERZUERKENNEN IM SELBSTGENÄHTEN JEANSKLEID.

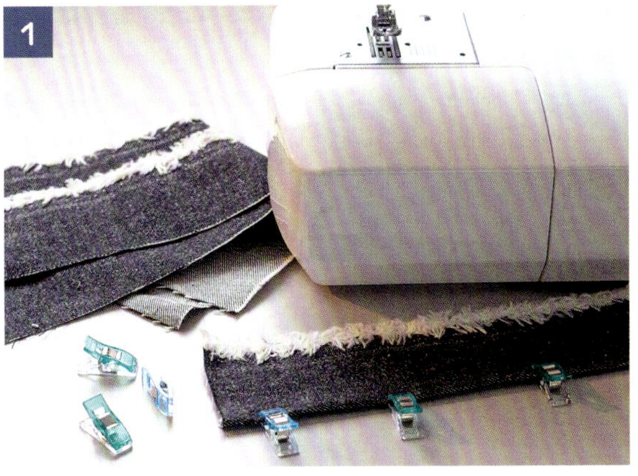


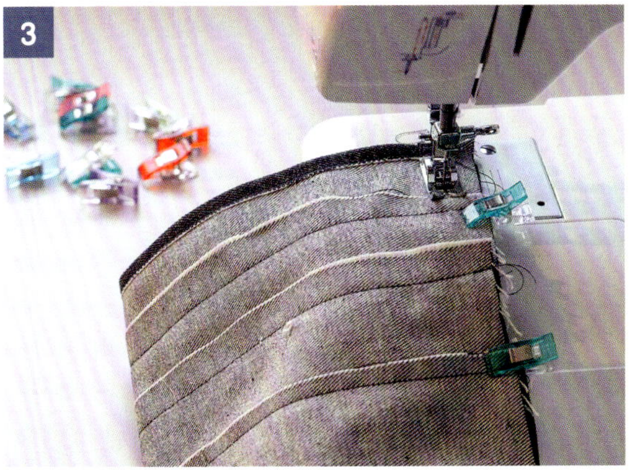


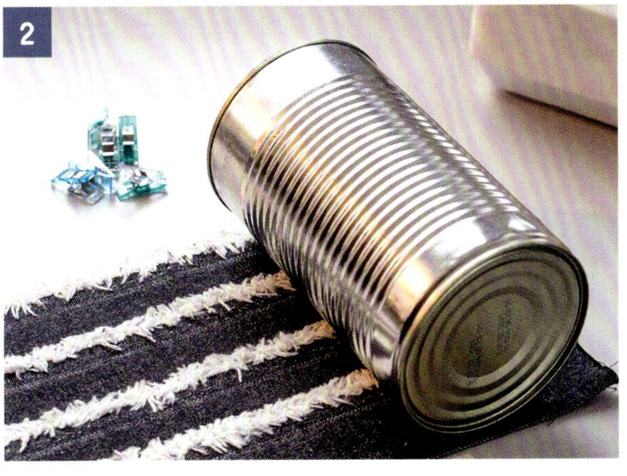


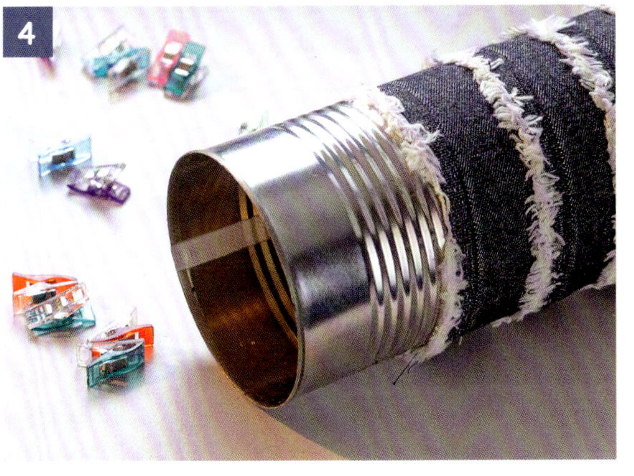


1. Die Stoffhülle besteht in diesem Fall aus alten Seitenstreifen eines Jeansstoffes vom Stoffballen, daher der schöne ausgefranste Rand. Die Länge der Streifen ungefähr dem Umfang der Dose entsprechend zuschneiden. Den Rand des unteren Streifens mit der Nähmaschine umnähen.

2. Nun die Streifen mit der ausgefransten Kante so aufeinandernähen, dass sich am Ende die Dosenhöhe ergibt.

3. Den fertigen Stoff an die Dose anpassen, rechts auf rechts zusammenlegen und anschließend an der Seite zusammennähen.

4. Die Naht aufbügeln und den Stoff wenden. Nun einfach stramm über die Dose ziehen. Fertig ist die Dosenhusse.

# Kuschel-Muschel

**MATERIAL:**
ERDNUSSDOSE, PASSENDE DEKOFELL-STREIFEN, HOLZDECKEL, SCHERE, DOPPELSEITIGES KLEBEBAND, KLEBER, HOLZBUCHSTABEN

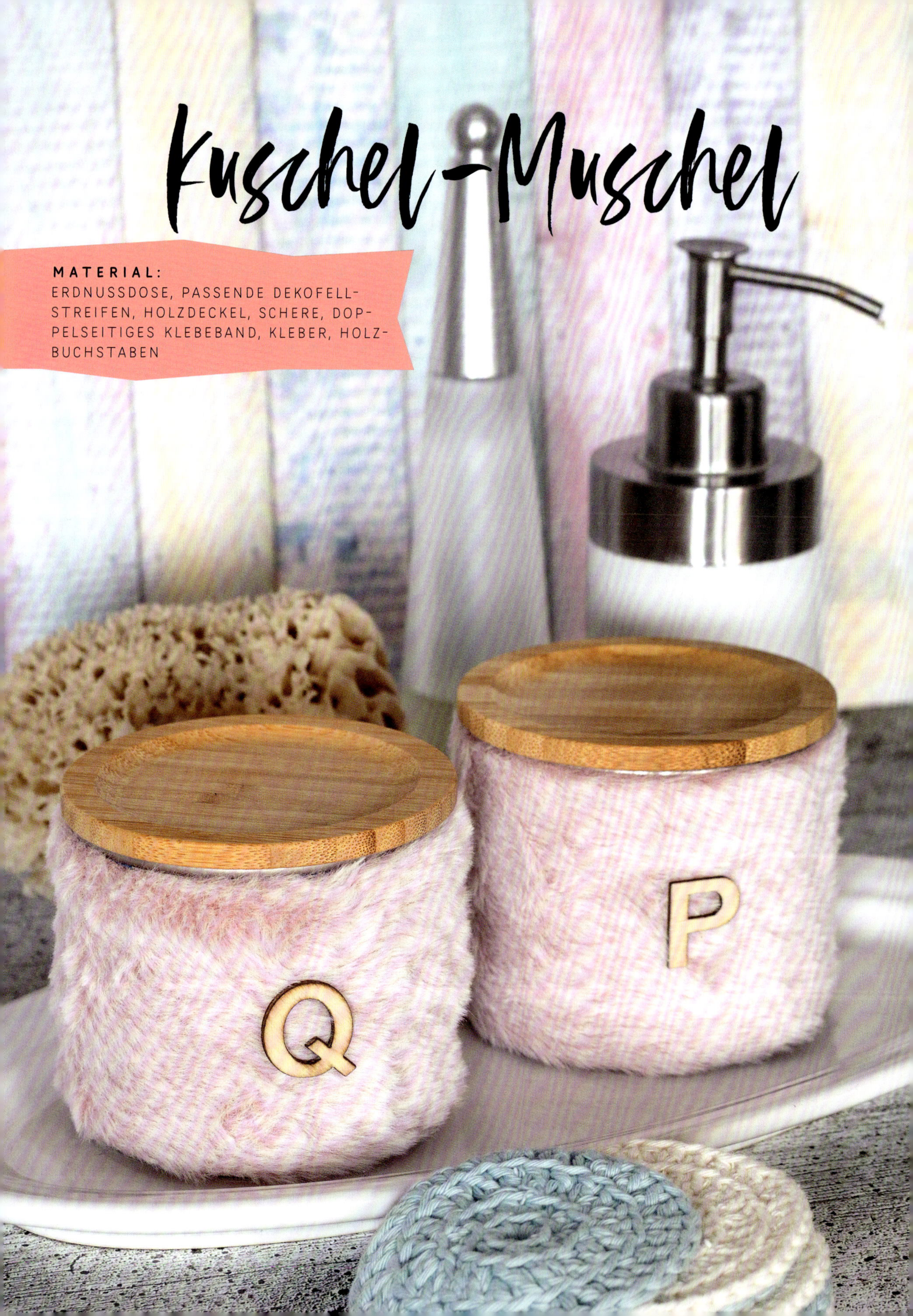

MANCHE DINGE BRAUCHT MAN GRIFFBEREIT. ABER NICHT IMMER SIND SIE SO SCHÖN, DASS MAN SIE OFFEN HERUMLIEGEN LÄSST. KOSMETIKPADS, TAMPONS, WATTESTÄBCHEN SIND IN DIESEN PUSCHELIGEN SAMMELDOSEN BESTENS AUFGEHOBEN.

1

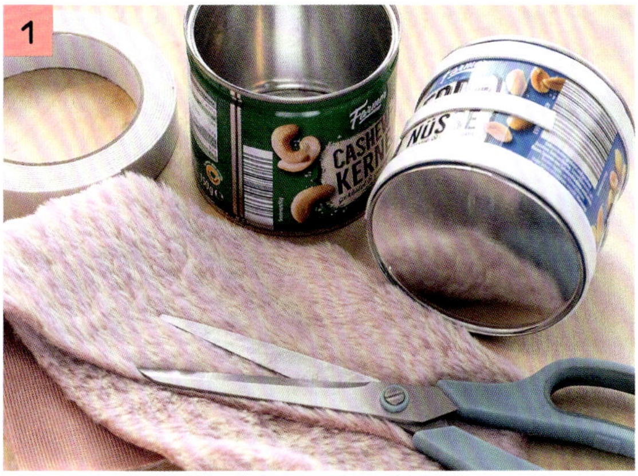

2

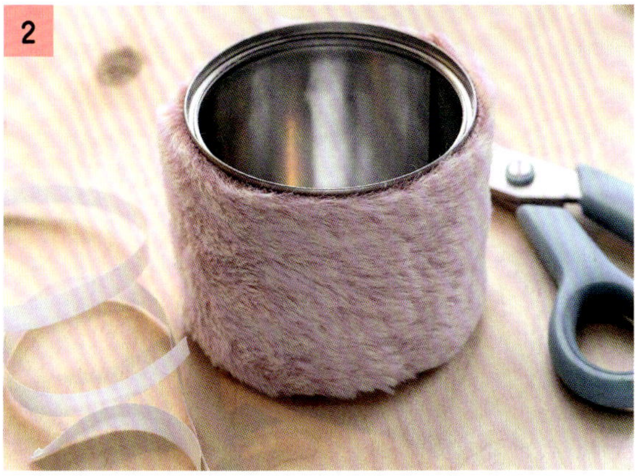

3

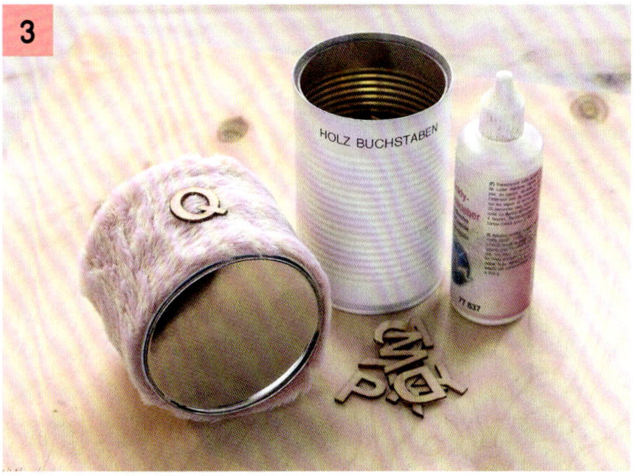


4

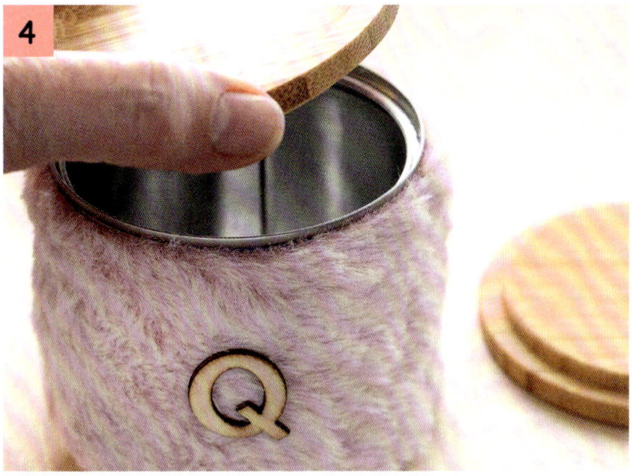

1. Die Erdnussdosen reinigen und doppelseitiges Klebeband anbringen, und zwar am oberen und unteren Rand, in der Mitte und längs, wo die Kanten der Fellstreifen aneinanderstoßen. Diese Fellstreifen gibt es fertig in verschiedenen Breiten, dann ist der Rand bereits versäubert.

2. Dann die Fellstreifen straff um die Dosen kleben.

3. Mit etwas Kleber kleine Holzbuchstaben zur Kennzeichnung aufkleben.

4. Deckel drauf. Fertig!

Eigentlich haben die Erdnussdosen ja häufig einen Kunststoffdeckel. Wem dieser nicht gefällt, der kann sich im Dekobedarf passende Holzdeckel kaufen, die dann lose auf den Dosen aufliegen.

# Jungle Look

**MATERIAL:**
KONSERVENDOSEN, SOCKEN, SCHERE, HEISSKLEBEPISTOLE, SCHNUR, DEKO

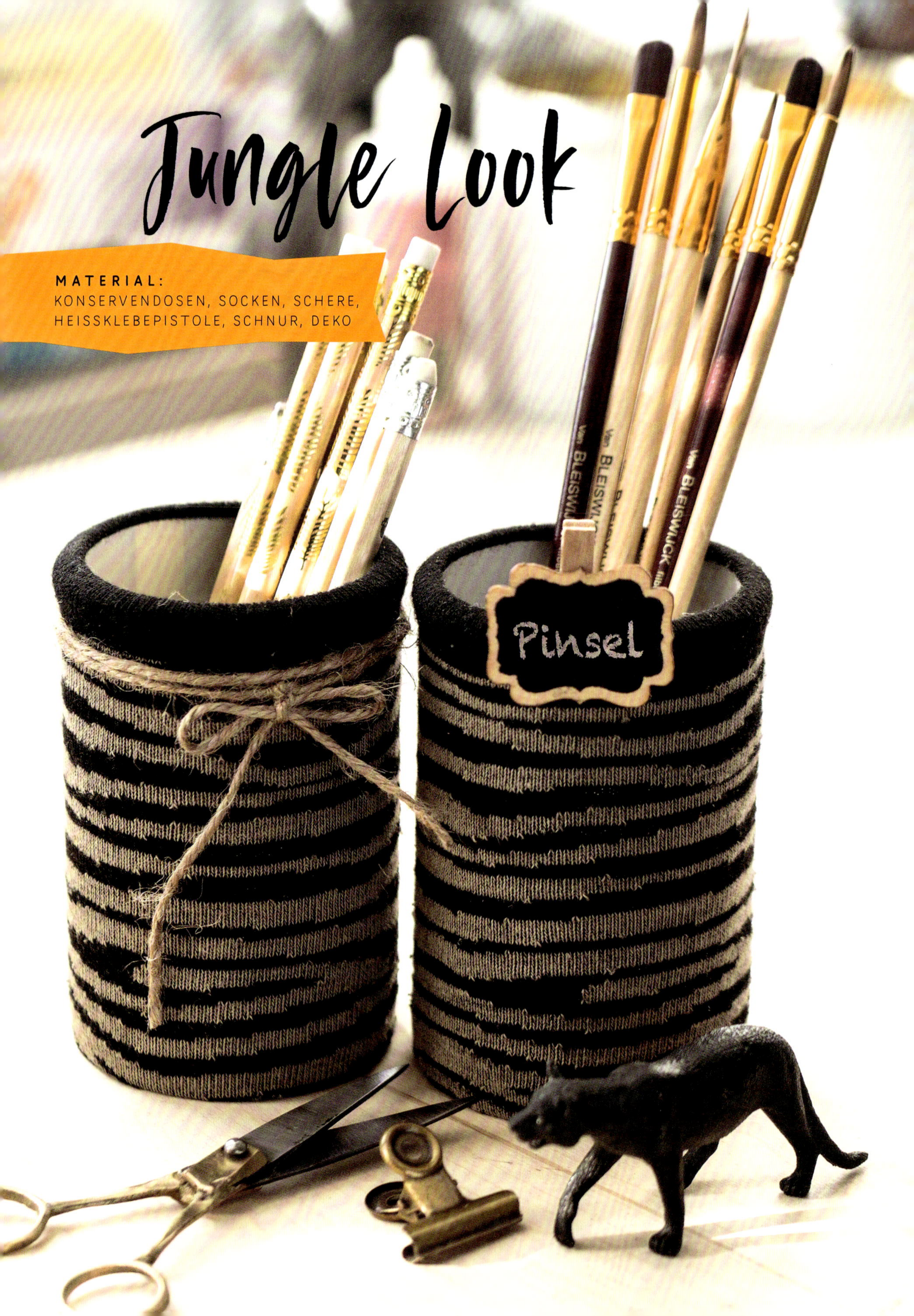

FÜR MEHR ORDNUNG AUF DEM SCHREIBTISCH SIND DOSEN DIE EINFACHSTE UND GÜNSTIGSTE LÖSUNG. ENDLICH IST DER SCHREIBTISCH IM KINDERZIMMER EIN WENIG AUFGERÄUMTER. UND DER JUNIOR FREUT SICH ÜBER DIE COOLEN MUSTER.

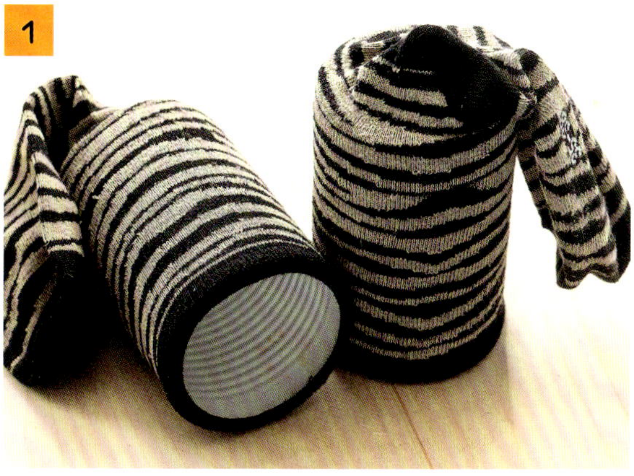

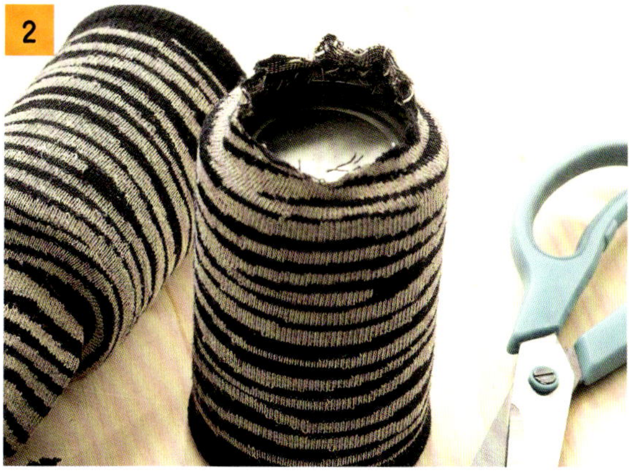

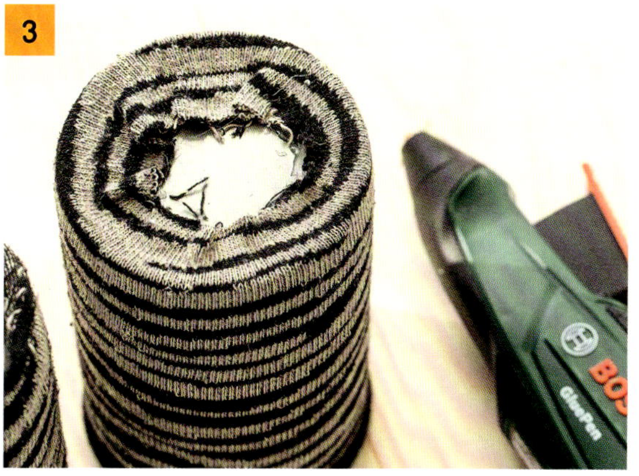

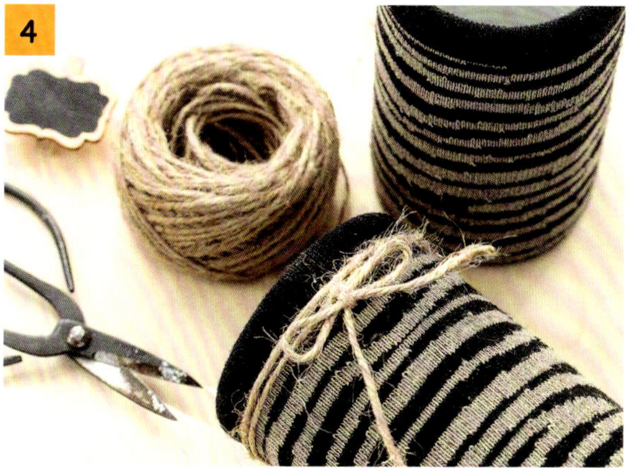

1. Die aussortierten Socken über die Dosen streifen, sodass das Sockenbündchen am oberen Rand des Behälters abschließt.

2. Das Fußteil mit der Schere vorsichtig abschneiden. Genügend Rand lassen, um ihn am Dosenboden umzuklappen.

3. Nun mit einer Heißklebepistole den Sockenrand auf dem Dosenboden rundherum festkleben.

4. Die Schnur etwas unterhalb des Bündchens um die Dose legen und festbinden. Noch ein bisschen Deko und schon sind die kleinen Ordnungshüter fertig!

# No more Bandsalat

**MATERIAL:**
KONSERVENDOSE, FARBIGES PAPIER, STOFFRESTE, DICKE PAPPE, LEDERBAND, HOLZKUGELN, NIETEN, SCHERE, CUTTER, NAGEL, HAMMER, METALLBOHRER, AKKUSCHRAUBER, HEISSKLEBEPISTOLE, DOPPELSEITIGES KLEBEBAND, STIFT, EVTL. SEKUNDENKLEBER, PRICKELNADEL

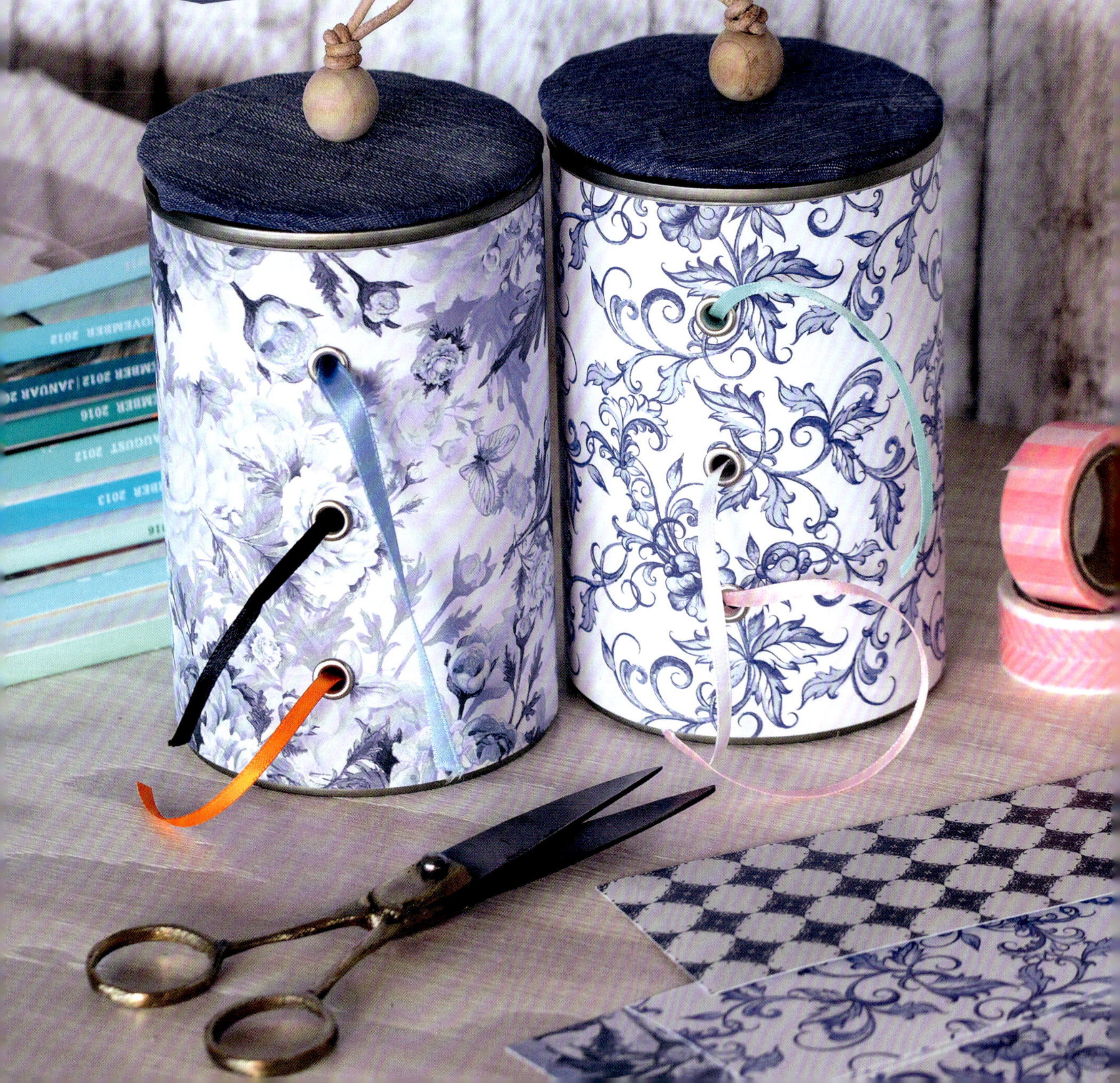

SCHLUSS MIT DEM BANDSALAT IN DER SCHUBLADE! OB LOSE BÄNDER ODER KLEINE SPULEN – AB IN DIE DOSE UND DECKEL DRAUF. NUR DIE KLEINEN BÄNDER, DIE VORNE HERAUSSCHAUEN, LASSEN DAS CHAOS IM INNEREN VERMUTEN.

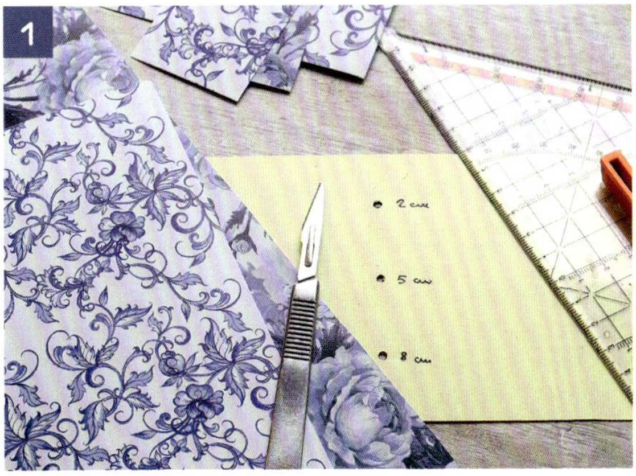


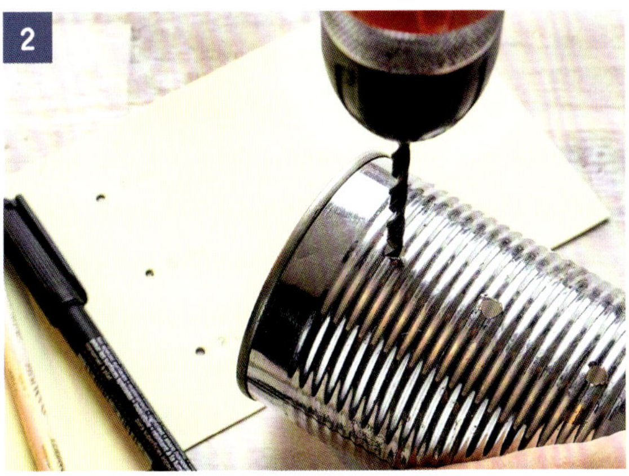


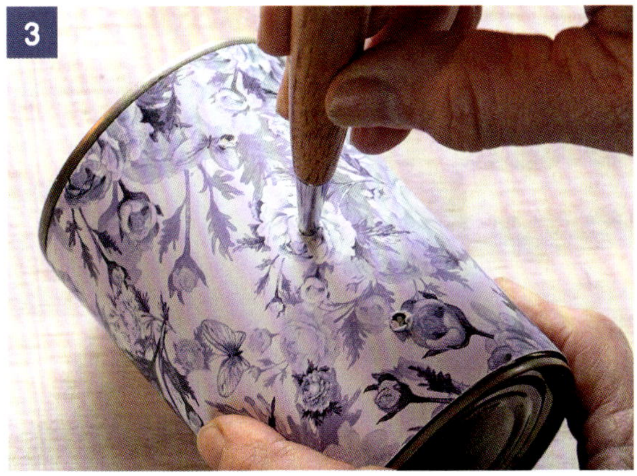


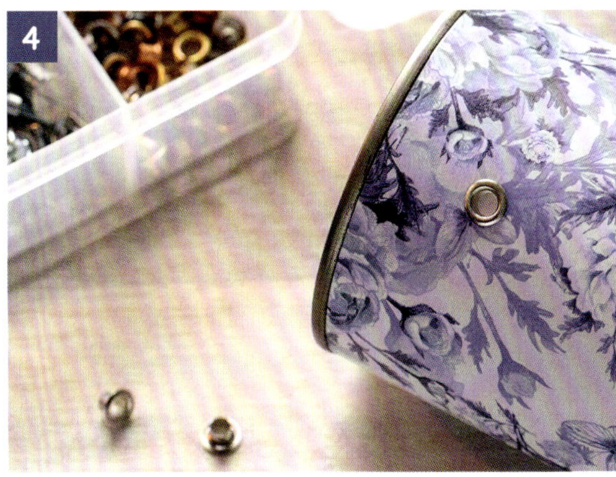


1. Zuerst schneidet man sich eine Schablone entsprechend Höhe und Umfang der Dose, auf der man auch die Löcher markiert, durch die später die Bänder gezogen werden. (In schmalen Dosen das untere Loch nicht zu weit unten vorsehen, sonst bekommt man die Bänder von innen nicht mehr eingefädelt.)
Dann aus dem gewünschten Papier (ca. 250 g) die Banderole zuschneiden. Im Umfang etwas größer lassen, damit sich der Bogen überlappt.

2. Mithilfe der Schablone die Löcher mit einem Marker auf die Dose übertragen. Am besten mit Nagel und Hammer die Stellen kurz anschlagen, damit der Bohrer nicht verrutscht. Mit einem kleinen Bohrer zu bohren anfangen; später die Löcher entsprechend der Nieten etwas größer bohren.

3. Nun die Banderole anpassen und mit doppelseitigem Klebeband ankleben. Auch hier die markierten Löcher – am besten direkt auf der Dose – durchstechen.

4. Um das ausgefranste Loch zu verschönern, nun die Nieten aufstecken. Sollten sie nicht halten, kann man sie mit einem Tropfen Sekundenkleber aufkleben.

Festnieten geht hier leider nicht, da man mit der Nietenzange nicht so weit in die Dose hineinkommt.

Fortsetzung auf der nächsten Seite

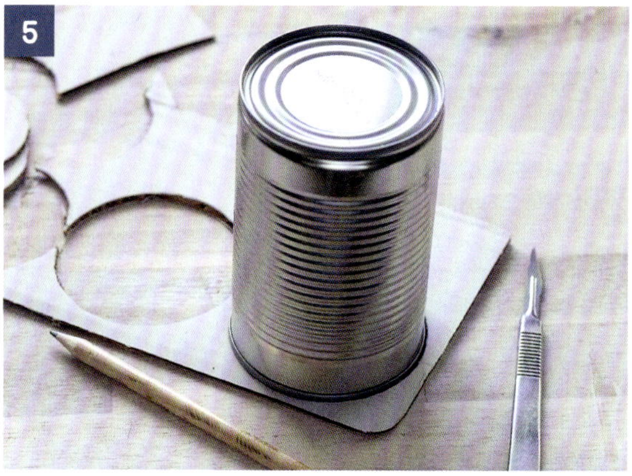


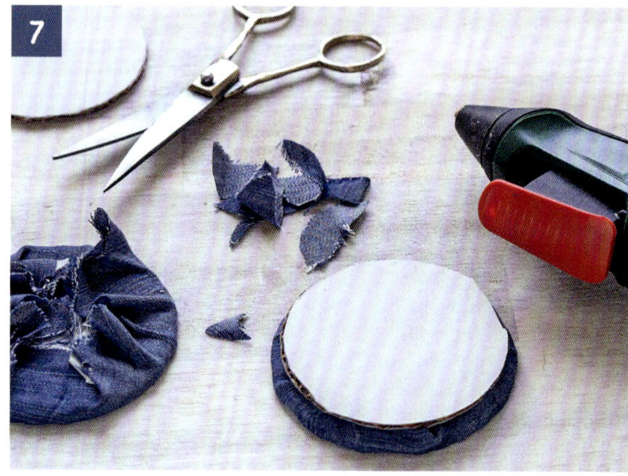


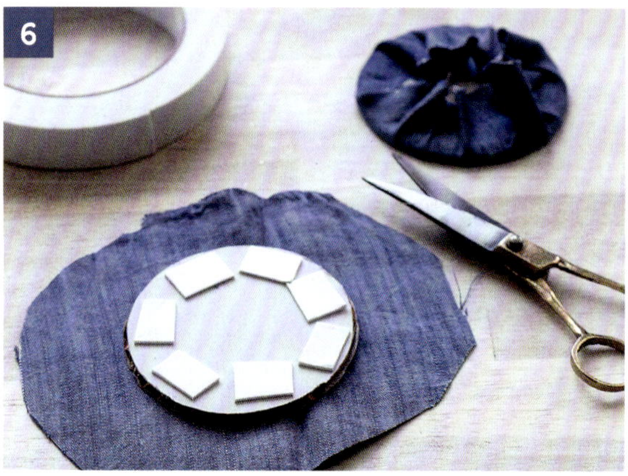


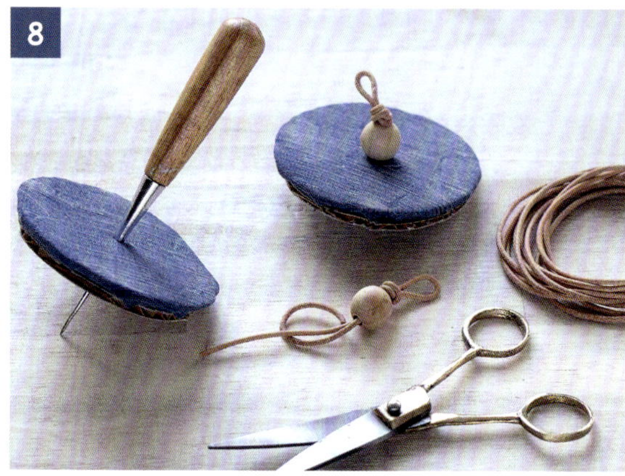


5. Zum Ausmessen der Deckelgröße stellt man einfach die Dose auf dem Kopf auf ein Stück Pappe und zeichnet mit einem Bleistift drumherum. Den Kreis anschließend mit dem Cutter sauber ausschneiden.

6. Auf einer Seite des Kreises kleine Stücke doppelseitiges Klebeband aufkleben. Dann die Pappe auf ein zugeschnittenes Stück Stoff legen. Den Stoff spannen und nach und nach auf der Pappe festkleben.

7. Nun einen weiteren Kreis aus Pappe ausschneiden, der etwas kleiner ist als der erste und vom Umfang her ins Innere der Dose passt. Überschüssigen Stoff ein wenig kürzen und den zweiten Pappkreis mit Heißkleber auf der Unterseite des Deckels aufkleben.

8. Mit einer Prickelnadel oder einem Nagel ein Loch duch Stoff und beide Pappen stechen. Eine Kugel auf ein doppeltes Lederband fädeln, oben verknoten und durch das Loch stecken. Auf der Unterseite ebenfalls verknoten und die restliche Schnur abschneiden.

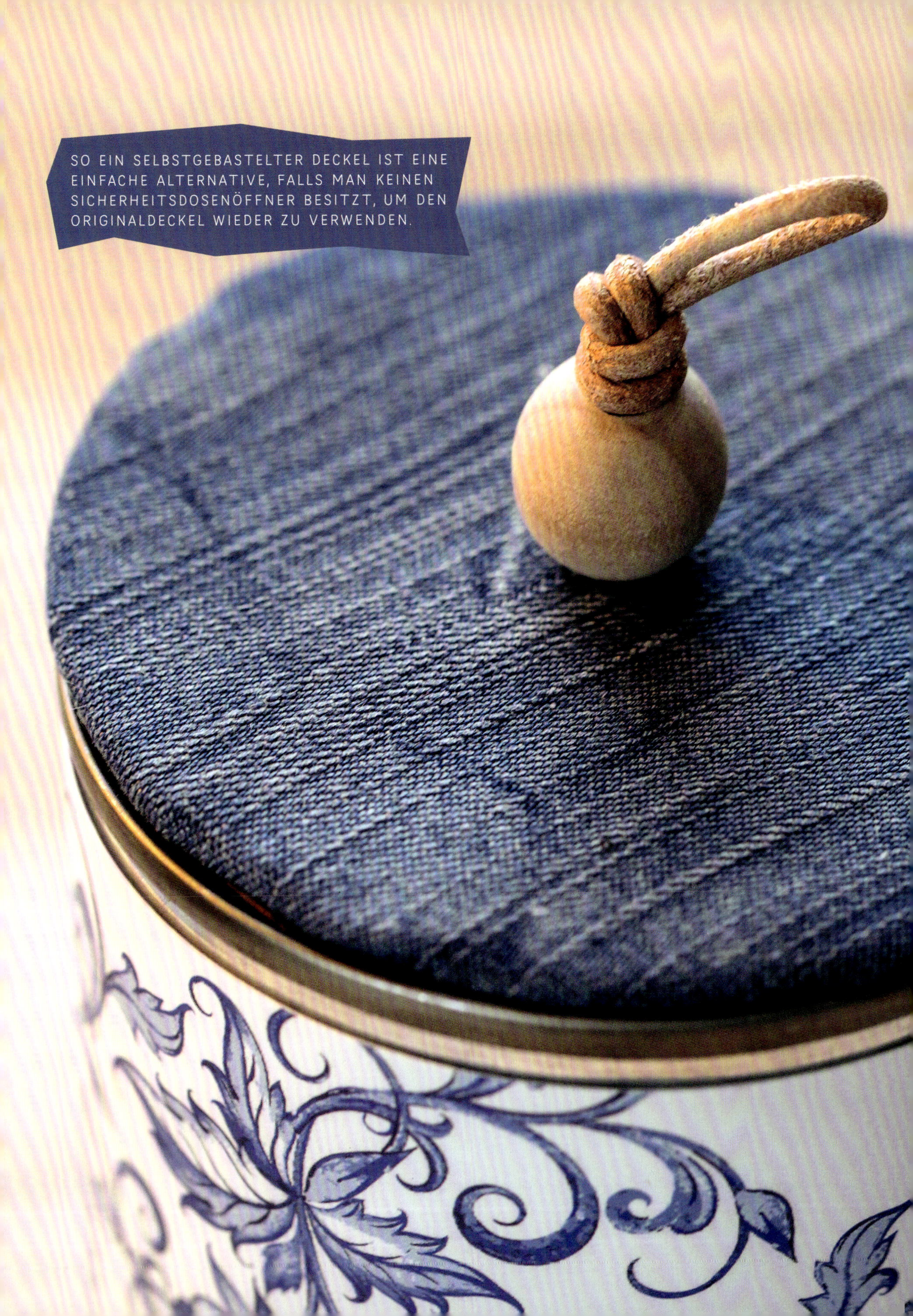

SO EIN SELBSTGEBASTELTER DECKEL IST EINE EINFACHE ALTERNATIVE, FALLS MAN KEINEN SICHERHEITSDOSENÖFFNER BESITZT, UM DEN ORIGINALDECKEL WIEDER ZU VERWENDEN.

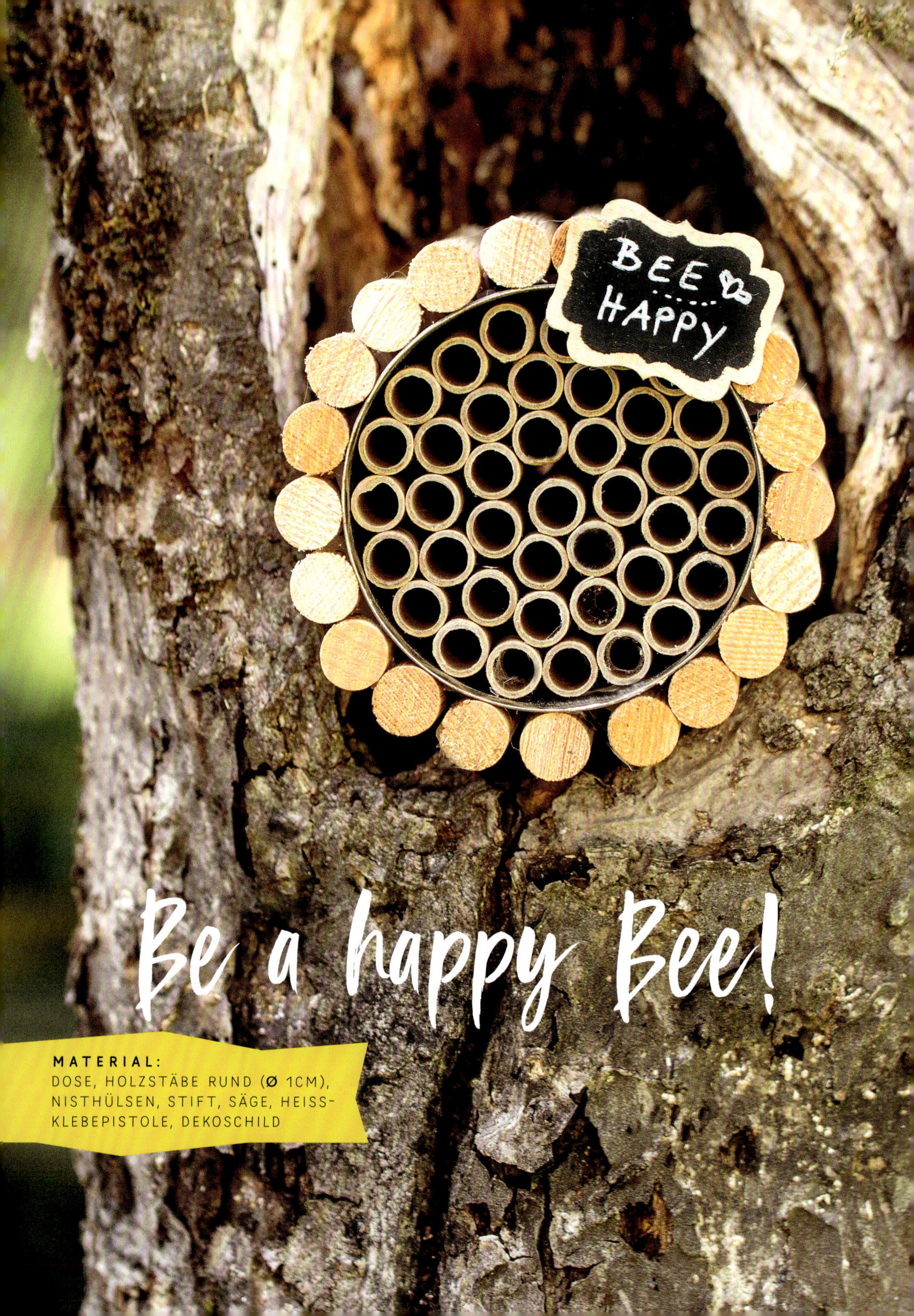


# Be a happy Bee!

**MATERIAL:**
DOSE, HOLZSTÄBE RUND (Ø 1CM), NISTHÜLSEN, STIFT, SÄGE, HEISSKLEBEPISTOLE, DEKOSCHILD

NISTHILFEN FÜR GARTEN UND BALKON SIND EINE SCHÖNE UND NÜTZLICHE ERGÄNZUNG FÜR UNSERE WILD- ODER MAUERBIENEN. EINE KONSERVENDOSE EIGNET SICH DAZU GANZ PRIMA UND SOLCH EIN KLEINES DOSENMOTEL IST SCHNELL GEBASTELT.

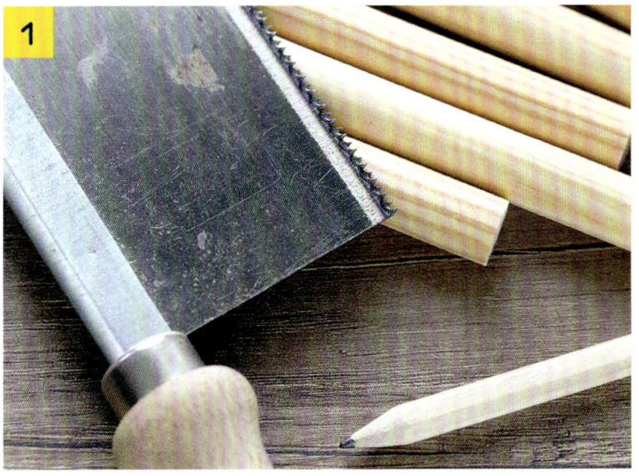


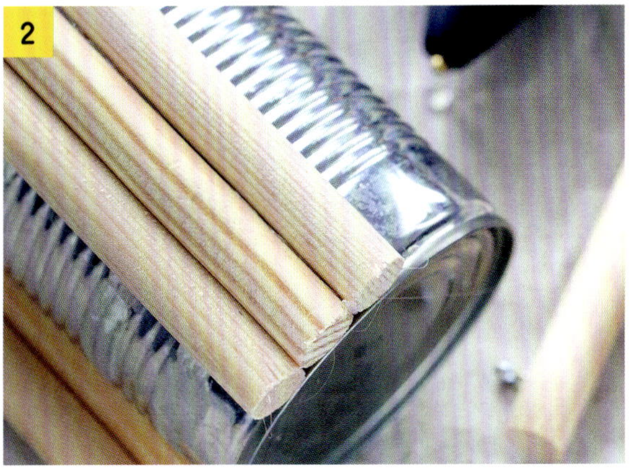


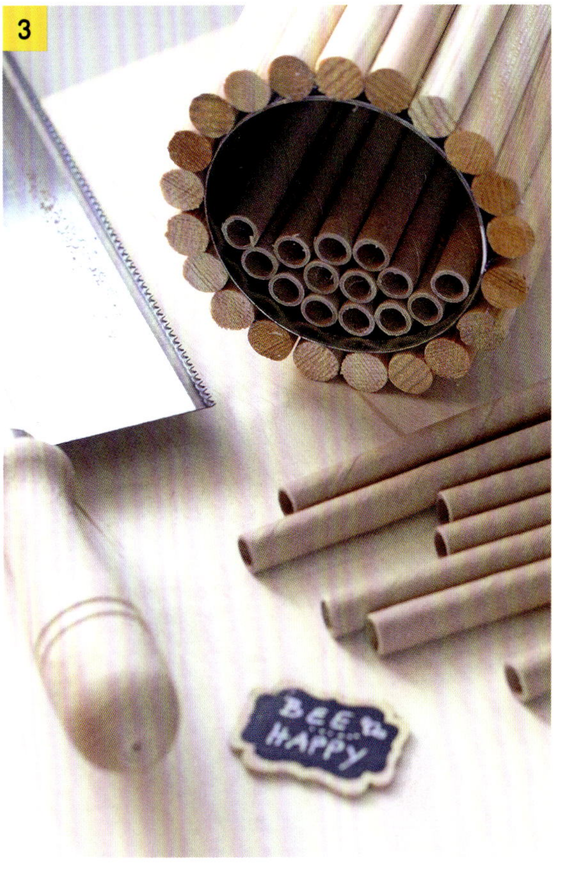


1. Vor dem Zuschneiden der Rundstäbe, mit denen die Dose außen verkleidet wird, zunächst die Länge ermitteln. Wie viele Stäbe man für die ausgewählte Dose benötigt, hängt vom Umfang ab. Man kann die zugeschnittenen Stäbe erst einmal mit einem dicken Gummi an der Dose befestigen, um die Anzahl zu ermitteln.

2. Nun klebt man rundherum die zugeschnittenen Rundhölzchen mit der Heißklebepistole auf.

3. Dann füllt man die Dose mit Nisthülsen aus Pappe, die man zuvor ebenfalls auf die richtige Länge zuschneidet. Am besten ein kleines Stückchen kürzer, als die Dose tief ist, um sie besser vor Nässe zu schützen. Anschließend die Dose mit dem Dekoschild verzieren.

Eine wind- und regengeschützte Stelle mit Ausrichtung nach Südosten bis Südwesten ist ideal. Die Dose sollte nicht wackeln und auch nicht von Ästen oder Laub verdeckt werden. Nistboxen sollte man bis spätestens März aufhängen.

Und wenn drumherum auch noch viele leckere Blumen stehen, um so besser.

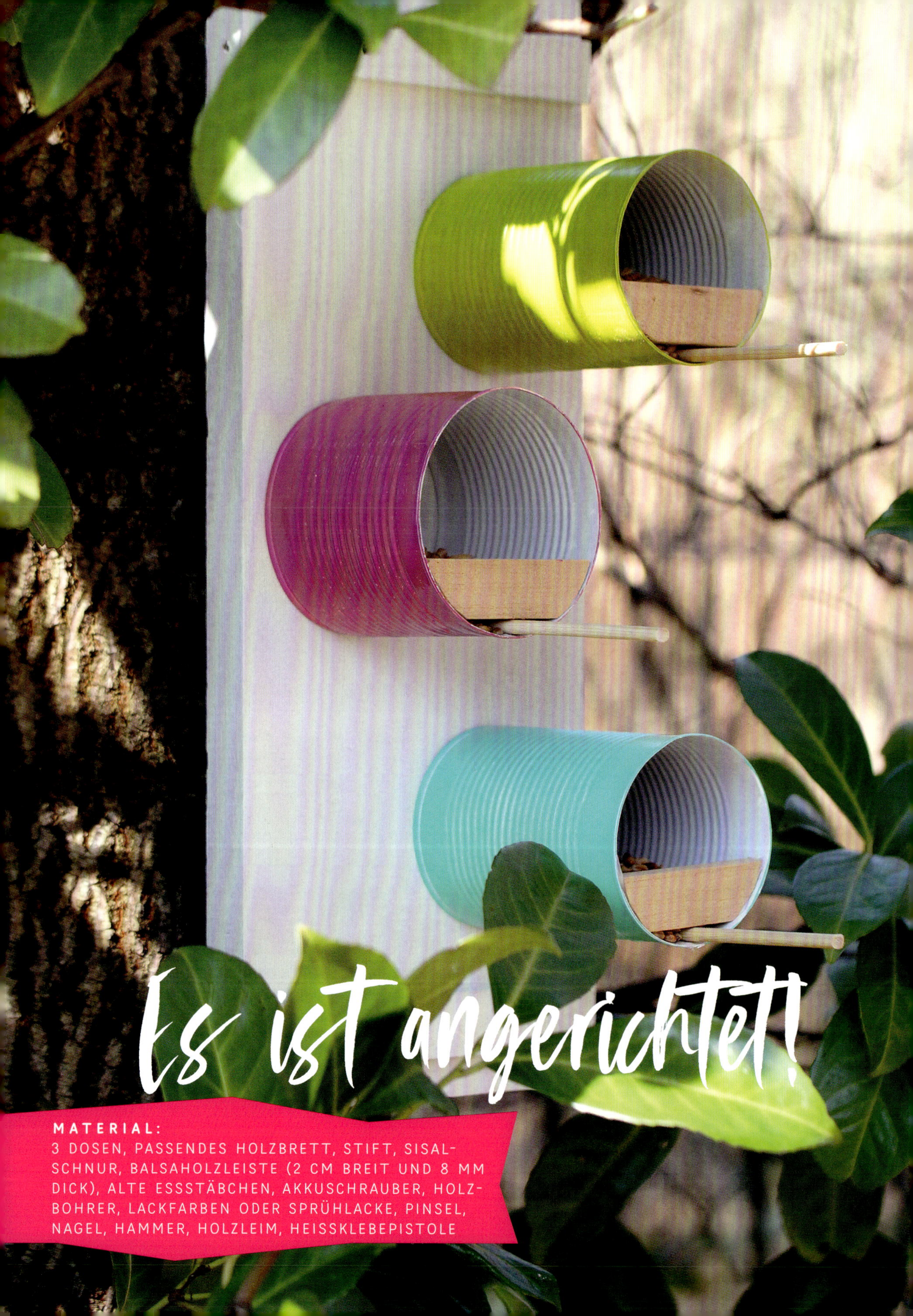

# Es ist angerichtet!

**MATERIAL:**
3 DOSEN, PASSENDES HOLZBRETT, STIFT, SISALSCHNUR, BALSAHOLZLEISTE (2 CM BREIT UND 8 MM DICK), ALTE ESSSTÄBCHEN, AKKUSCHRAUBER, HOLZBOHRER, LACKFARBEN ODER SPRÜHLACKE, PINSEL, NAGEL, HAMMER, HOLZLEIM, HEISSKLEBEPISTOLE

AUCH IM GARTEN UND AUF DER TERRASSE KANN MAN KONSERVENDOSEN PRIMA EINSETZEN. ZUM BEISPIEL ALS ABWECHSLUNGSREICHE FUTTERSTATION FÜR VÖGEL MIT INTEGRIERTER LANDEBAHN. DA IST FÜR ALLE WAS DABEI. ZU TISCH BITTE!

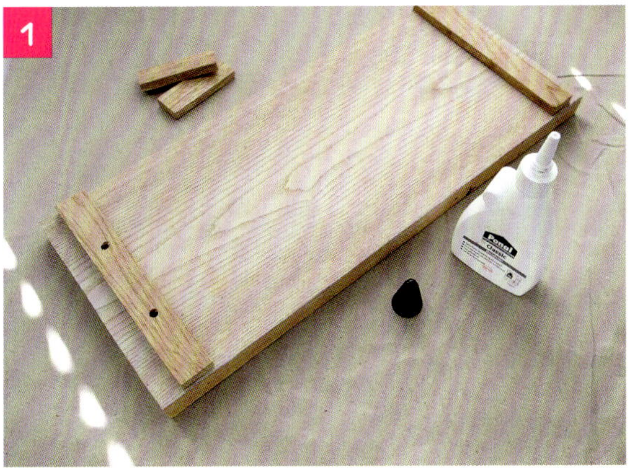


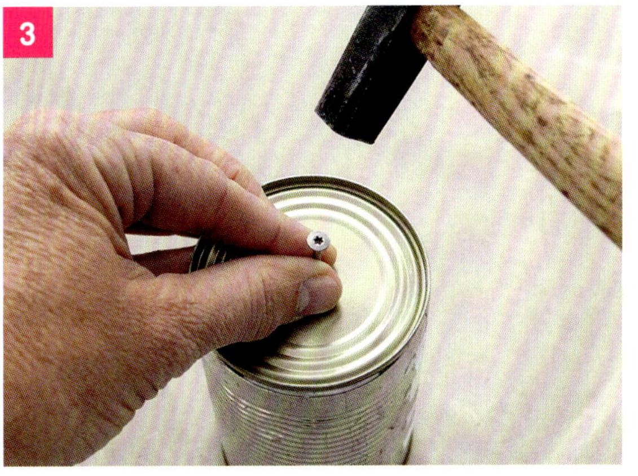


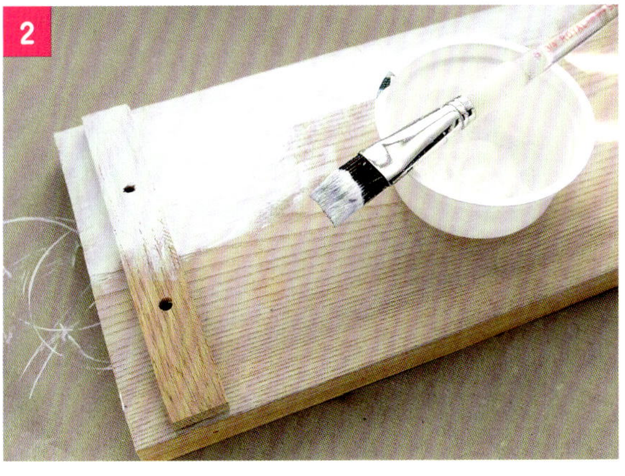


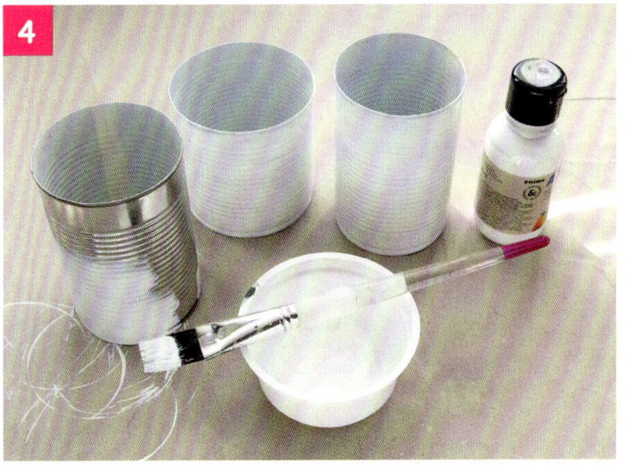


1. Die Größe der Holzplatte richtet sich nach dem Platz, den man zur Verfügung hat, sowie nach der Größe und Anzahl der Dosen, die man verwenden möchte. In diesem Beispiel ist die Platte 16 cm x 40 cm groß. Die aufgeklebten Leisten sind optional und werden mit Holzleim befestigt. Die Löcher für die Aufhängung kann man dann durch die Leisten bohren.

2. Dann die Platte streichen. Da die Vogelfutterstation draußen hängt, sollte es eine Lackfarbe sein, die für den Außenbereich geeignet ist.

3. Nun die Dosen vorbereiten. Mit einem Nagel schlägt man ein Loch in die Mitte des Dosenbodens.

4. Anschließend die Dosen streichen. Hier im Beispiel sind sie vorgestrichen und später nochmal mit einem bunten Sprühlack lackiert.

Fortsetzung auf der nächsten Seite

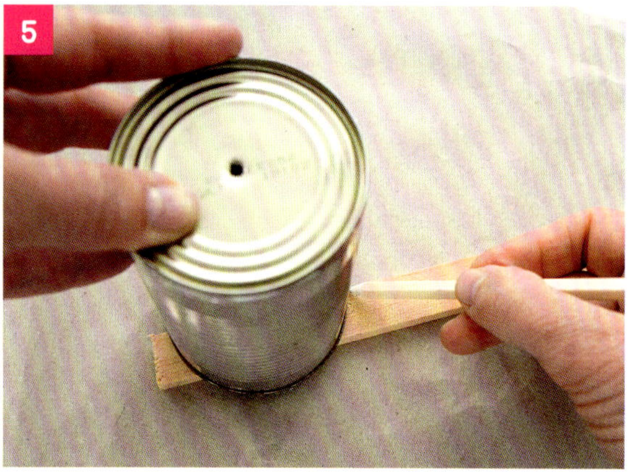


5. Für den Futterstopper die Dose auf die Balsaholzleiste legen und mit einem Stift die Rundung markieren.

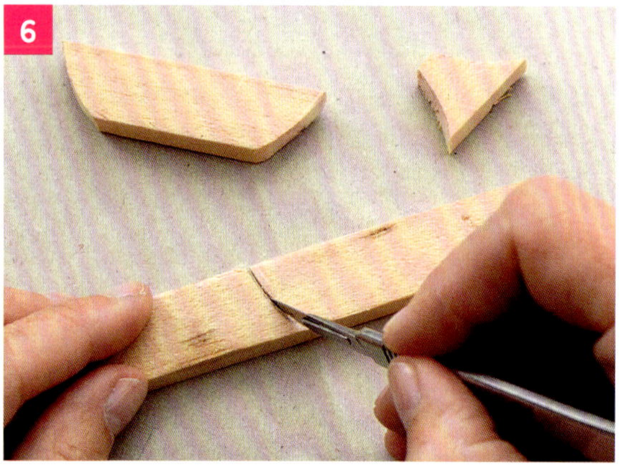


6. Mit dem Cutter die Futterstopper vorsichtig ausschneiden.

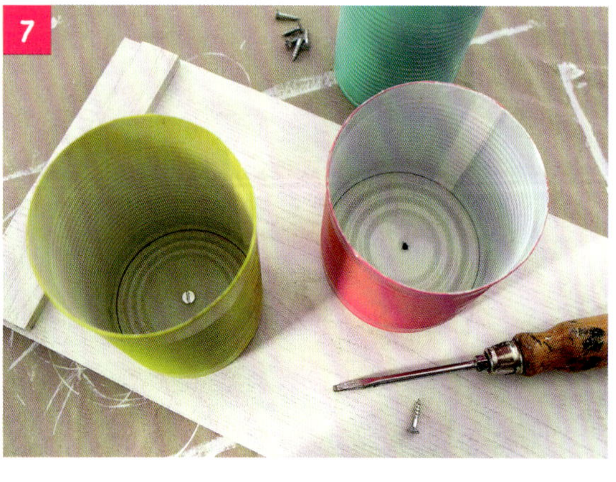


7. Nun die Position der Dosen auf der Platte bestimmen und diese dann durch das Loch im Boden auf die Platte schrauben.

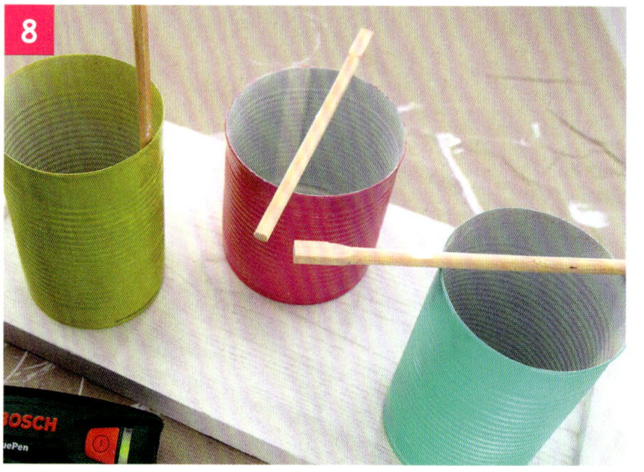


8. Für die Sitzstangen die Essstäbchen auf die passende Länge schneiden und mit Heißkleber in den Dosen befestigen.

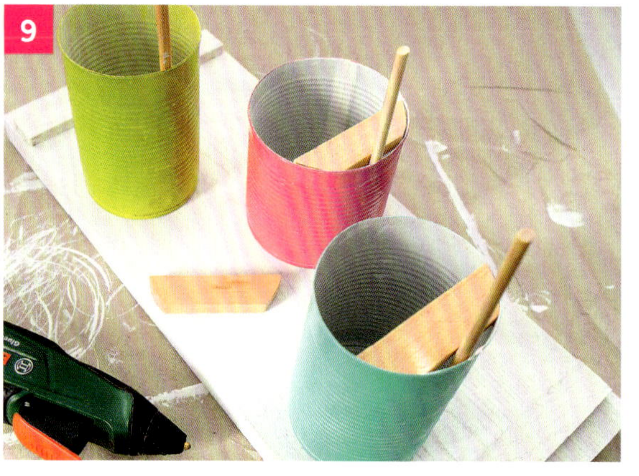


9. Ebenso die Futterstopper in die Dosen kleben. Darauf achten, dass die Lücke unten nicht zu groß ist, sonst rutscht das Futter raus.

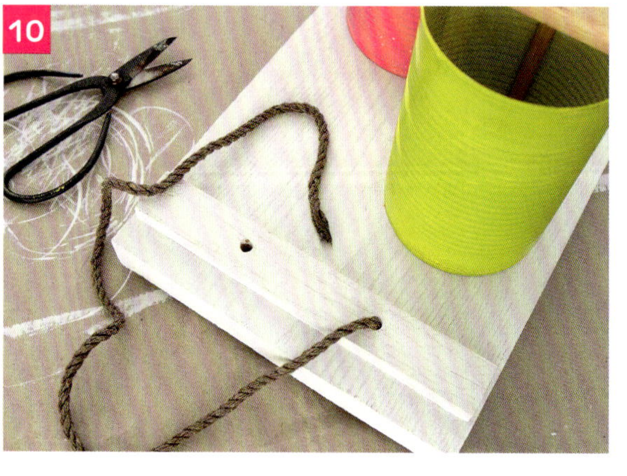


10. Noch eine Schnur durch die beiden Löcher fädeln und auf der Rückseite verknoten.

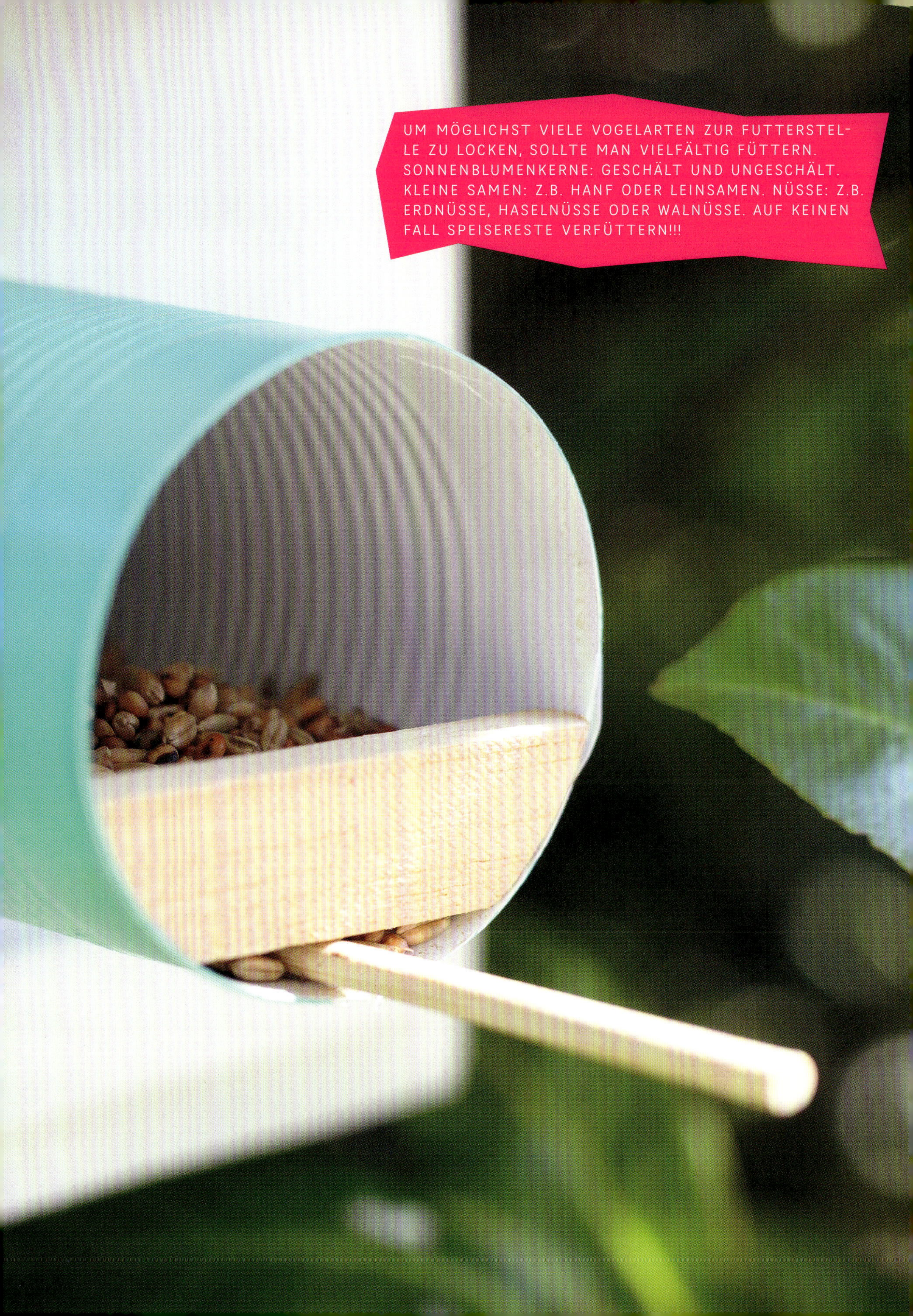

UM MÖGLICHST VIELE VOGELARTEN ZUR FUTTERSTELLE ZU LOCKEN, SOLLTE MAN VIELFÄLTIG FÜTTERN. SONNENBLUMENKERNE: GESCHÄLT UND UNGESCHÄLT. KLEINE SAMEN: Z.B. HANF ODER LEINSAMEN. NÜSSE: Z.B. ERDNÜSSE, HASELNÜSSE ODER WALNÜSSE. AUF KEINEN FALL SPEISERESTE VERFÜTTERN!!!

# Moskitoschreck

**MATERIAL:**
DOSE UND DECKEL, STIFT, AKKUSCHRAUBER, METALLBOHRER, ACRYLFARBEN, DEKOSAND, LACK, MOSKITOSPIRALE UND HALTERUNG, PINSEL, HEISSKLEBEPISTOLE, NIETENZANGE

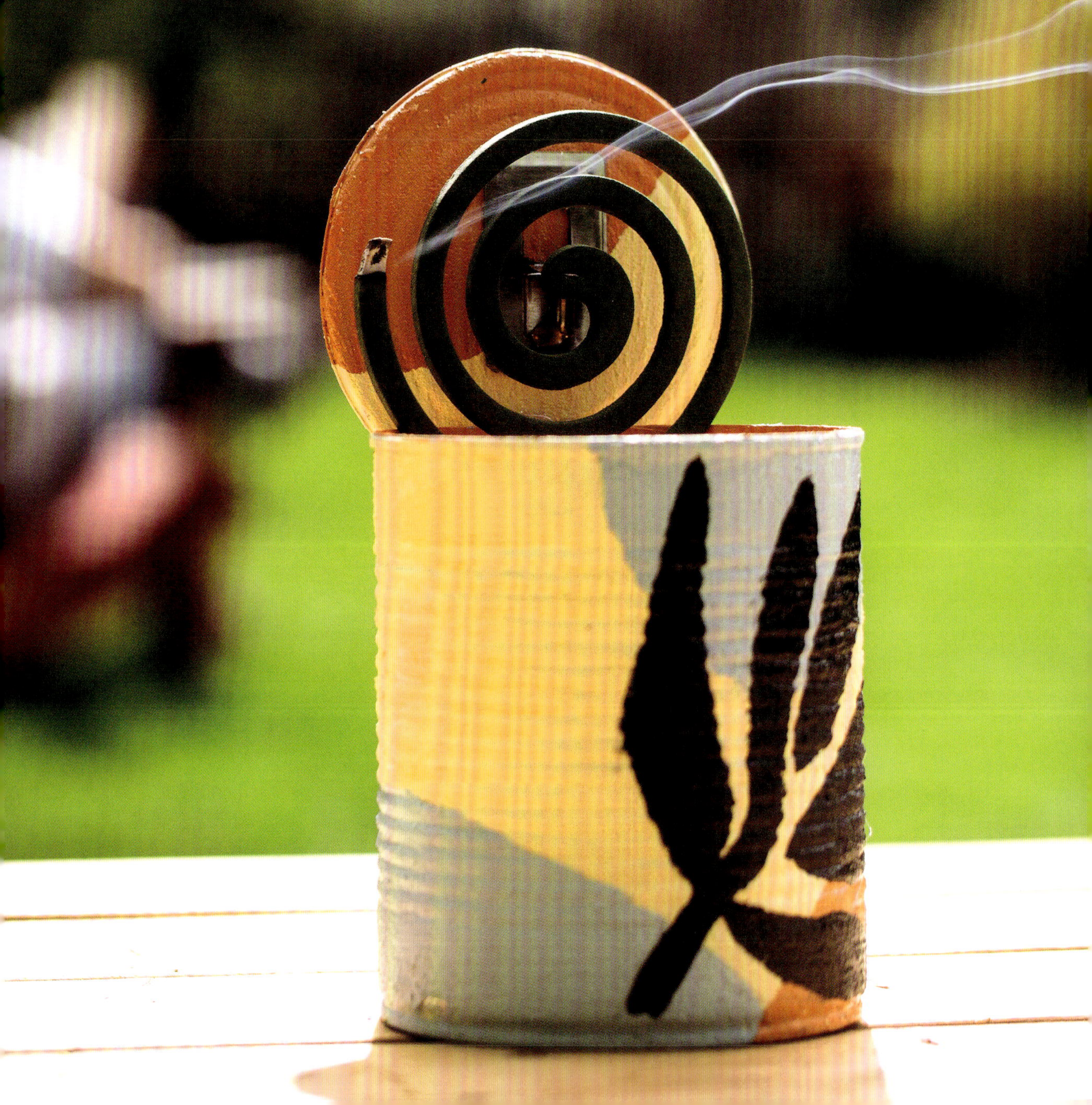

WAS WÄRE DER LAUE SOMMERABEND DOCH SO SCHÖN OHNE MÜCKEN. ES GIBT VIELE MÖGLICHKEITEN, SIE ZU VERSCHRECKEN. ALLE HELFEN IRGENDWIE EIN BISSCHEN. INSOFERN KANN MAN SICH JA AUCH FÜR DIE METHODE ENTSCHEIDEN, DIE EIN BISSCHEN WAS HERMACHT. HIER BEKOMMT DIE ANTI-MÜCKEN-SPIRALE EINEN EIGENEN HALTER. DIE ASCHE FÄLLT AUTOMATISCH IN DIE DOSE.

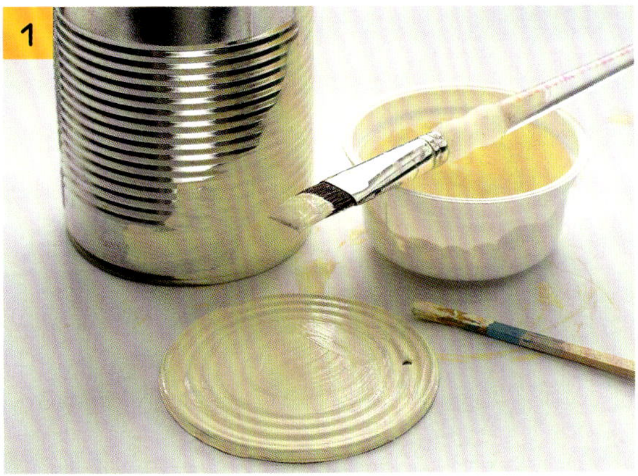

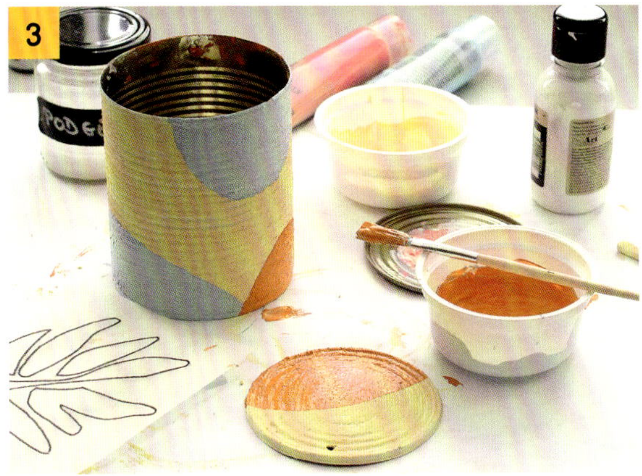

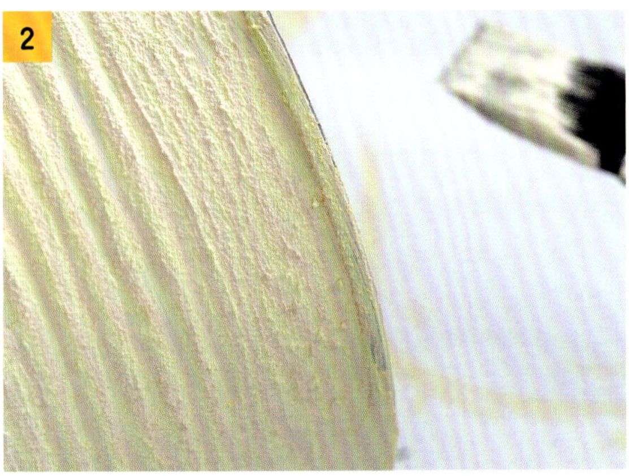

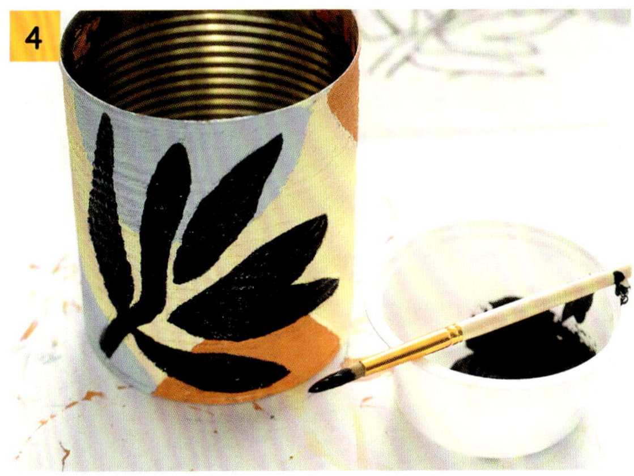

1. Vor dem Streichen von Dose und Deckel sollten die Löcher gebohrt werden: am oberen Dosenrand und am Rand des Deckels. An dieser Stelle wird später genietet, und Dose und Deckel miteinander verbunden. (Wer keine Nietenzange besitzt, kann den Deckel auch mit der Heißklebepistole ankleben, dann braucht man auch vorher nicht zu bohren.)
Beide Teile anschließend mit der Grundfarbe vorstreichen und trocknen lassen.

2. Im zweiten Schritt wird in die Farbe feiner Vogelsand (oder feinen Dekosand) gemischt, um eine raue Struktur zu erhalten. Dann Dose und Deckel noch einmal mit diesem Gemisch streichen.

3. Wenn alles gut angetrocknet ist, zeichnet man sich mit einem Bleistift grob das Muster vor und malt die Flächen mit Acryfarbe (ohne Sand) aus.

4. Ist das erste Muster trocken, kann man noch weitere aufmalen. Nachdem wieder alles gut getrocknet, ist empfiehlt es sich, eine Schicht Lack (alternativ Serviettenkleber) aufzubringen, um die grobe Struktur etwas haltbarer zu machen.

Nach diesem Schritt kann man die Dose zusätzlich von innen anmalen.

Fortsetzung auf der nächsten Seite

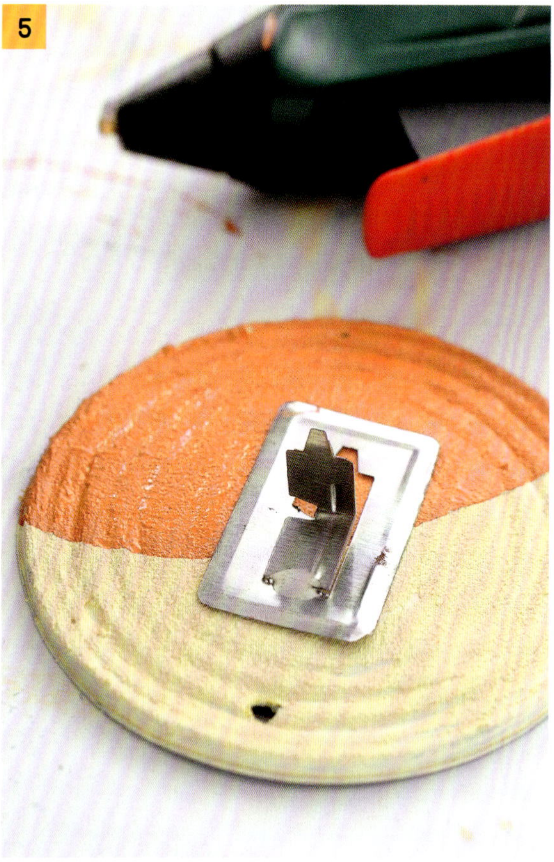


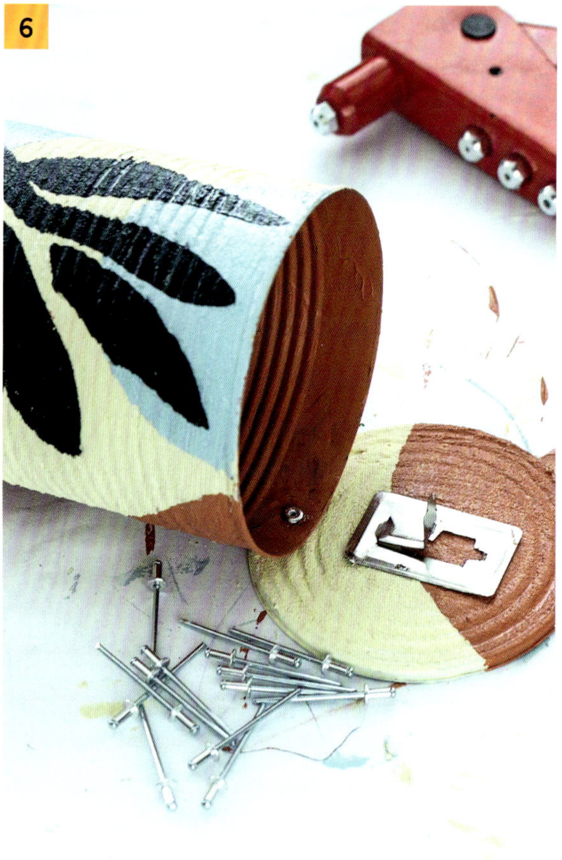


5. Auf den Deckel klebt man später mit der Heißklebepistole die Halterung für die Anti-Mücken-Spirale. Diese ist zumeist in den gekauften Packungen enthalten.

6. Dann muss nur noch der Deckel an die Dose genietet werden. Dafür benötigt man eine Nietenzange und die passenden Nieten. Die Funktionsweise ist in der Regel in einer beiliegenden Anleitung erklärt.

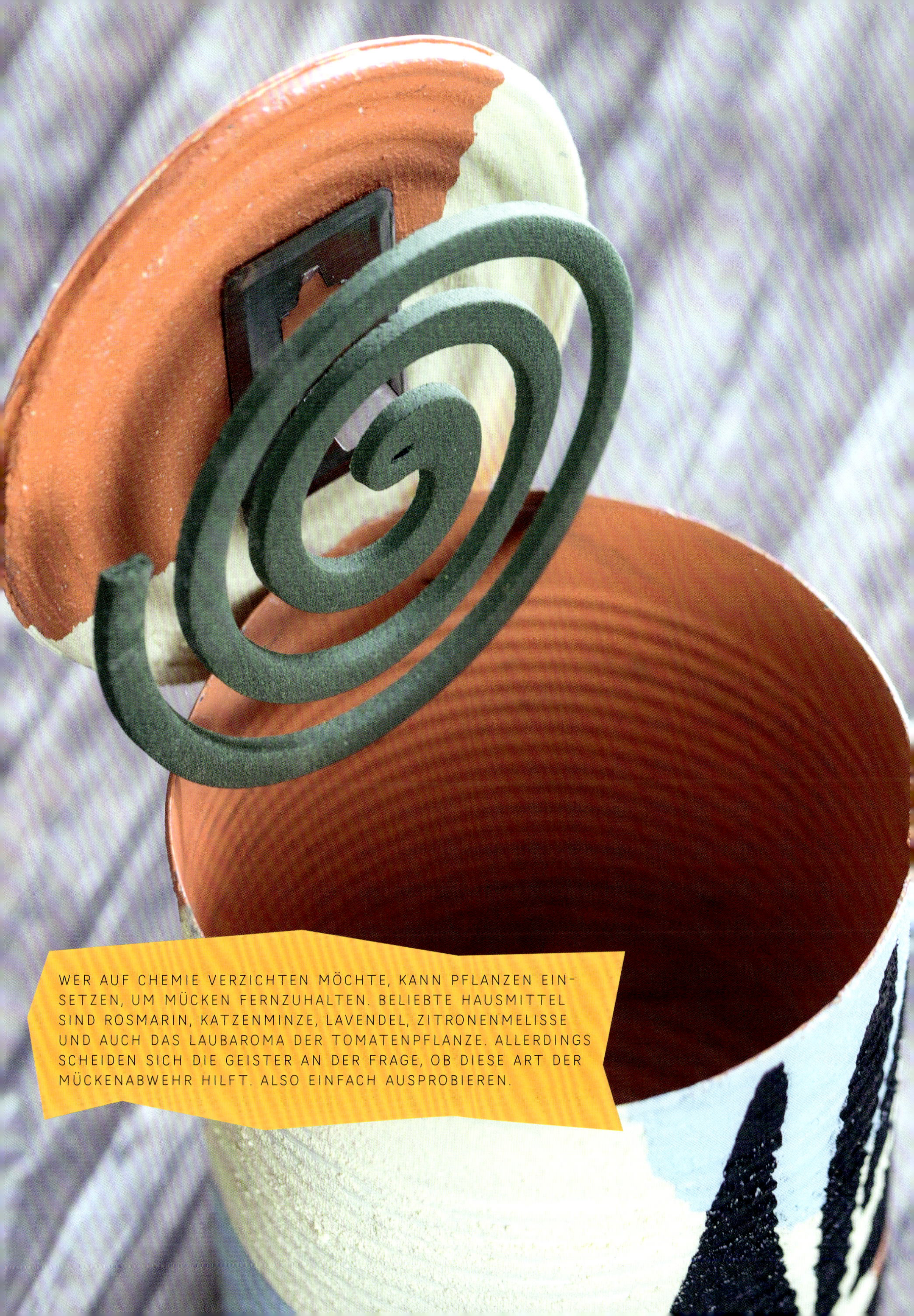

WER AUF CHEMIE VERZICHTEN MÖCHTE, KANN PFLANZEN EINSETZEN, UM MÜCKEN FERNZUHALTEN. BELIEBTE HAUSMITTEL SIND ROSMARIN, KATZENMINZE, LAVENDEL, ZITRONENMELISSE UND AUCH DAS LAUBAROMA DER TOMATENPFLANZE. ALLERDINGS SCHEIDEN SICH DIE GEISTER AN DER FRAGE, OB DIESE ART DER MÜCKENABWEHR HILFT. ALSO EINFACH AUSPROBIEREN.

# Bestechend einfach

**MATERIAL:**
KLEINE DOSEN, STOFFRESTE, SPITZENBORDE (SELBSTKLEBEND), GARN, KNOPF, SCHERE, ZICKZACKSCHERE, FÜLLWATTE, NADEL, NÄHMASCHINE, BÜGELEISEN, DOPPELSEITIGES KLEBEBAND

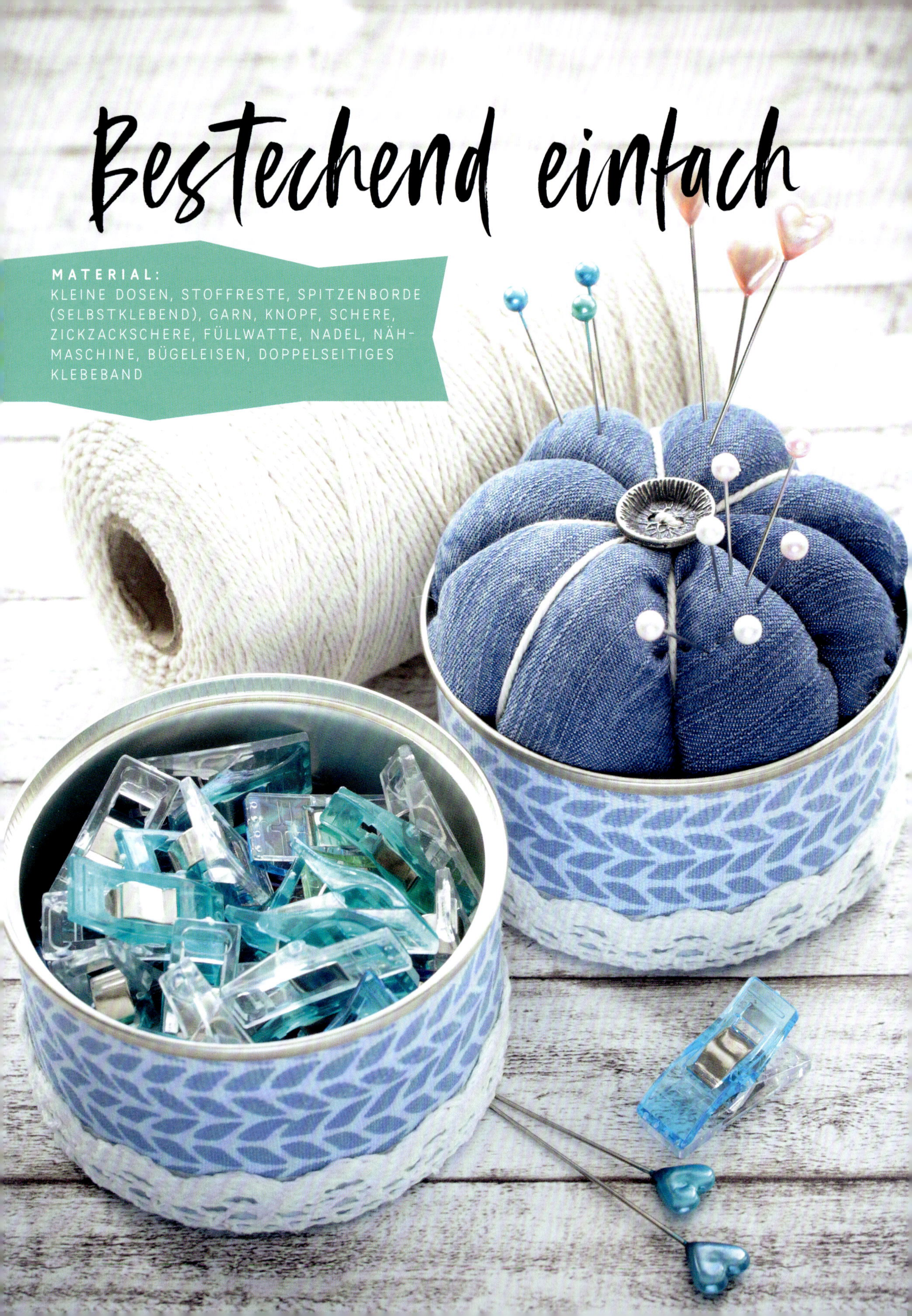

EGAL, OB MAN SEINE STOFFSTÜCKE LIEBER MIT NADELN ODER MIT KLEINEN STOFFKLAMMERN FIXIERT – AM NÄHPLATZ SCHAFFEN KLEINE DOSEN IM NU ORDNUNG FÜRS NÄHZUBEHÖR. SIE EIGNEN SICH SUPER ZUM AUFBEWAHREN VON CLIPS UND ALS BEHÄLTER FÜR EIN KLEINES SELBSTGENÄHTES NADELKISSEN.

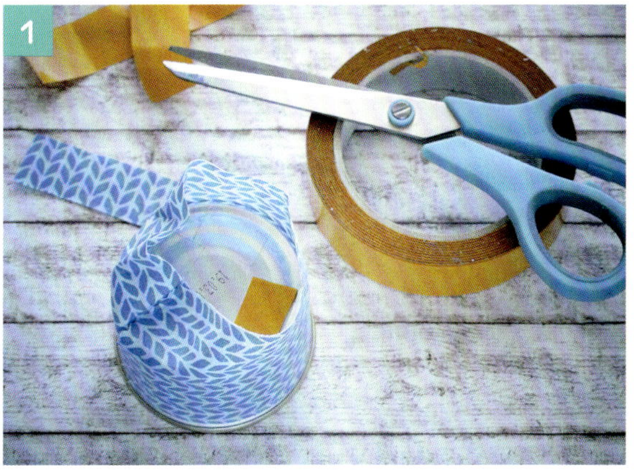


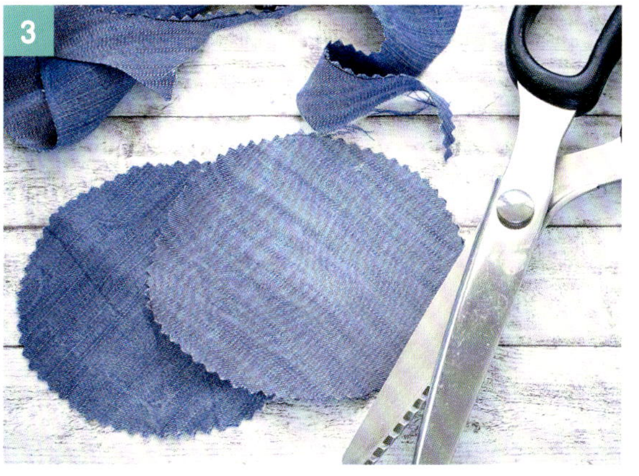


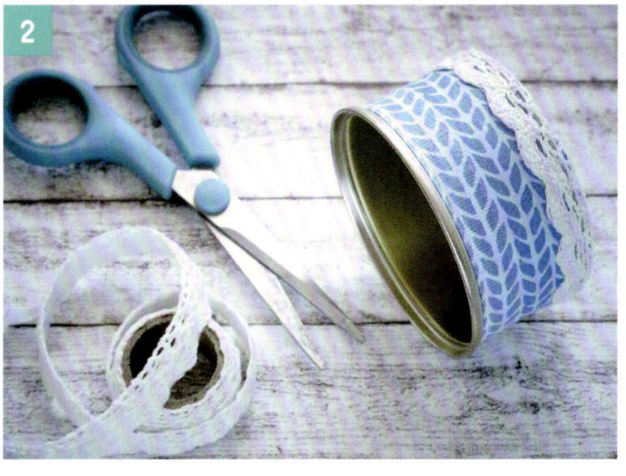


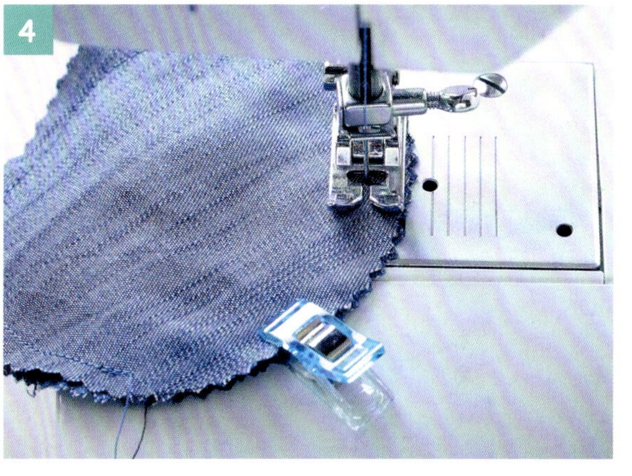


1. Einen passenden Streifen Stoff mit doppelseitigem Klebeband stramm um die Dose kleben. Das Ende ebenfalls mit einem Stück Klebeband fixieren. Dann den überstehenden Stoff auf der Unterseite der Dose Stück für Stück am Dosenboden ankleben.

2. Am unteren Rand der Dose die selbstklebende Spitzenborde anbringen. Wenn man keine selbstklebende Borde bekommt, kann man auch normales Spitzenband mit Stoffkleber anbringen.

3. Nun aus einem anderen Stoffrest 2 Kreise mit der Zickzackschere ausschneiden. (Die Dosen hier haben einen Durchmesser von 7,5 cm und die Stoffkreise haben 12,5 cm.)

4. Die beiden Stoffstücke rechts auf rechts zusammenlegen und mit der Nähmaschine zusammennähen. Am Ende eine Öffnung von 3 - 4 cm lassen.

Fortsetzung auf der nächsten Seite

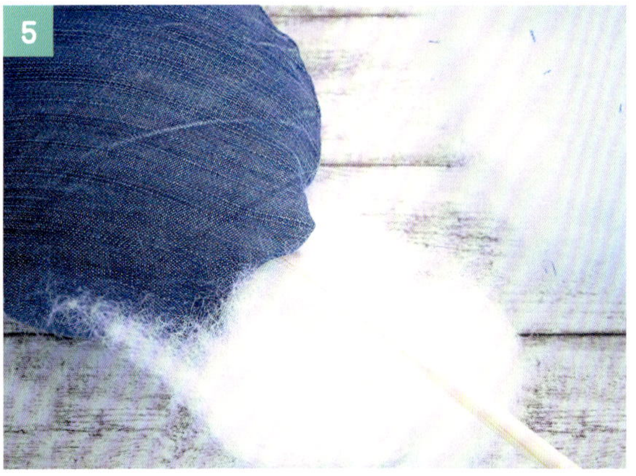


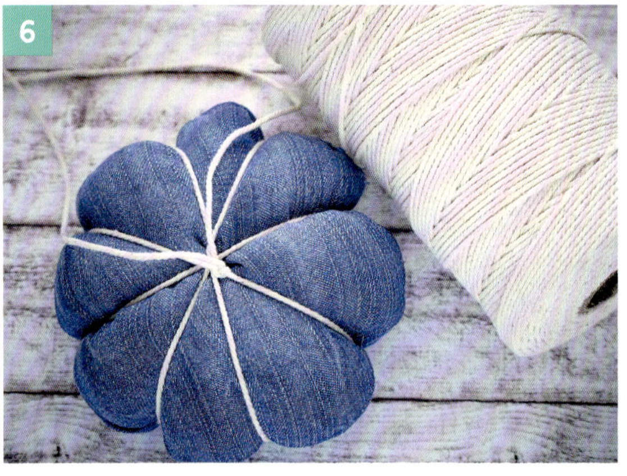


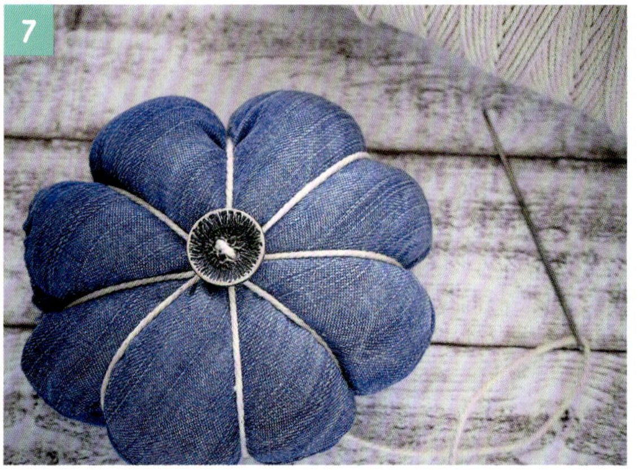


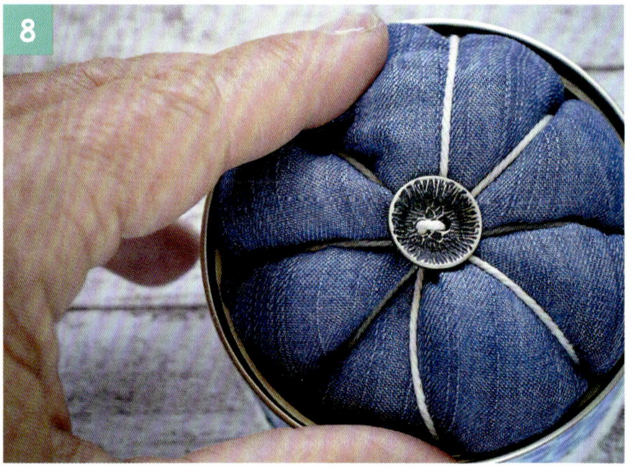


5. Das Stoffstück nun durch die Öffnung wenden und aufbügeln. Dabei den offenen Rand nach innen schlagen, damit er sich später leichter zusammennähen lässt. Anschließend mit der Füllwatte füllen und die offene Naht von Hand schließen.

6. Passendes Garn wählen (z.B. Baumwollschnur oder Stickgarn) und das kleine Kissen gleichmäßig abbinden, so dass es aussieht wie ein kleiner Kürbis. Gut verknoten.

7. Ein Ende der Schnur abschneiden und mit dem anderen Ende einen Knopf auf die Mitte des Kissens aufnähen. Die Schnur mit der Nadel durch das Kissen stecken und an der Unterseite vernähen.

8. Dann das kleine Kissen in die Dose stecken. Sollte die Dose etwas zu tief sein, kann man sie noch ein bisschen mit Watte ausfüllen.

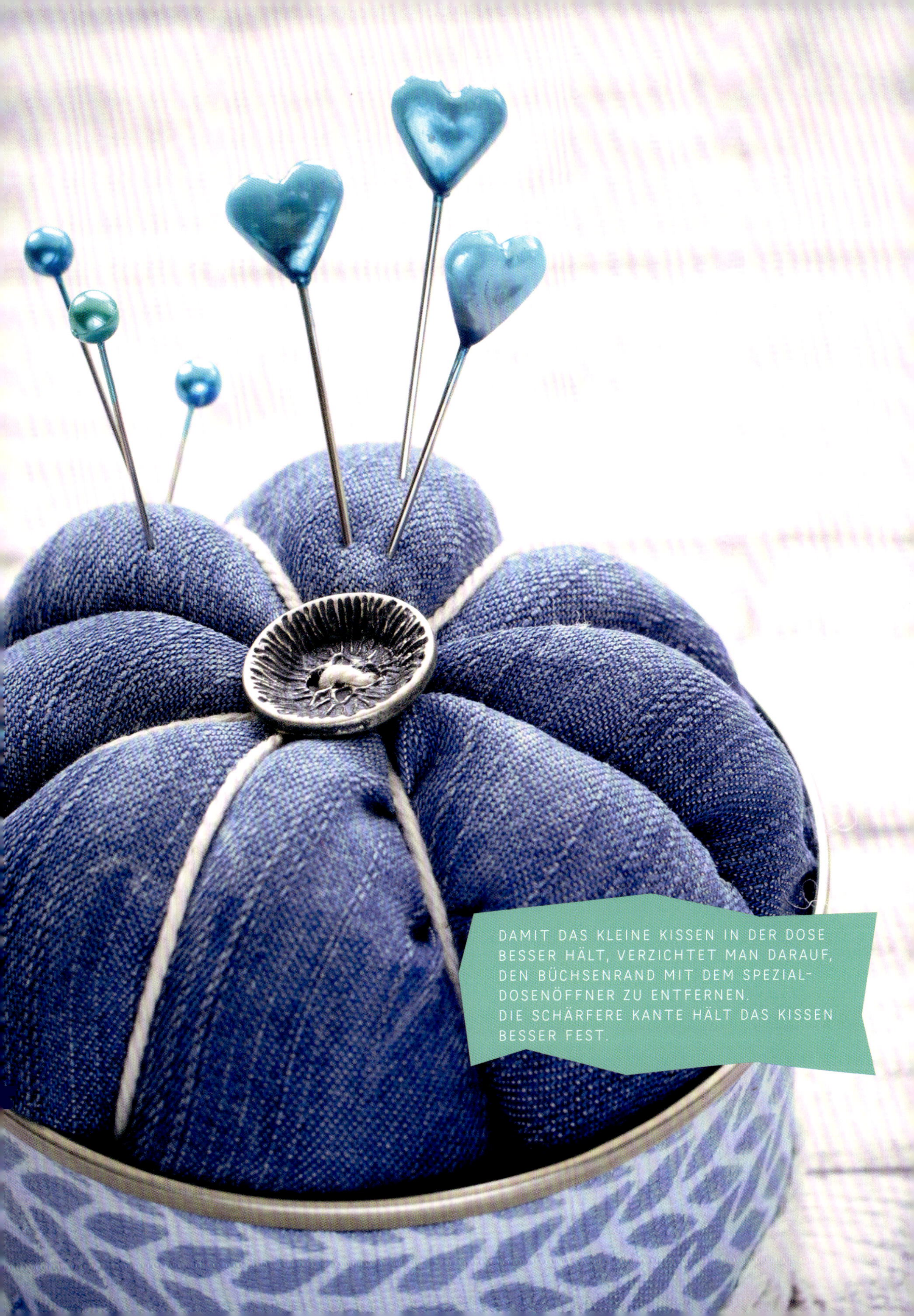

DAMIT DAS KLEINE KISSEN IN DER DOSE BESSER HÄLT, VERZICHTET MAN DARAUF, DEN BÜCHSENRAND MIT DEM SPEZIAL-DOSENÖFFNER ZU ENTFERNEN.
DIE SCHÄRFERE KANTE HÄLT DAS KISSEN BESSER FEST.

# Für noch mehr schöne Stunden

# It's Tea Time

**MATERIAL:**
GROSSE TEEDOSE (500 G), UHRWERK MIT ZEIGERN, AKKUSCHRAUBER, METALLBOHRER, EVTL. SCHERE ODER ZANGE, BATTERIE

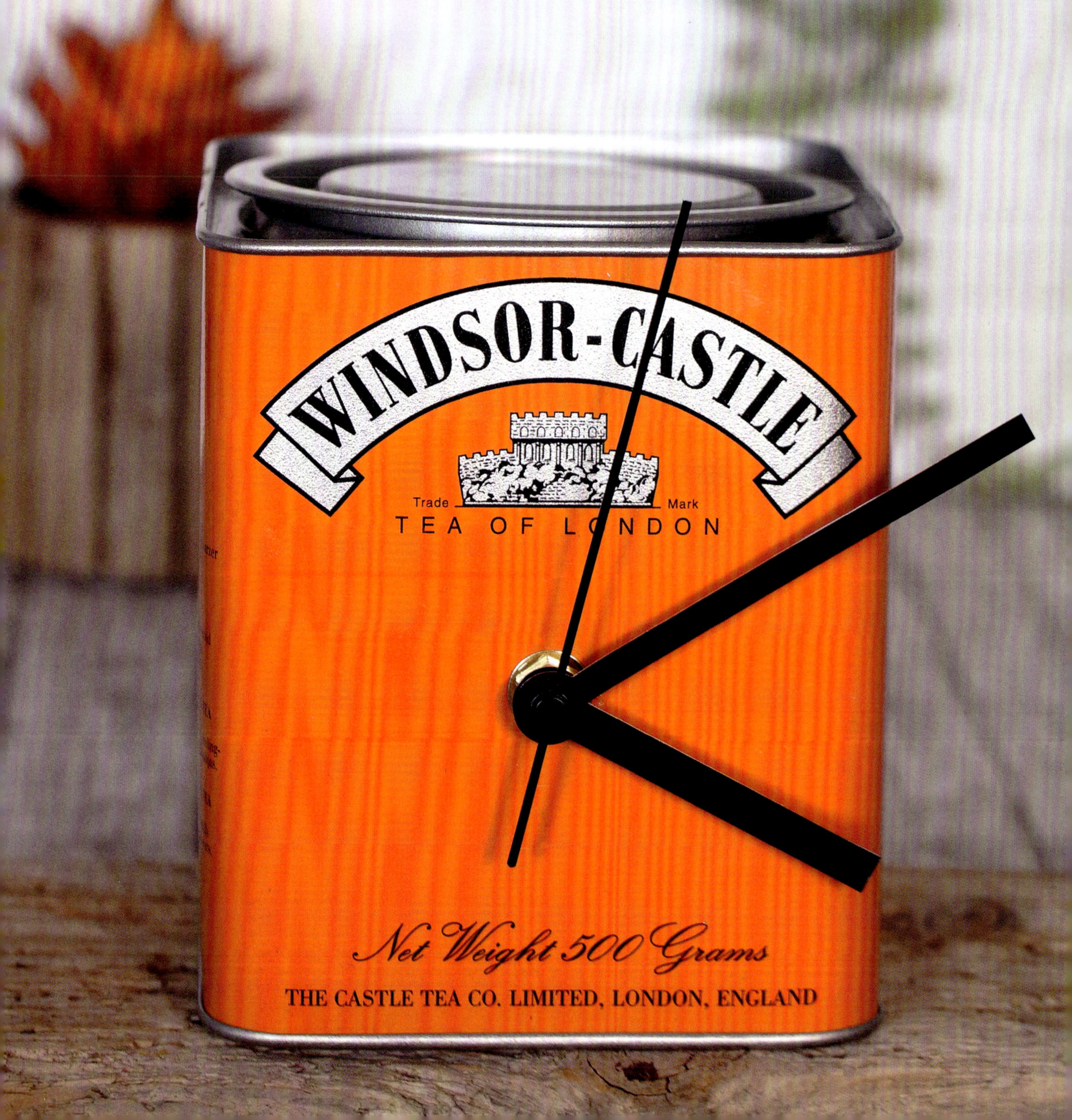

GANZ GLEICH, ZU WELCHER ZEIT MAN SEINEN TEE GERNE EINNIMMT, EIN BLICK AUF DIE TEEDOSE ZEIGT, WANN ES SOWEIT IST. SOLCH EINE GROSSE TEEDOSE EIGNET SICH BESONDERS GUT FÜR DIESE UHR. AUSSERDEM IST DA NICHT NUR PLATZ DRINNEN FÜR DAS UHRWERK, SONDERN VIELLEICHT AUCH NOCH FÜR EIN KLEINES GEHEIMNIS ...

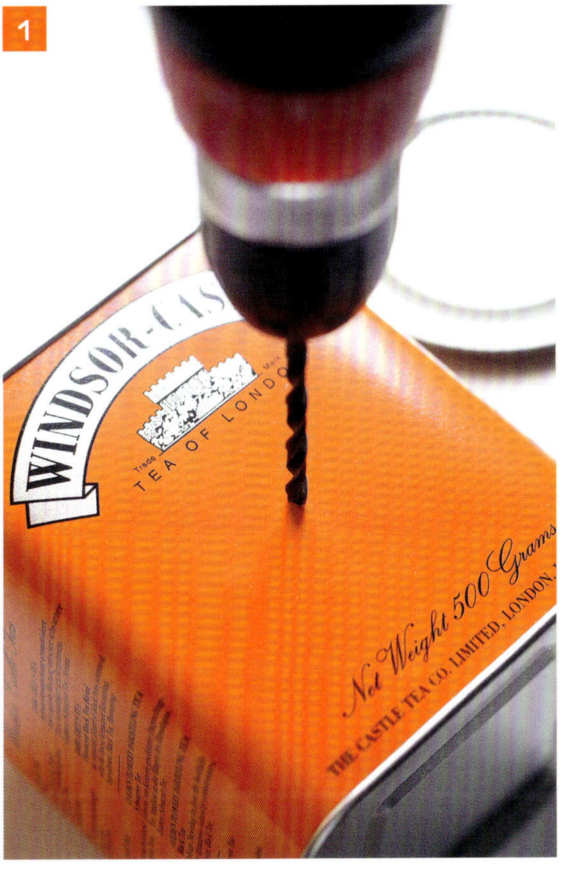


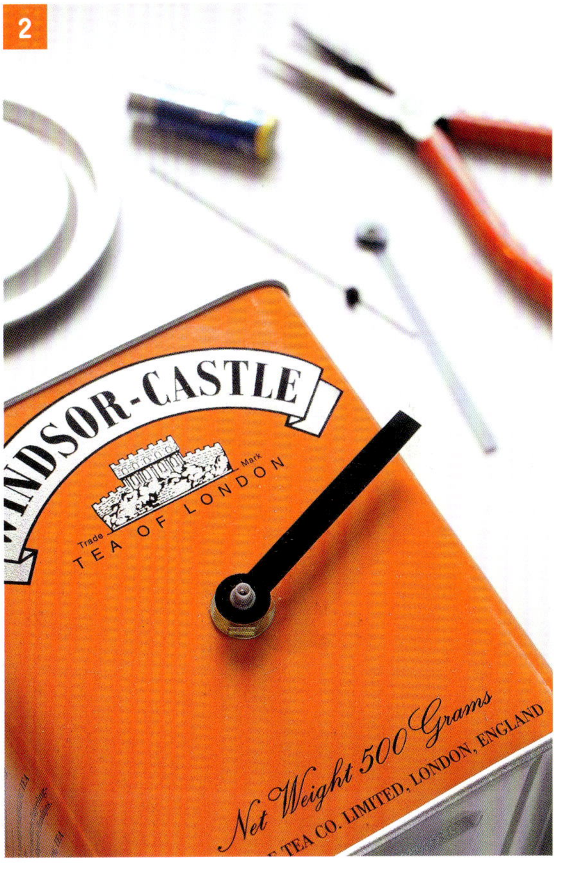


1. Die leere Teedose reinigen und Aufkleber entfernen. Dann die Mitte der Dosenvorderseite ermitteln und mit dem Metallbohrer ein Loch bohren, das so groß ist, dass das Gewinde des Uhrwerks von hinten hindurchpasst.

2. Das Uhrwerk nun in der Dose von innen mit dem Gewinde durch das Loch stecken. Nach Anleitung, die dem Uhrwerk beiliegt, die kleine Unterlegscheibe auflegen und mit der Mutter festschrauben. Darauf achten, dass das Batteriefach nach unten hängt, damit später die Batterie das Uhrwerk nicht verdrehen kann.

Dann auf der Vorderseite die Zeiger in entsprechender Reihenfolge aufsetzen, die Batterie einsetzen und die Uhr stellen.

**Tipp:** Sind die Zeiger für die gewählte Dose zu lang, kann man sie in der Regel mit einer Schere bzw. Zange kürzen. Ansonsten die Dose aufhängen, dann können die Zeiger auch lang bleiben.

# Living in a Box

**MATERIAL:**
KLEINE SARDELLENDOSEN MIT LASCHEN, ACRYLFARBEN, BALSAHOLZ, SCHMIRGEL-PAPIER, PINSEL, CUTTER, KLEBEBAND, STIFT, DEKO

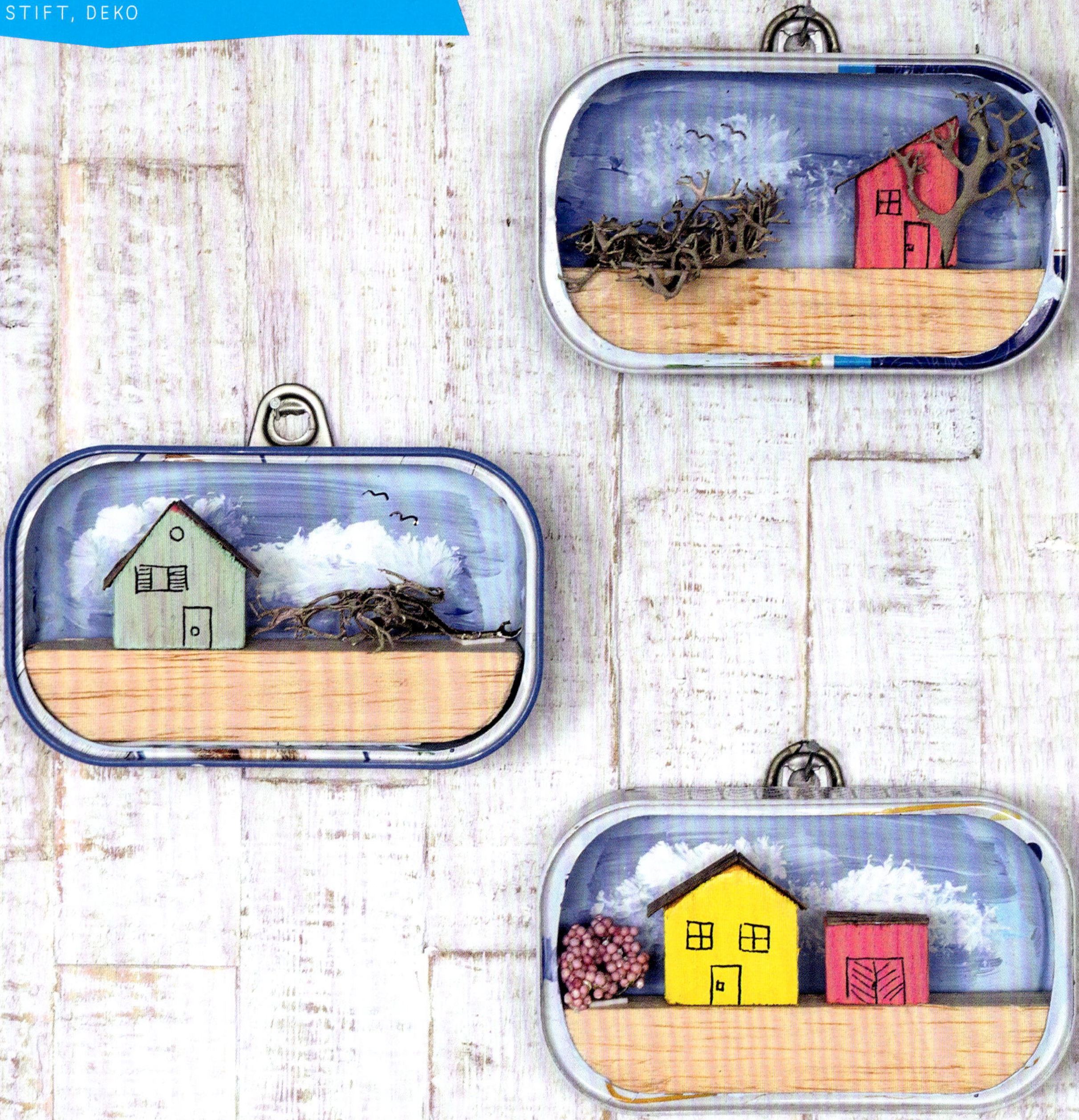

MINIATURWELTEN FASZINIEREN EINFACH – UND NICHT NUR DIE KLEINSTEN. OB KLEINE LANDSCHAFTEN ODER MINISTÄDTE, EISENBAHNEN ODER ZUKUNFTSVISIONEN. HIER KANN MAN SICH SEINE EIGENE KLEINE WELT ERSCHAFFEN. DAS GEHT NATÜRLICH WUNDERBAR IN EINER DOSE.

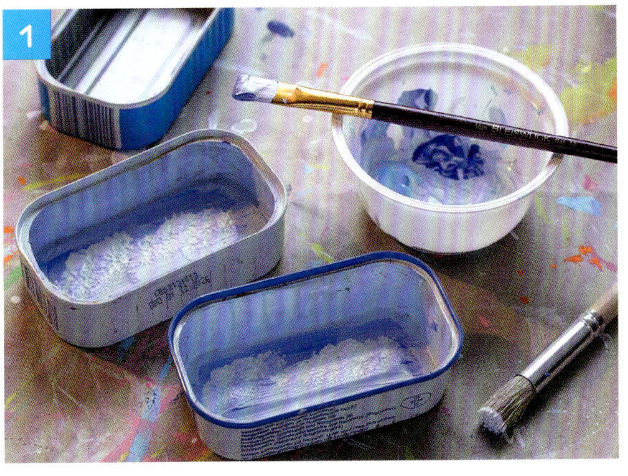


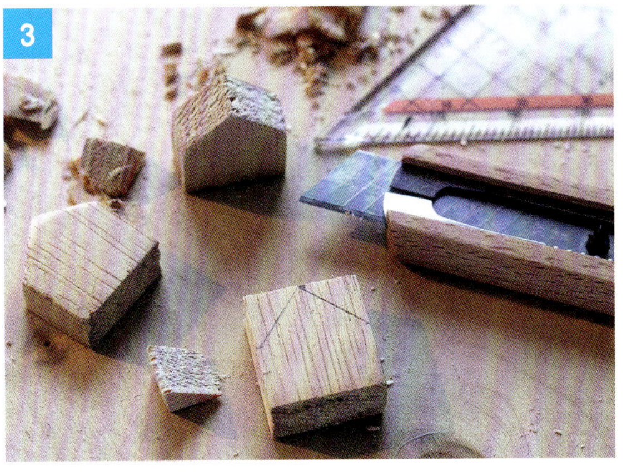


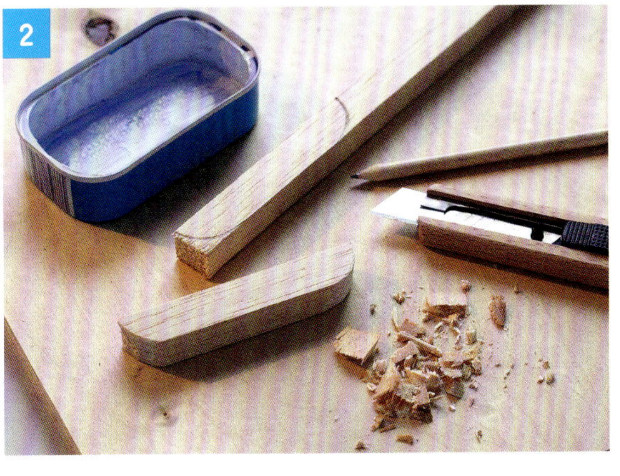


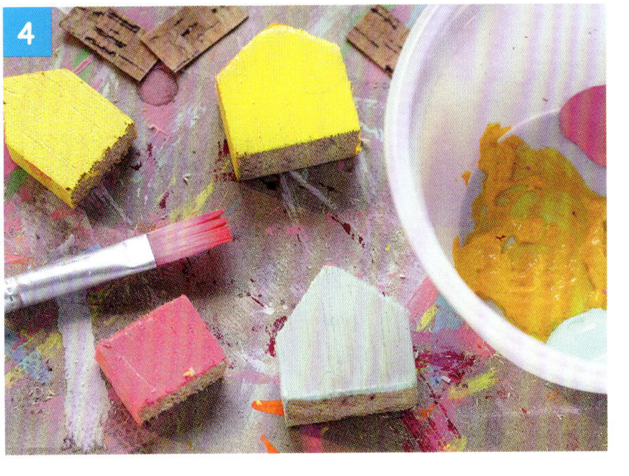


1. Die Aufreißlaschen der Dosen unbedingt aufheben, die werden noch benötigt! Dann die gereinigten Sardinen- oder Makrelendosen zunächst von innen ausmalen. Das Motiv kann ein Himmel mit Wolken sein, ein Wald oder ein Sonnenuntergang – ganz wie man mag.

2. Aus dem weichen Balsaholz wird der Boden für die kleine Miniaturwelt zugeschnitten. Dafür die Dose als Form auf das Holz legen, nachzeichnen und anschließend mit dem Cutter ausschneiden und etwas glatt schmirgeln.

3. Nun, zum Beispiel wie hier, die kleinen Häuser aufzeichnen und ausschneiden. Auch hier die Kanten des Balsaholzes wieder ein wenig glätten.

4. Dann kann man die Minihäuschen in der gewünschten Farbe anpinseln. Nach dem Trocknen mit einem Stift oder einem feinen Pinsel noch Fenster und Türen aufzeichnen. Vielleicht auch noch aus Papierresten kleine Dachflächen aufkleben.

Fortsetzung auf der nächsten Seite

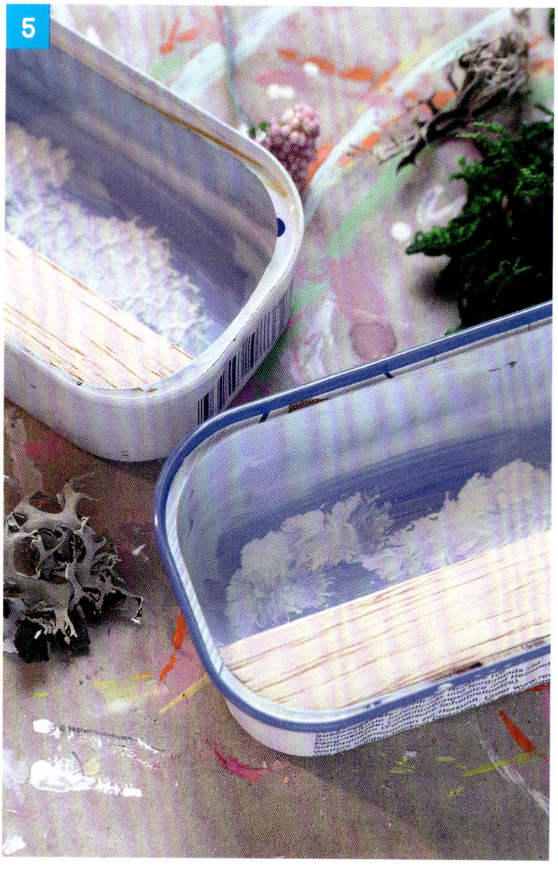

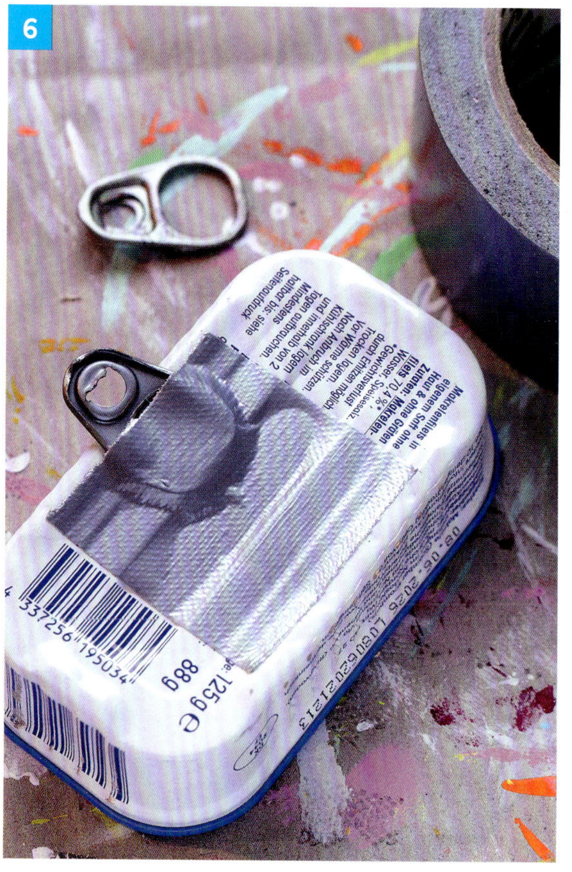

5. Wenn die Dosen innen vollständig getrocknen sind, kann man den Boden mit doppelseitigem Klebeband einkleben. Anschließend die kleinen Häuschen verteilen und vielleicht noch ein bisschen Moos oder kleine Trockenblüten dazudekorieren.

6. Damit man die kleinen Dosenbilder später aufhängen kann, klebt man nun die Aufreißlaschen mit kräftigem Klebeband auf der Rückseite fest. (Alternativ geht auch Sekundenkleber oder Heißkleber.)

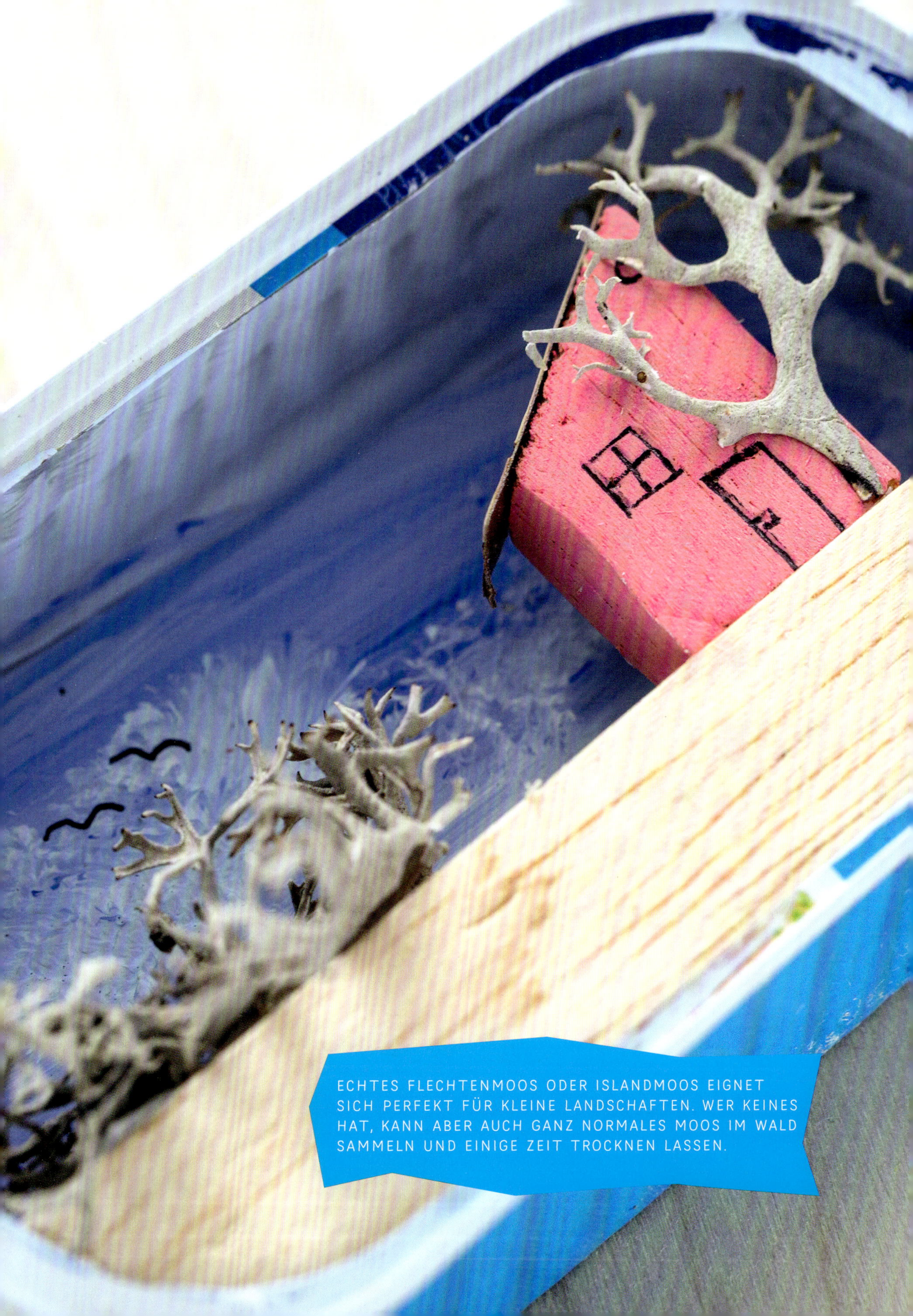

ECHTES FLECHTENMOOS ODER ISLANDMOOS EIGNET SICH PERFEKT FÜR KLEINE LANDSCHAFTEN. WER KEINES HAT, KANN ABER AUCH GANZ NORMALES MOOS IM WALD SAMMELN UND EINIGE ZEIT TROCKNEN LASSEN.

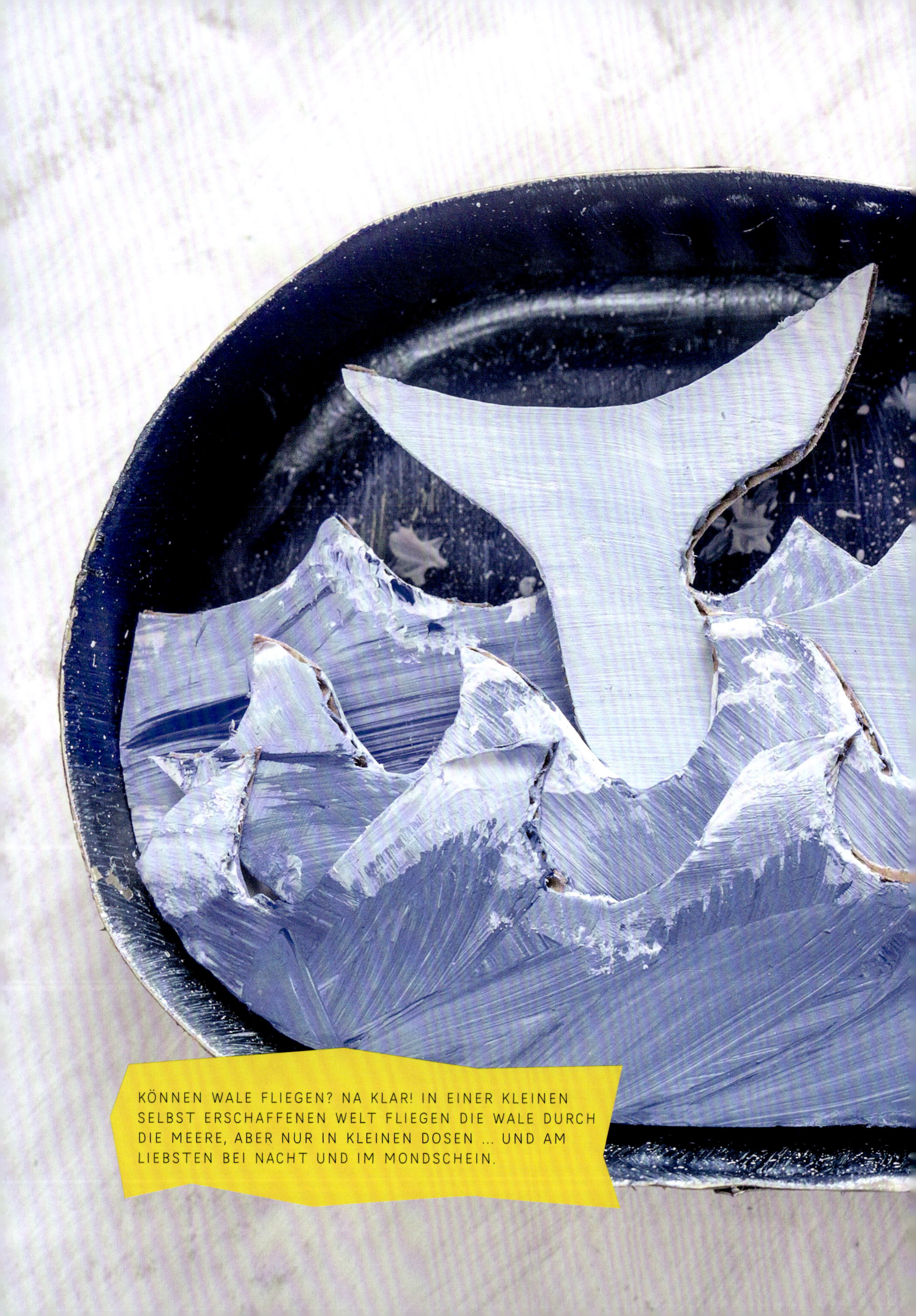

KÖNNEN WALE FLIEGEN? NA KLAR! IN EINER KLEINEN SELBST ERSCHAFFENEN WELT FLIEGEN DIE WALE DURCH DIE MEERE, ABER NUR IN KLEINEN DOSEN ... UND AM LIEBSTEN BEI NACHT UND IM MONDSCHEIN.

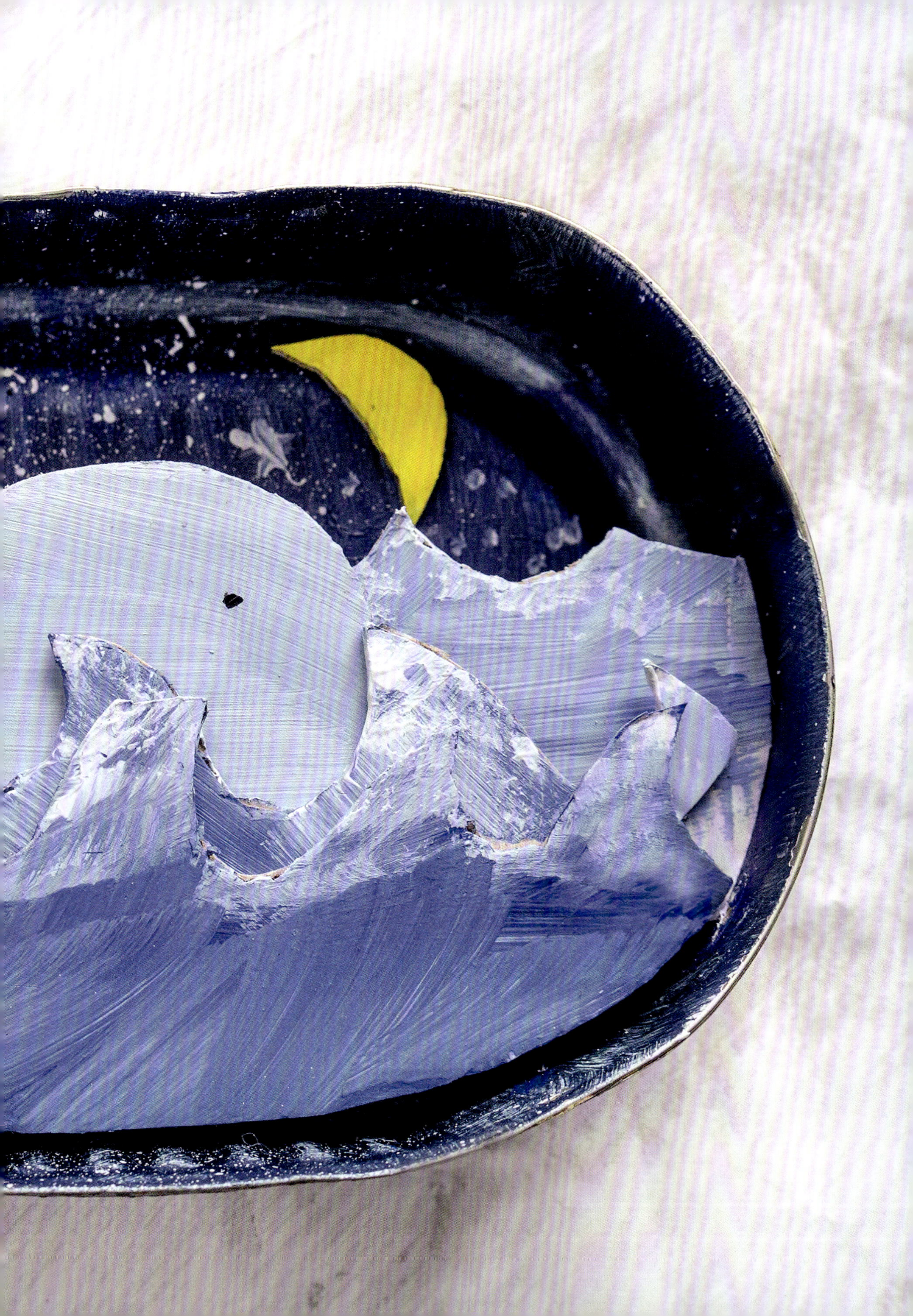

# Osterhasi

**MATERIAL:**
DOSENDECKEL ODER -BÖDEN, SCHRAUBVERSCHLÜSSE, WACKELAUGEN, PAPIERRESTE, SCHNUR, MINIBOMMEL, ACRYLFARBEN, PINSEL, HEISSKLEBER, SCHERE, WASSERFESTER STIFT

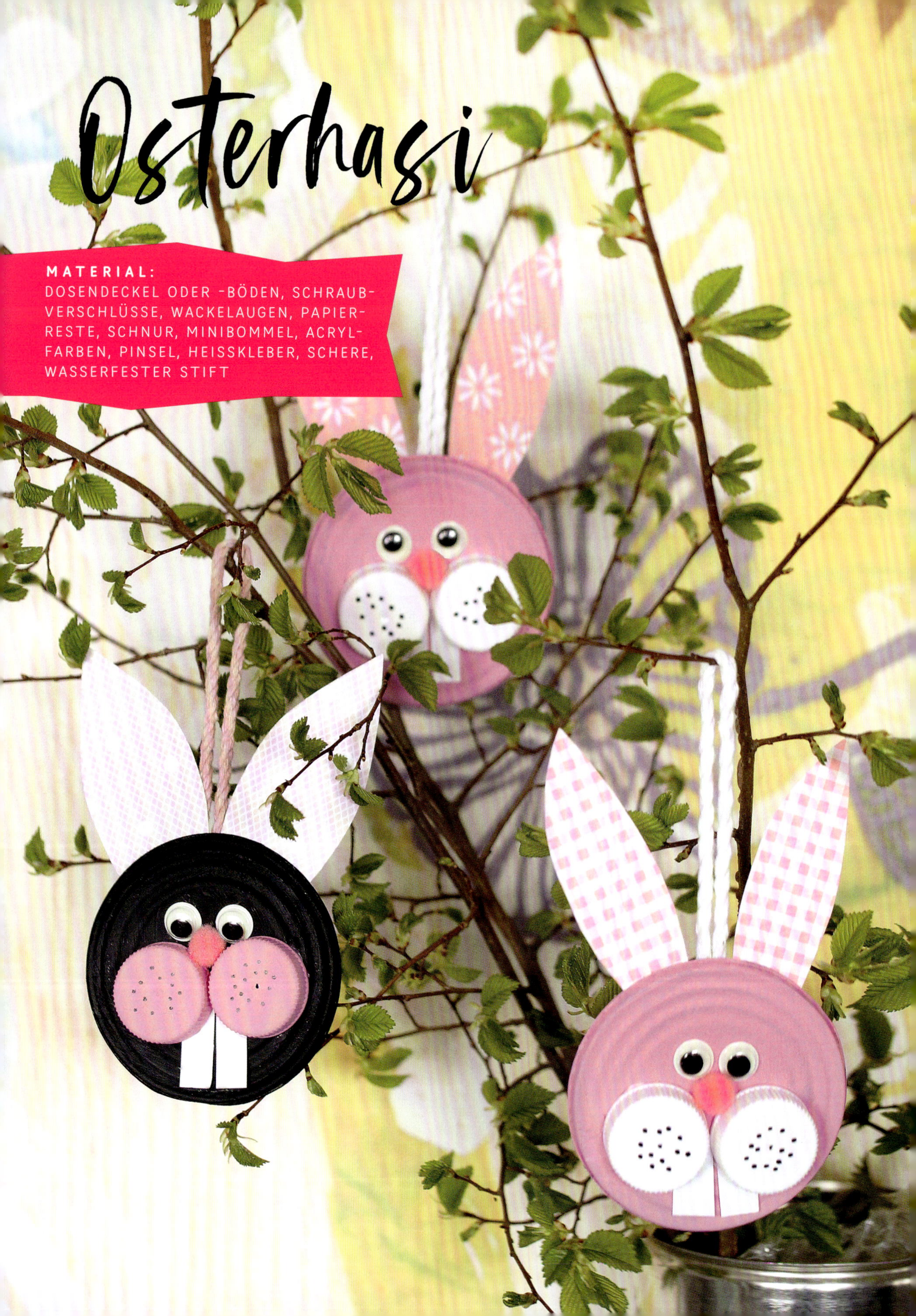

ES MÜSSEN NICHT IMMER BUNT BEMALTE EIER SEIN. WIE WÄRE ES MAL MIT EINEM ETWAS ANDEREN OSTERSTRAUCH? OSTERHASIS AUS DOSENDECKELN – EINE TOLLE DEKORATION, DIE MAN MIT KINDERN IN DER VOROSTERZEIT GESTALTEN KANN.

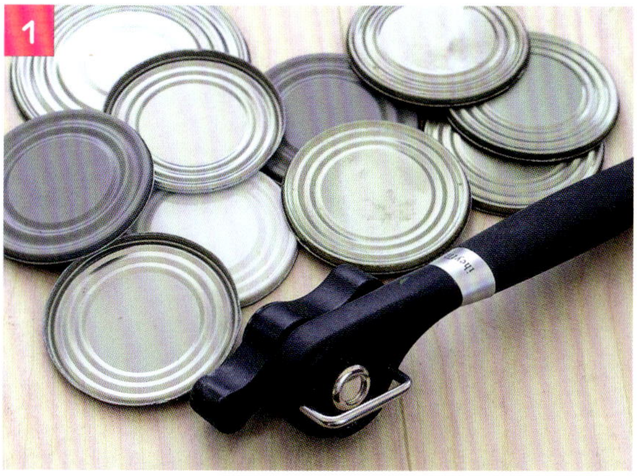


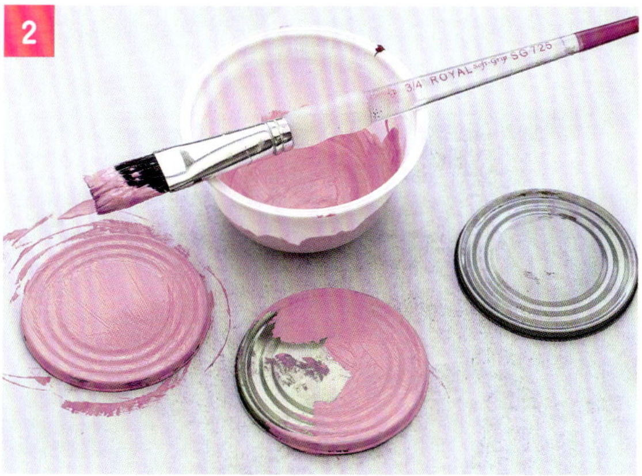


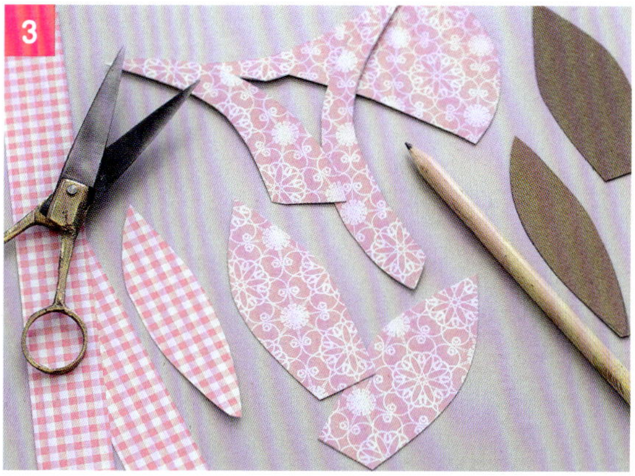


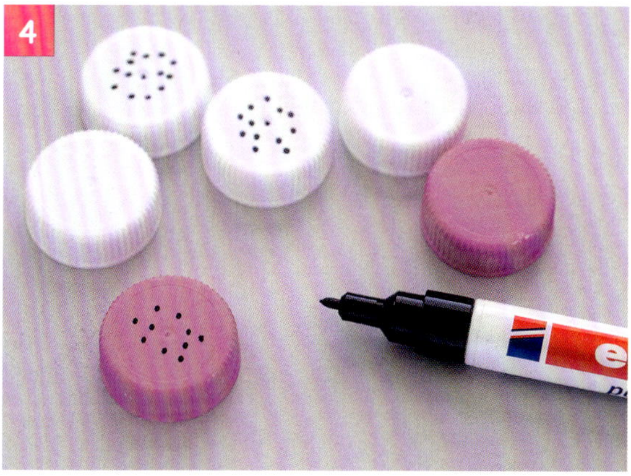


1. Zunächst muss man natürlich genügend Deckel sammeln oder, wie hier, die Böden der Dosen.

2. Nun malt man die Blechscheiben in der gewünschten Hasenfarbe an. Rosa, schwarz oder weiß. Ebenso die kleinen Schraubverschlüsse. (Hier gehen alternativ auch Kronkorken).

3. Während die Farbe trocknet, kann man schon mal die Hasenohren zuschneiden. Hierzu eine Schablone erstellen, auf die ausgewählten Papiere aufzeichnen und ausschneiden.

4. Sind die Deckel getrocknet, zeichnet man mit einem wasserfesten Stift kleine Punkte auf.

Fortsetzung auf der nächsten Seite

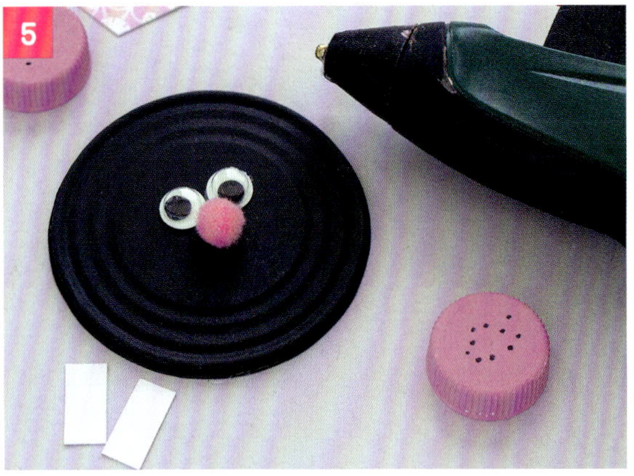


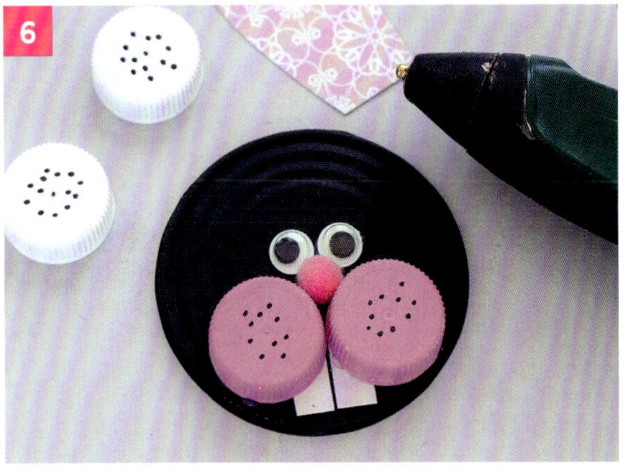


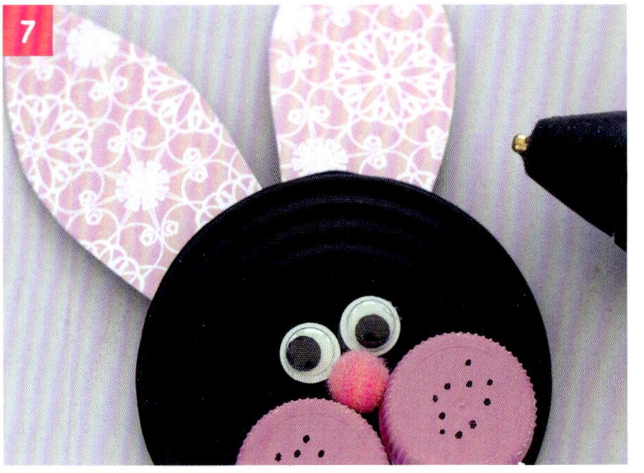


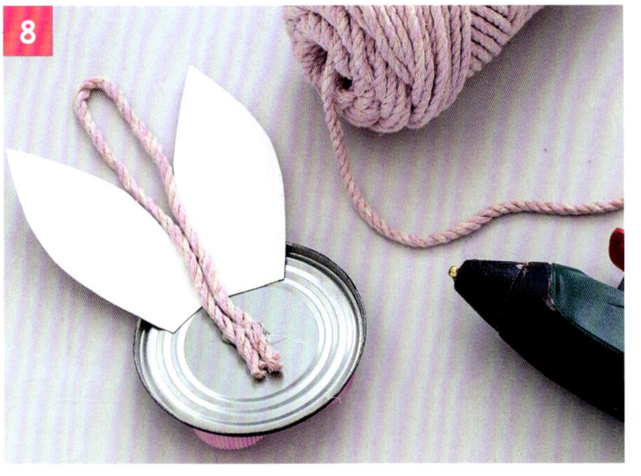


5. Dann klebt man die Wackelaugen auf den Deckel und eine kleine Bommel als Nase.

6. Aus einem Papierrest kann man die Hasenzähne ausschneiden. Diese und die „Bäckchen" klebt man anschließend unter die kleine Nase.

7. Nun noch die Ohren mit Heißkleber auf der Rückseite ankleben.

8. Und zum Schluss noch eine Schnur, damit man das Häschen anschließend aufhängen kann.

OSTERHASEN SIND NUR EINE DEKOMÖGLICHKEIT VON VIELEN. VOR ALLEM ZU WEIHNACHTEN LÄSST SICH HIER SO EINIGES BASTELN. ABER AUCH FÜR HALLOWEEN GIBT ES TOLLE MOTIVE.

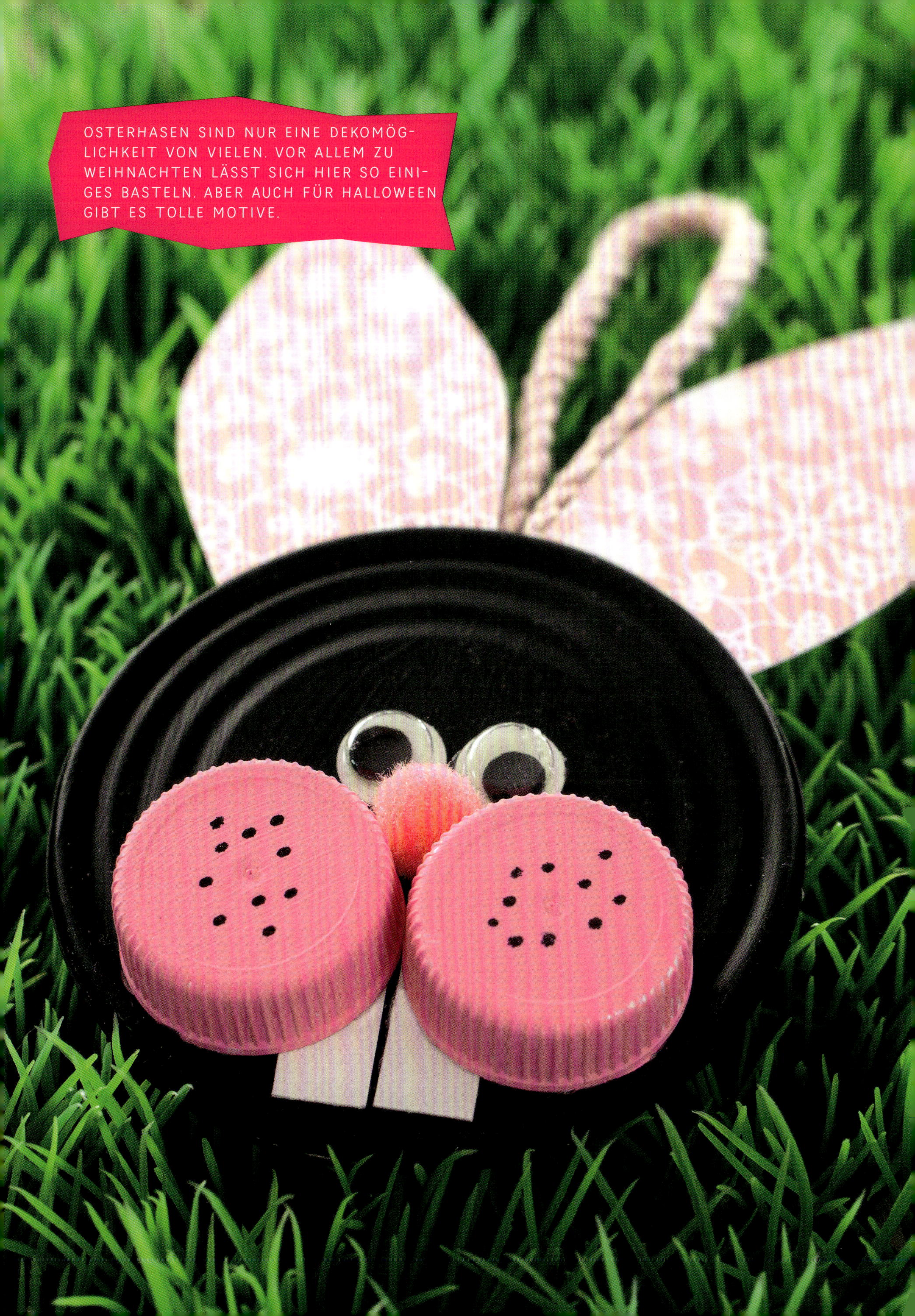

# Advents"Kranz"

**MATERIAL:**
4 FLACHE DOSEN, FARBIGES TAPE, SCHERE, KLEINE KIESEL ODER SAND, 4 KERZEN, FRISCHES MOOS, ETIKETTIERER

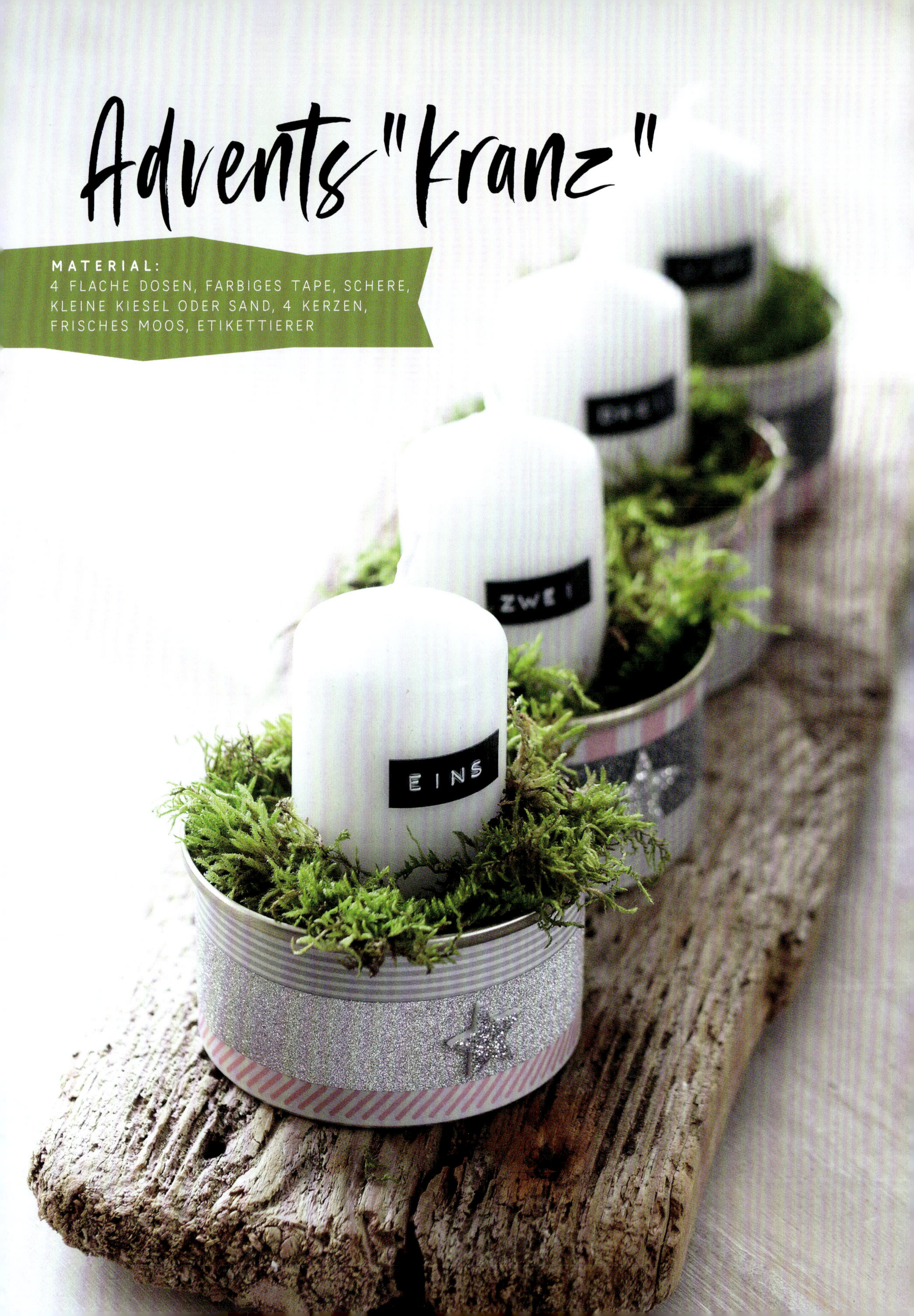

ES MUSS NICHT IMMER DER KLASSISCHE RUNDE ADVENTSKARNZ SEIN. DIESE VIER KLEINEN DOSEN EIGNEN SICH PERFEKT FÜR DIE ADVENTSZEIT. UND DIE KLEINEN KERZEN LASSEN SICH IMMER WIEDER GANZ LEICHT AUSTAUSCHEN.

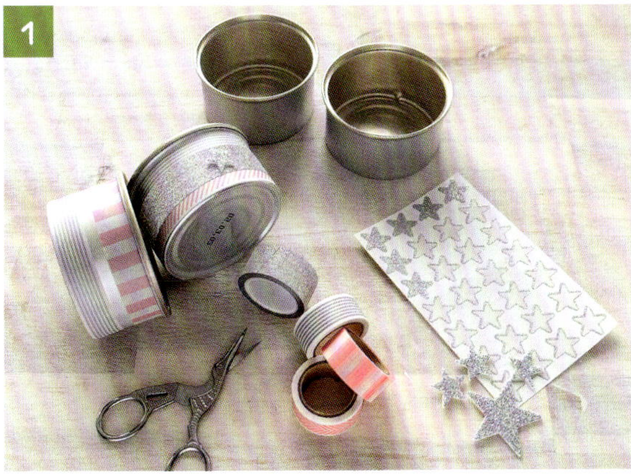


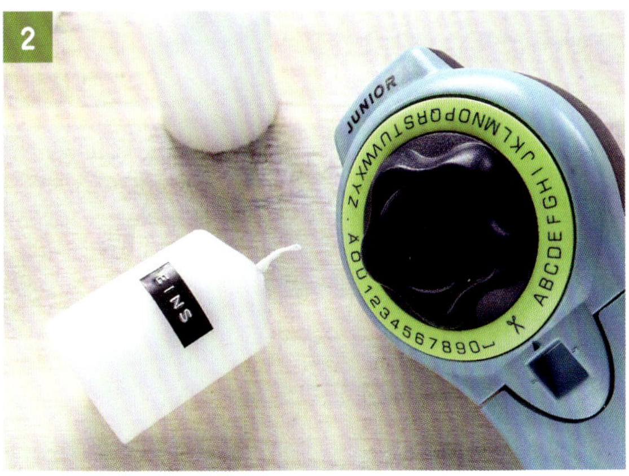


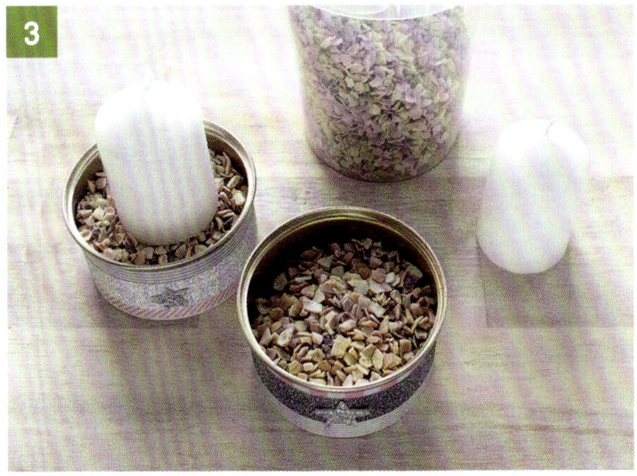


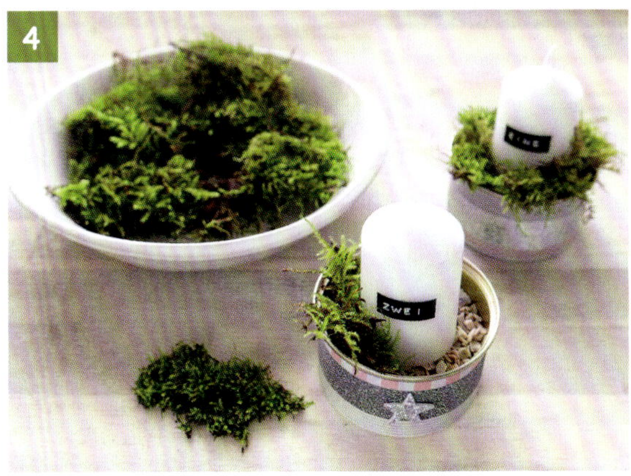


1. Die gereinigten Dosen mit verschiedenem Tape bekleben. Wer hat, kann auch noch Klebesticker verwenden.

2. Die Kerzen mit einem Etikettierer von 1 bis 4 durchnummerieren.

3. Damit die Dosen besseren Halt bekommen, kann man sie mit kleinen Kieseln, Muschelgranulat oder einfach mit Sand zu zwei Dritteln befüllen.

4. Zum Schluss die Kerzen hineinstellen und den Rand mit frischem Moos auffüllen. (Wer kein frisches Moos findet, kann auch Dekomoos verwenden.)

# Mini X-Mas-Tree

**MATERIAL:**
3 UNTERSCHIEDLICH GROSSE DOSEN, ACRYLFARBE, PINSEL, HEISSKLEBER, LICHTERKETTE, DEKORATION

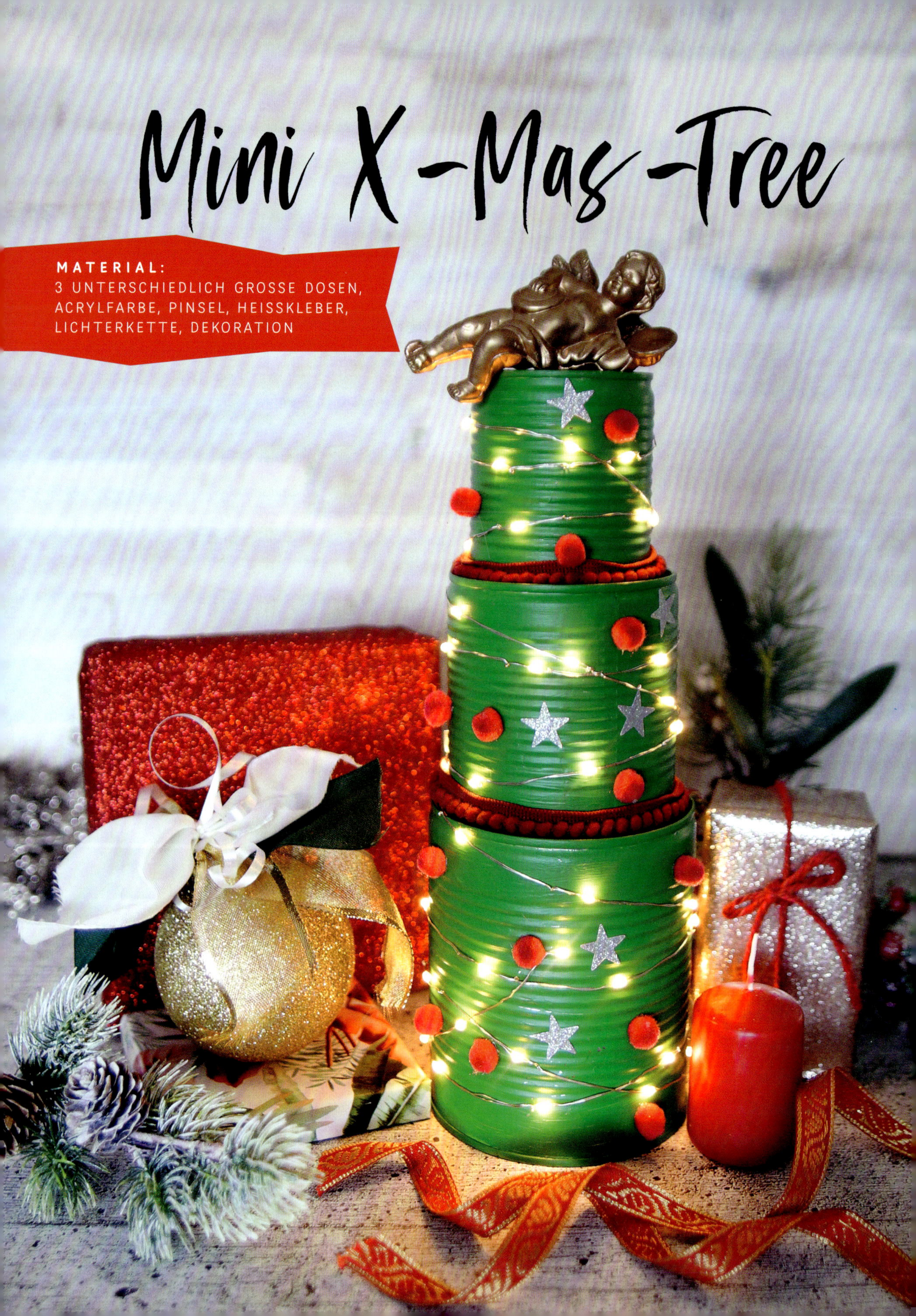

FÜR ALLE, DIE KEINE NADELNDEN BÄUME MÖGEN UND AUCH NICHT VIEL PLATZ FÜR DIE KLASSISCHE NORDMANNTANNE HABEN – WIE WÄRE ES MIT EINEM KLEINEN DOSENBÄUMCHEN. MACHT SICH AUCH GUT AUF EINER KOMMODE UND IM KINDERZIMMER.

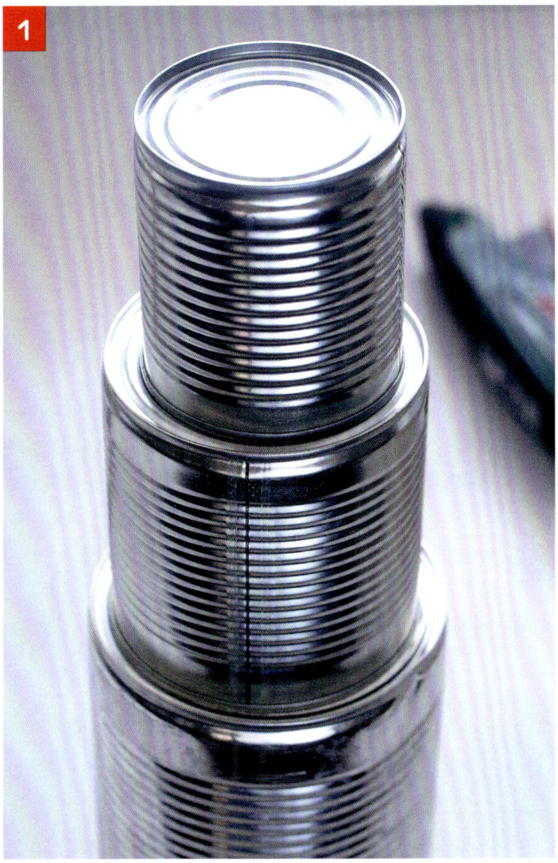

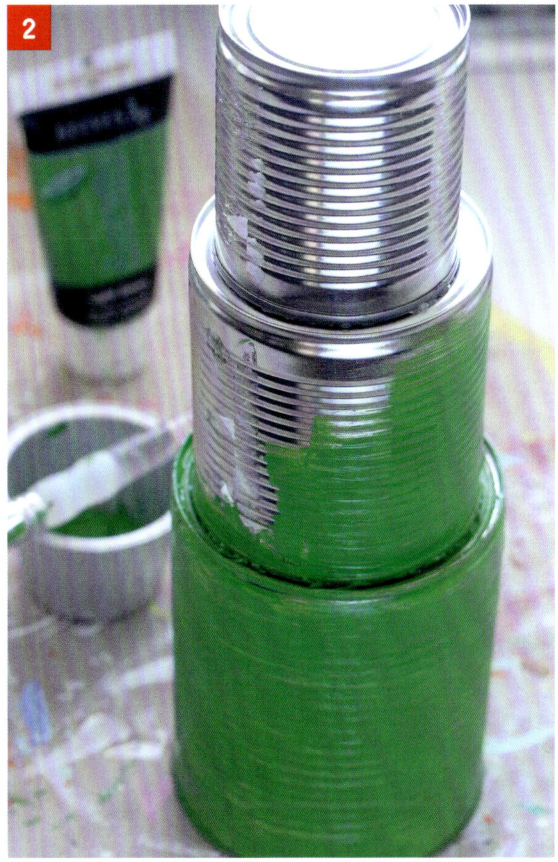

1. Die Dosen werden zunächst einmal alle aufeinander gestapelt und mit der Heißklebepistole zusammengeklebt. (Alternativ geht auch Sekundenkleber.)

2. Dann die Dosen mit Acrylfarbe anmalen. Am besten zwei Schichten, damit die Farbe gut deckt. (Alternativ geht natürlich auch Sprühlack.)

Fortsetzung auf der nächsten Seite

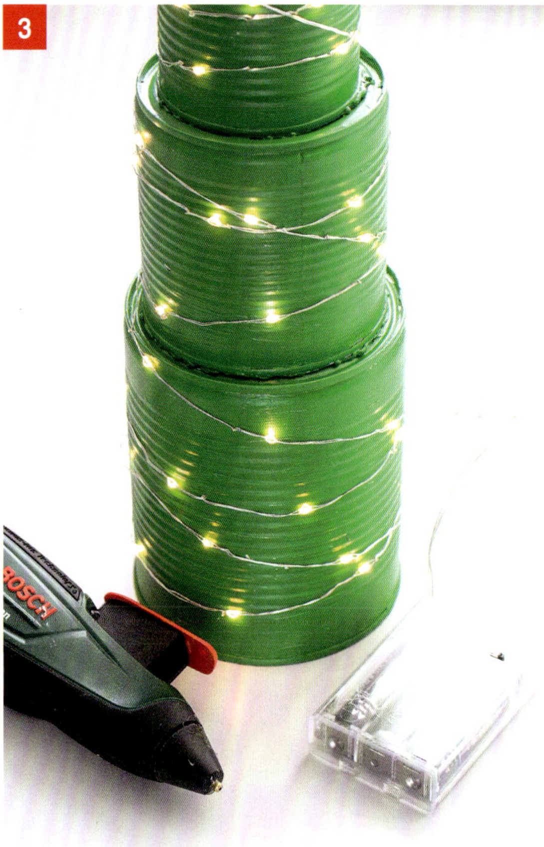


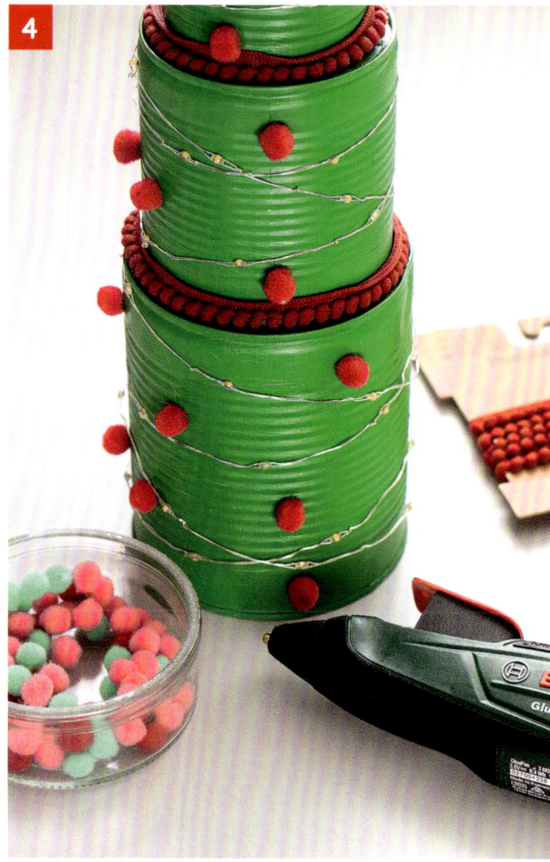


3. Nun kann man erst einmal eine kleine Lichterkette anbringen. Sollte diese nicht an den richtigen Stellen halten, kann man auch hier mit einem Tropfen Kleber nachhelfen.

4. Und dann, wie immer der schönste Teil: Den Baum schmücken. Zum Beispiel mit kleinen Pompoms, Sternen zum Aufkleben, Schmuckbändern oder Dekoperlenketten. Oben noch einen Stern oder einen Engel als Spitze, dann kann das Christkind kommen.

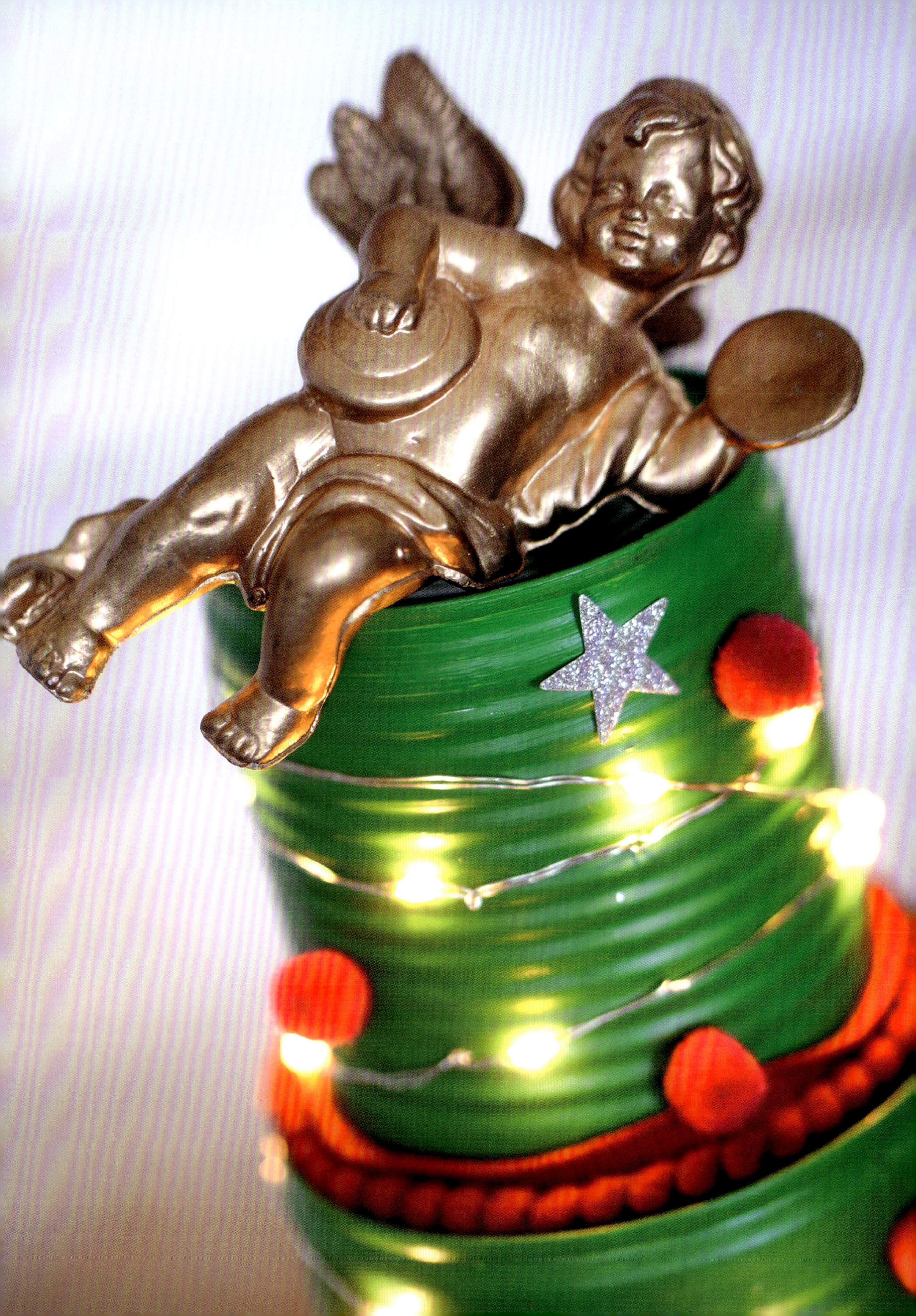

# Easy Adventskalender

**MATERIAL:**
KONSERVENDOSE, KRAFTPAPIER, TEELICHT-HÜLSEN, SCHERE, PRICKELNADEL, MARKER, NUDELHOLZ, EVTL. FILZUNTERLAGE, DOPPEL-SEITIGES KLEBEBAND, EVTL. HEISSKLEBER, BEDRUCKTE PAPIERE, SCHNUR, KLEBEZAHLEN

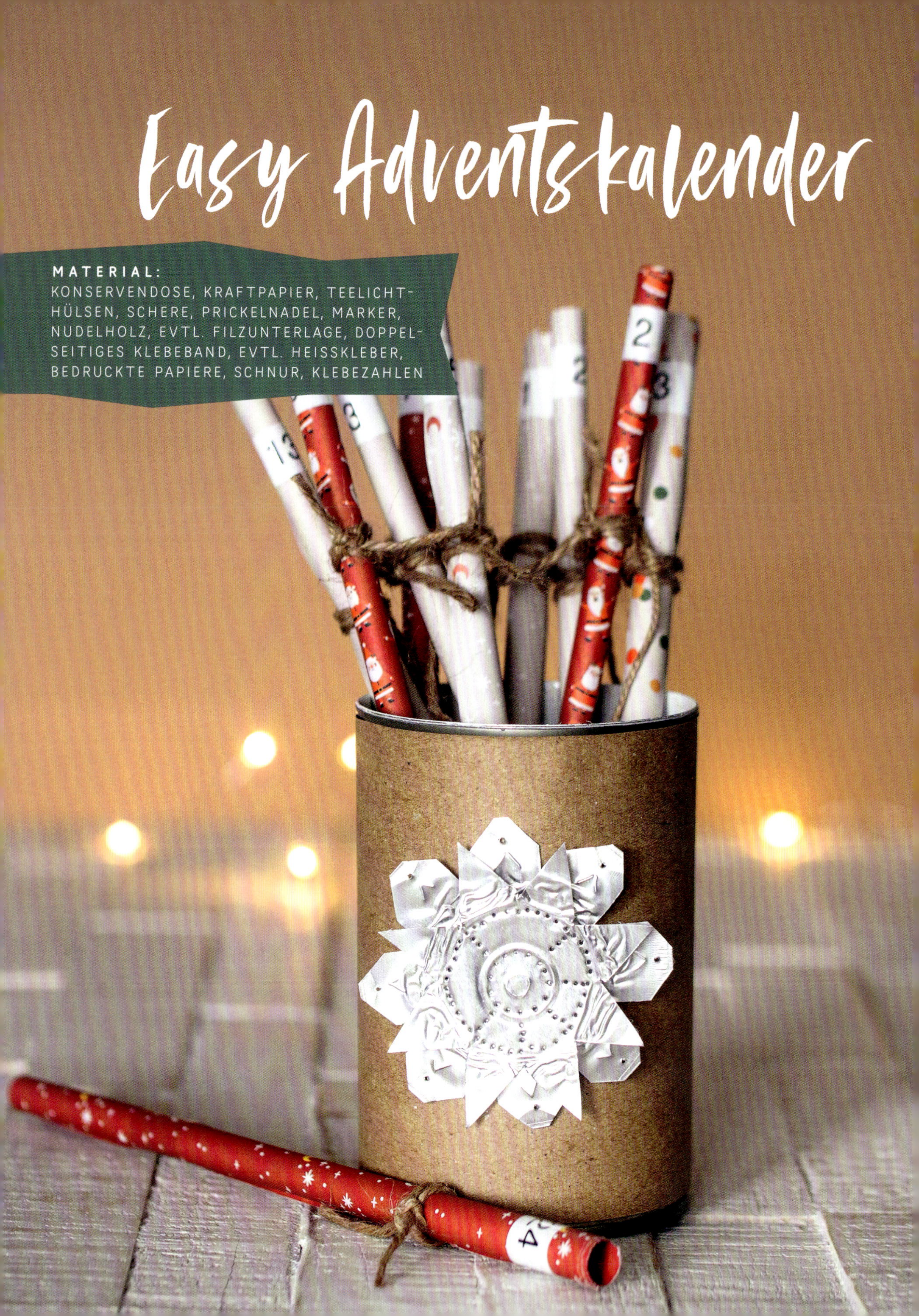

KEINE ZEIT, 24 PÄCKCHEN ODER SÄCKCHEN ZU BASTELN? KEINE LUST, AUF GESCHENKESUCHE ZU GEHEN? DA IST DIESER ADVENTSKALENDER GENAU DAS RICHTIGE. NICHT AUFWENDIG UND SCHNELL GEMACHT. 24 KLEINE IDEEN FÜR DIE GUTSCHEINE SOLLTE MAN DANN ABER SCHON HABEN ...

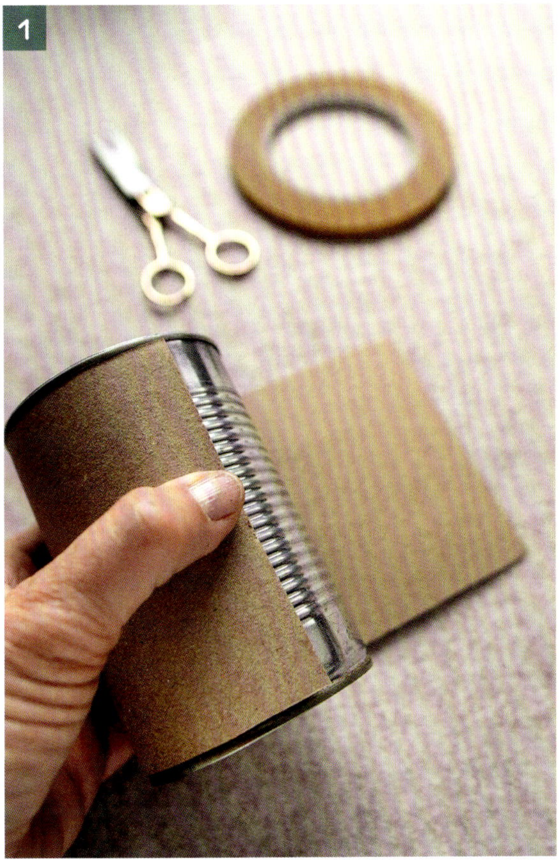


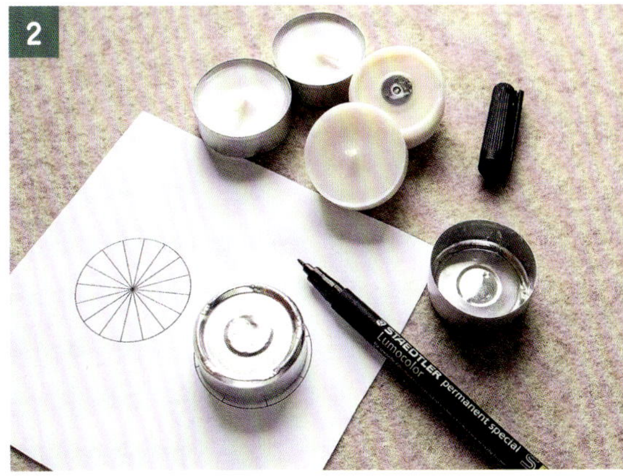


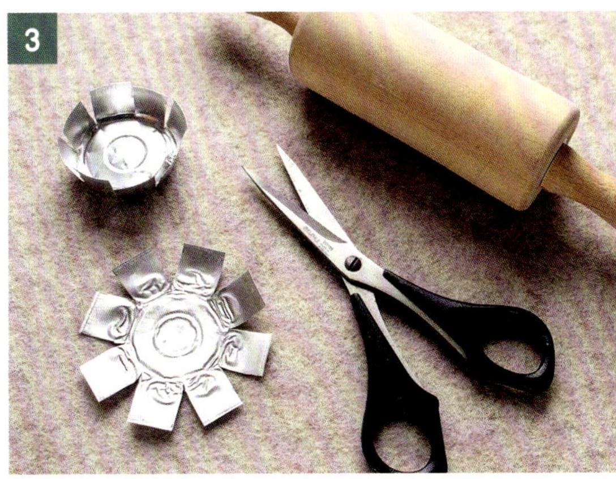


1. Einen Streifen Kraftpapier passend für die Dose zuschneiden und mit doppelseitigem Klebeband auf die Dose kleben.

2. Ausgebrannte Teelichthülsen für die Sterne bereit legen. Man kann auch neue Teelichter verwenden und die Kerzen am Docht hinausziehen.

Die Hülsen auf die Markiervorlage (Seite 126) legen und mit einem Marker die Einschnittstellen am Rand markieren.

3. Dann mit einer Schere die Teelichthülsen einschneiden, vorsichtig auseinanderdrücken und mit einem Nudelholz oder ähnlichem platt rollen.

Fortsetzung auf der nächsten Seite

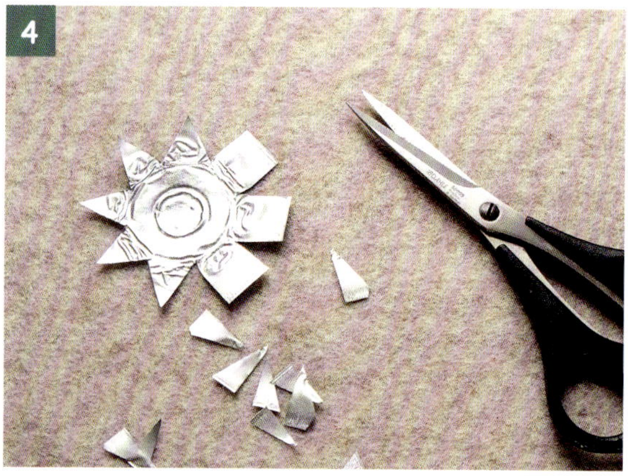

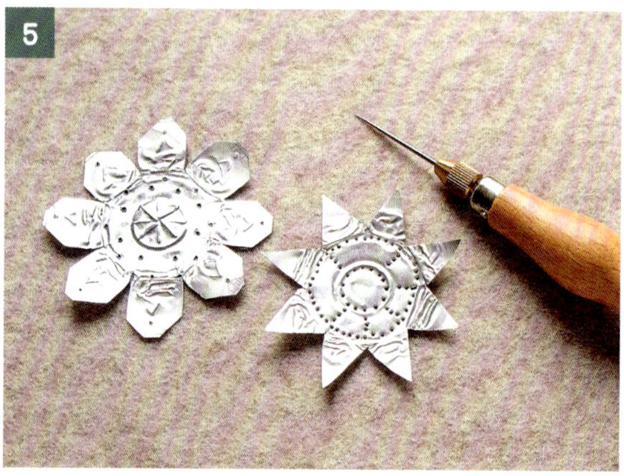

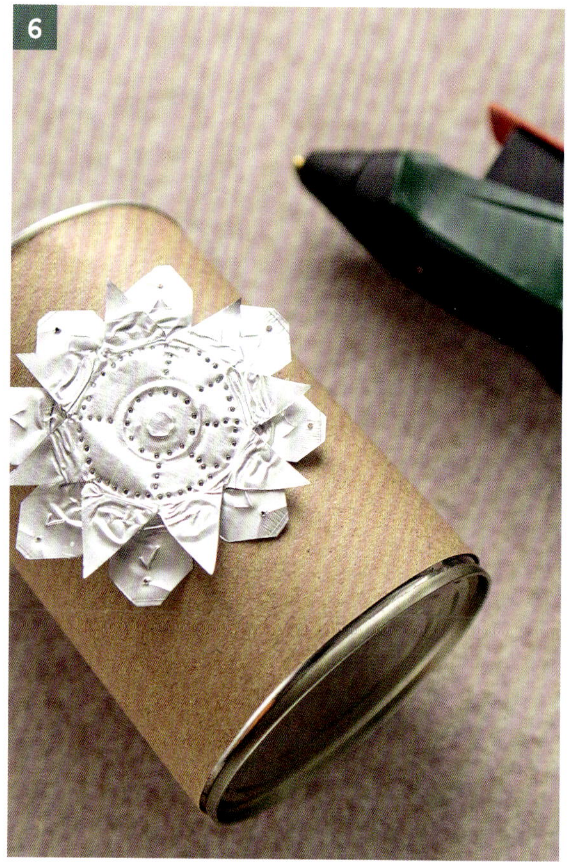

4. Nun die Spitzen der Sterne mit der Schere zurechschneiden. Hier kann man kreativ werden und verschiedene Formen ausprobieren.

5. Mit einer Prickelnadel (einfache, dicke Nähnadel geht auch) ein Lochmuster in die Hülsen stechen. Dabei am besten eine Filz- oder Moosgummiunterlage verwenden.

6. Mit Heißkleber evtl. zwei Sternformen zusammenkleben und anschließend auf der Dose anbringen.

In die Dose hinein kommen dann später 24 kleine durchnummerierte Papierröllchen. Das können Gutscheine sein, ein Gedicht, eine Einladung, eine Aufgabe oder was immer man sich ausdenkt.

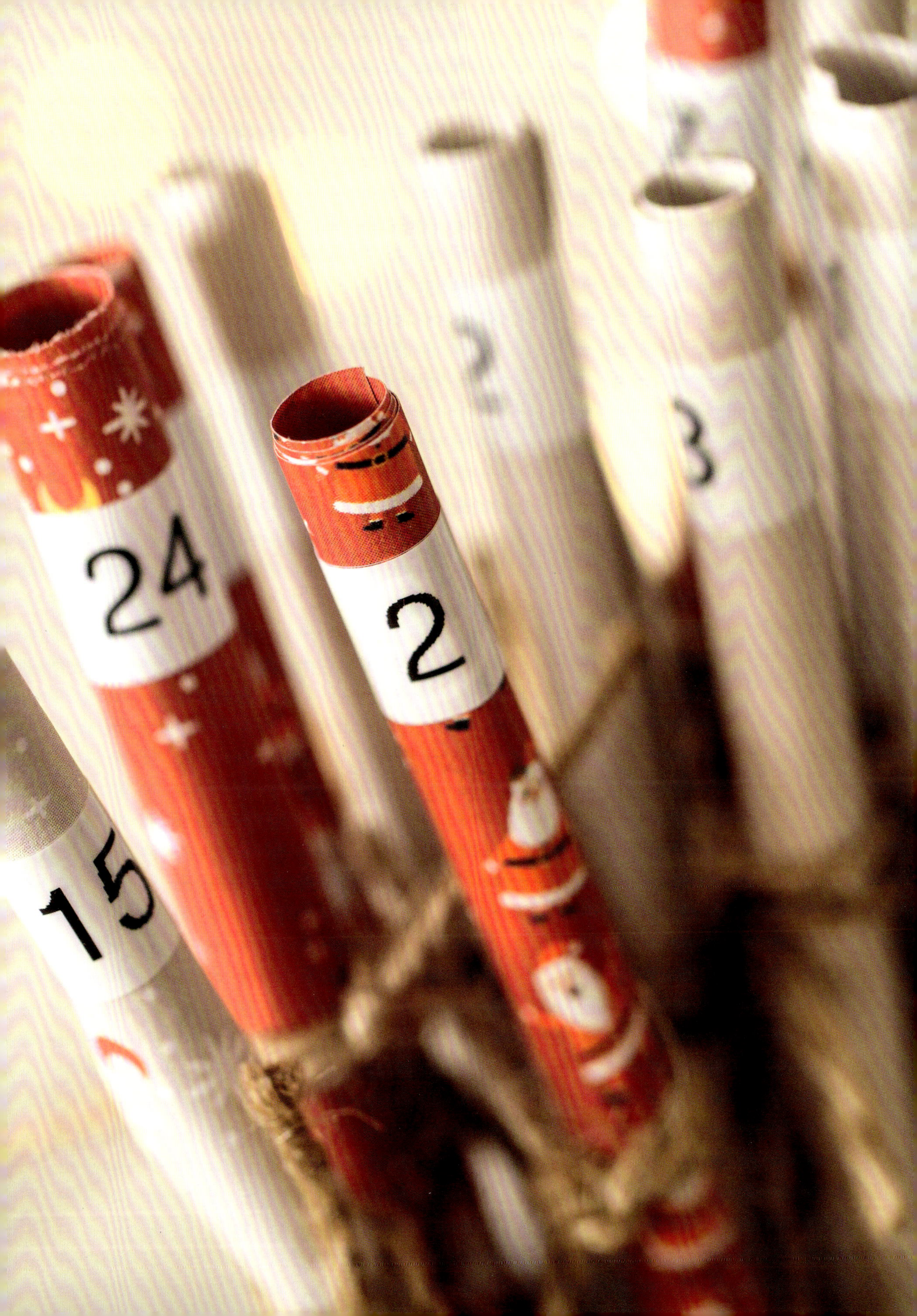
24
2
15
3

# Frühlingserwachen

**MATERIAL:**
DOSENDECKEL, AKKUSCHRAUBER, METALLBOHRER, ESSSTÄBCHEN, DRAHT, ACRYLFARBEN, PINSEL, SEITENSCHNEIDER, OPTIONAL: SERVIETTEN, SERVIETTENKLEBER, RELIEFPASTE, STEMPEL ETC.

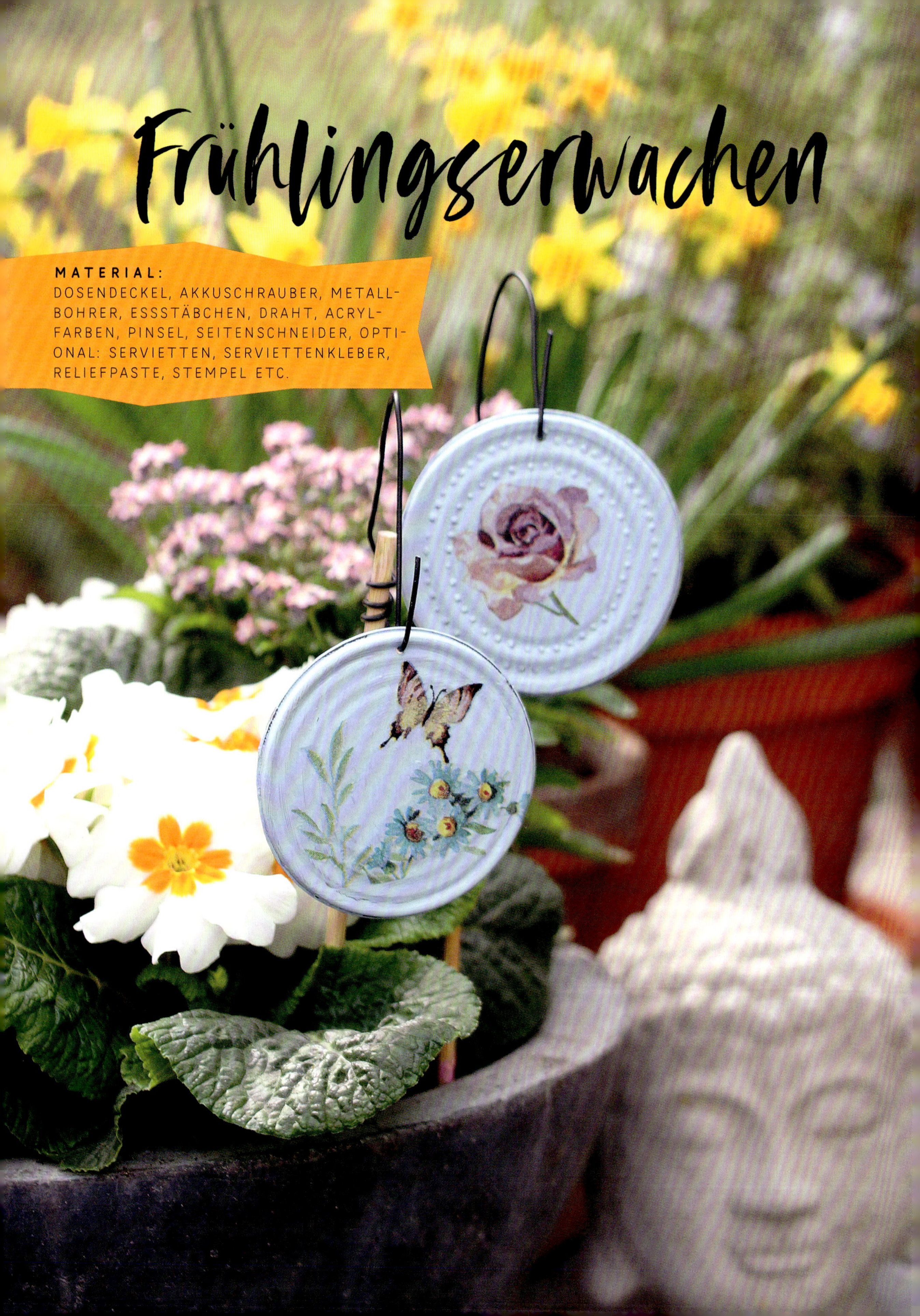

DIE DOSENDECKEL MACHEN SICH AUCH SUPER GUT IM FREIEN. WIE WÄRE ES ZUM BEISPIEL MIT HÜBSCHEN SCHILDCHEN FÜR DEN GARTEN ODER DIE TERRASSE. AUCH ALS PFLANZENSTECKER FÜR DIE KÜCHENKRÄUTER KANN MAN SIE PRIMA EINSETZEN.

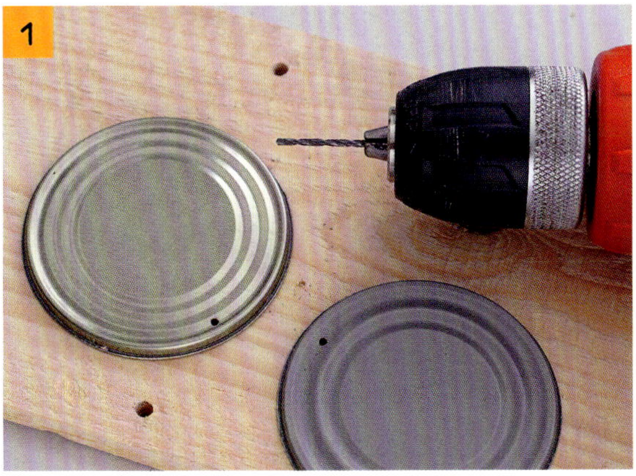

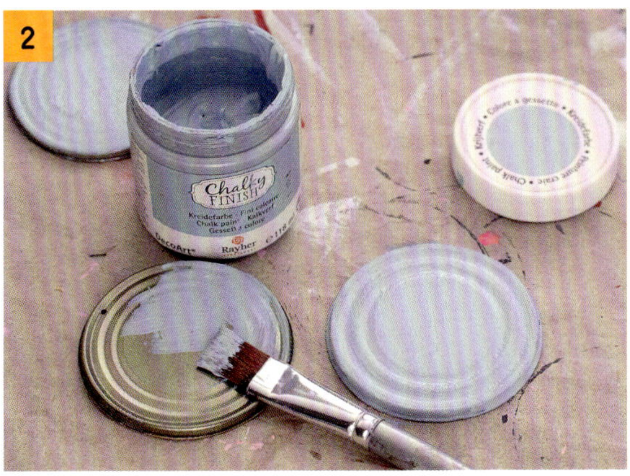


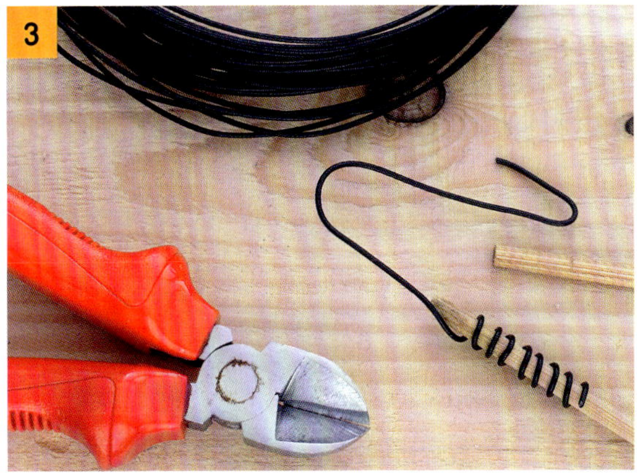

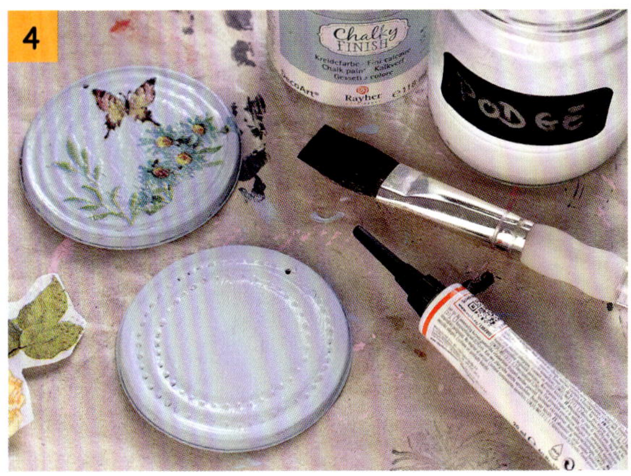


1. Die Deckel zunächst mit dem Metallbohrer (oder einem Nagel) lochen.

2. Dann in der gewünschten Farbe anstreichen. Am besten zwei Schichten, damit die Farbe gut deckt.

3. In der Zwischenzeit biegt man den Draht für die Aufhängung. Dafür den Draht mit dem Seitenschneider lang genug abschneiden und ein paarmal um das Essstäbchen wickeln. Dann oben eine große Schlaufe biegen und das Ende nach oben abknicken, sodass ein kleiner Haken entsteht.

4. Nun kann man die vorbereiteten Dosendeckel gestalten. Zum Beispiel mit Serviettenblumen bekleben. Dafür den Serviettenkleber von Seite 12 verwenden.

Auch mit Reliefpaste lassen sich tolle Muster auf die Deckel malen. Auch Stempeln ist möglich, wenn der Deckel genügend glatte Fläche bietet.

Zum Schluss am besten nach dem Trocknen noch eine Lackschicht auftragen, damit im Blumenbeet beim Gießen kein Maleur passiert.

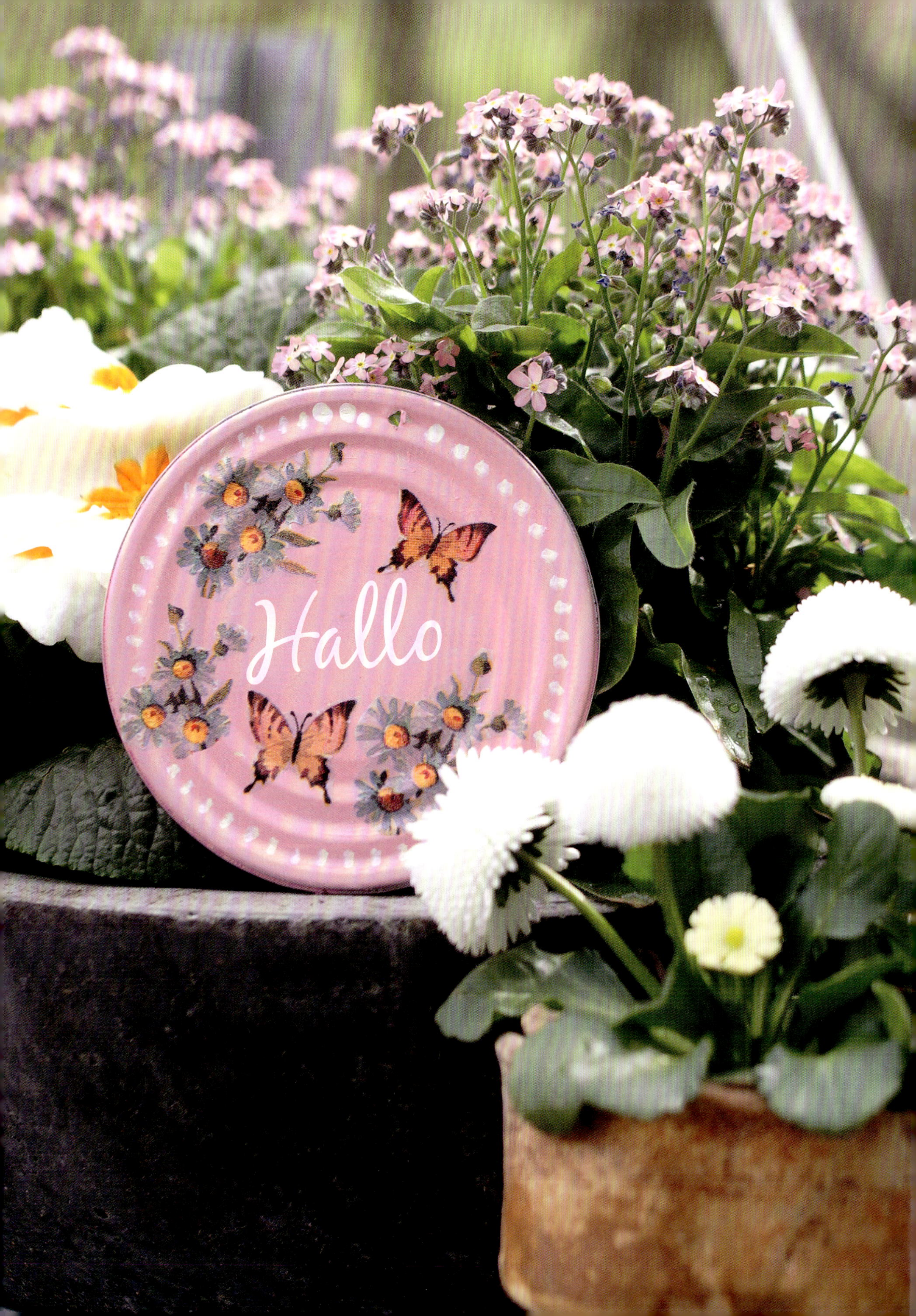
Hallo

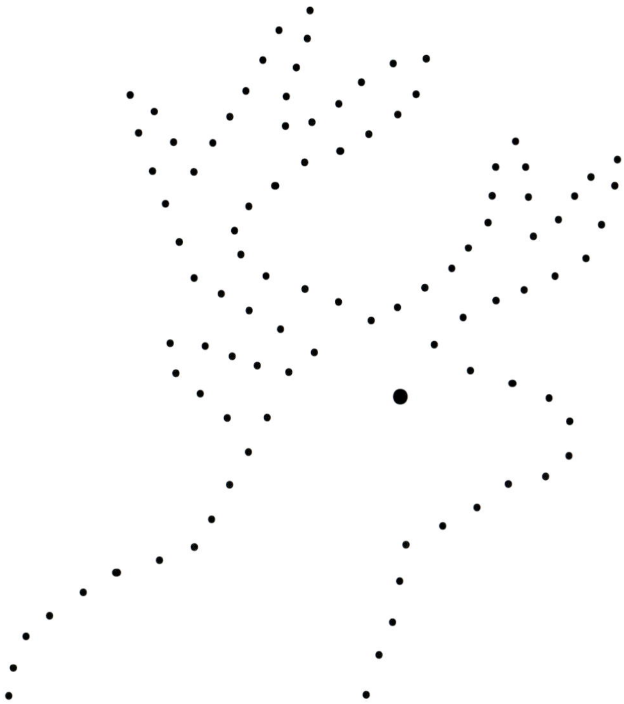

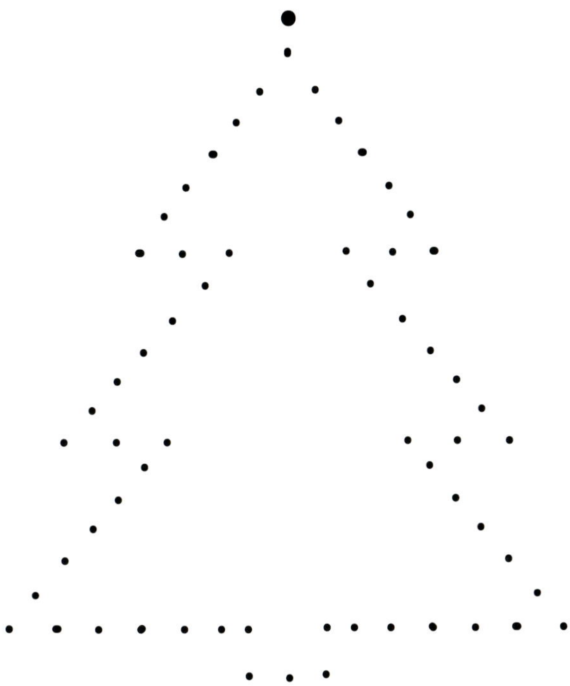

BOHRVORLAGE HIRSCH UND BAUM VON SEITE 50

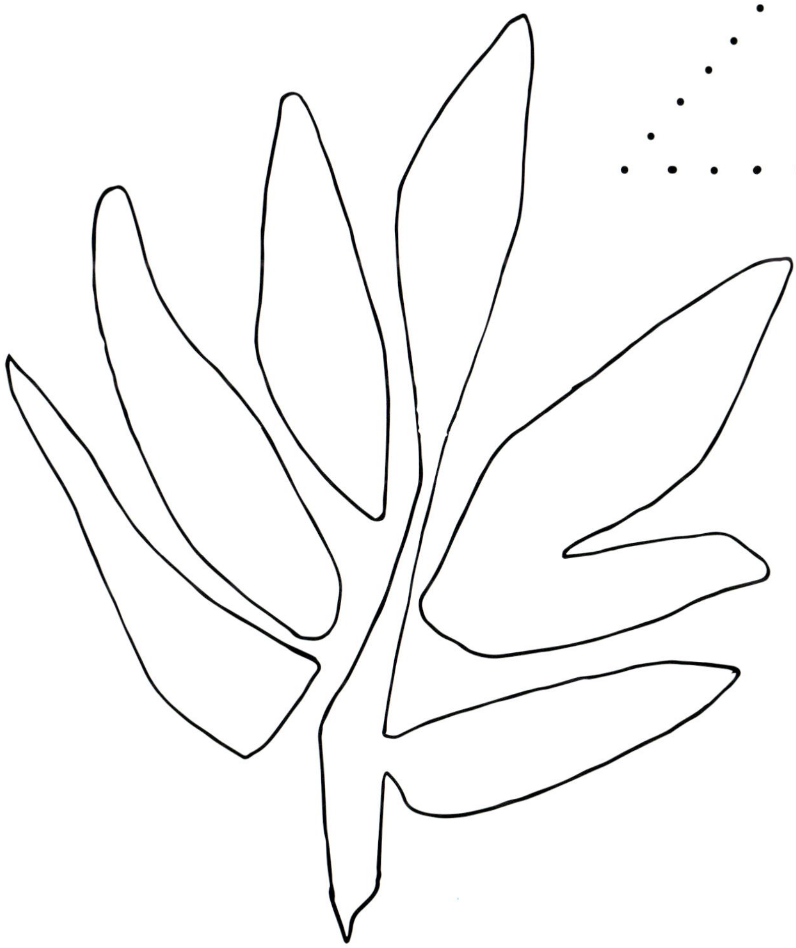

ZEICHENVORLAGE FÜR MOSKITOSCHRECK VON SEITE 90

# Vorlagen

ZEICHENHILFE FÜR DIE ZACKENKRONEN VON SEITE 31

BEI EINEM DOSENUMFANG VON CA. 23 CM.

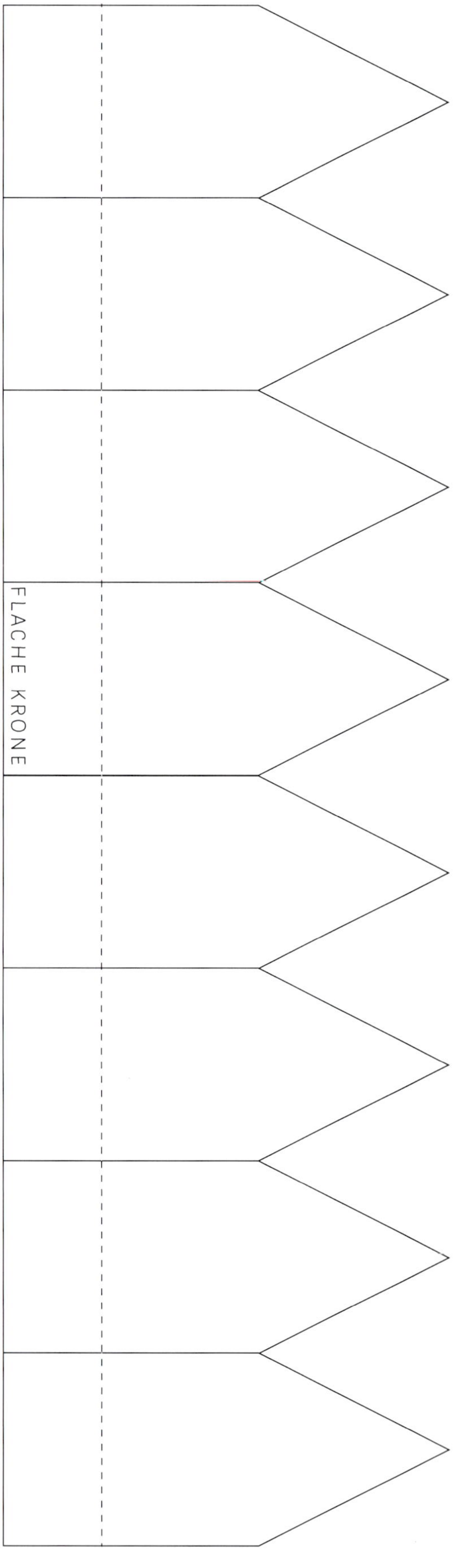


SCHNITTHILFE FÜR TEELICHTSTERNE VON SEITE 119

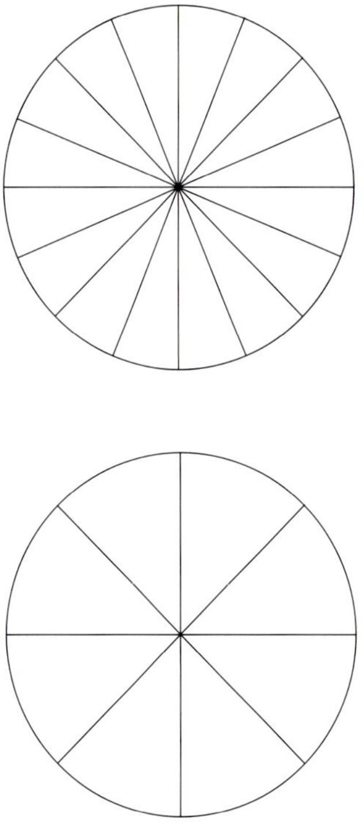

# Ebenfalls erhältlich ...

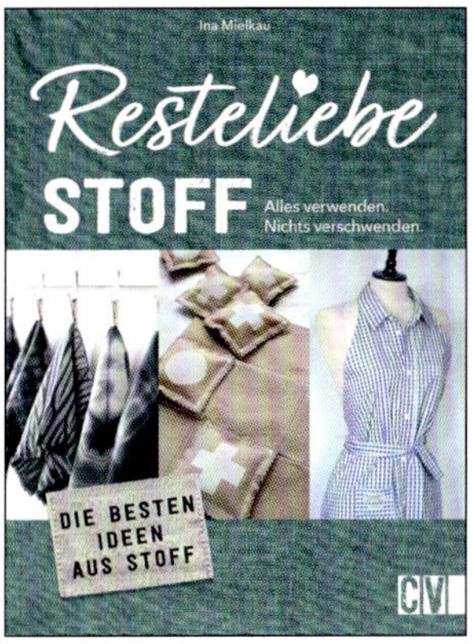


ISBN 978-3-8388-3794-9

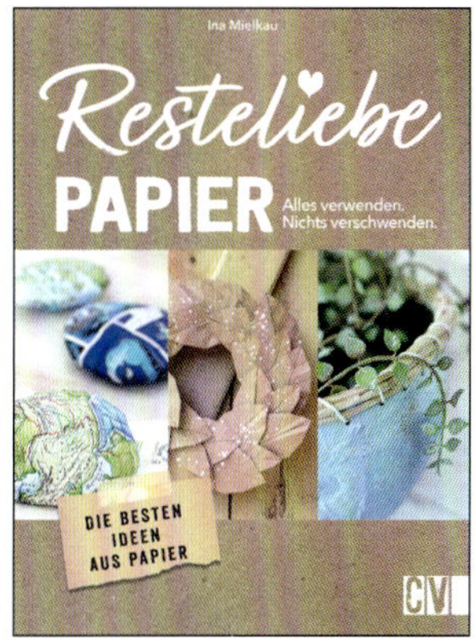


ISBN 978-3-8388-3786-4

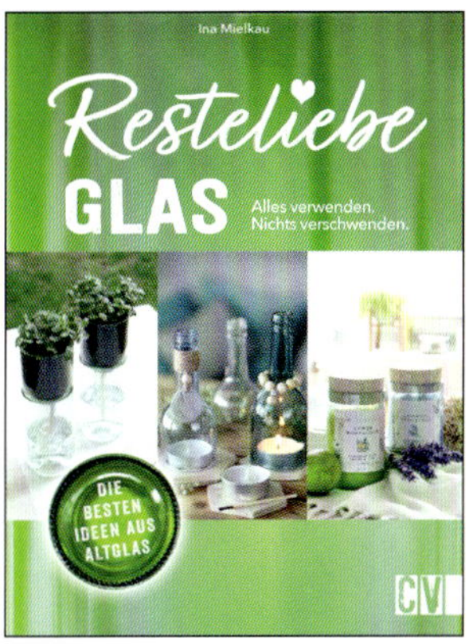


ISBN 978-3-8388-3785-7

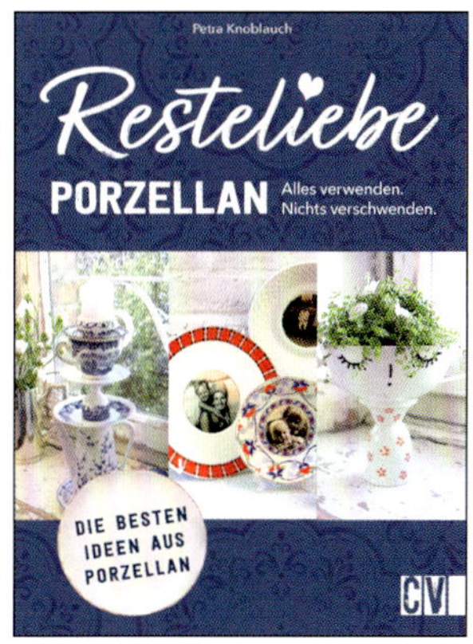


ISBN 978-3-8388-3795-6

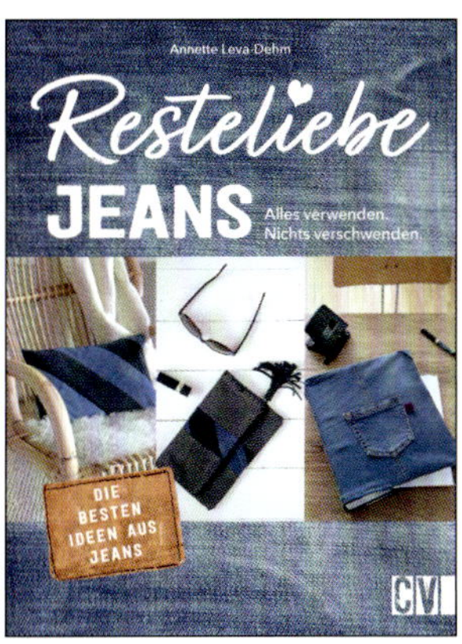


ISBN 978-3-8388-3800-7

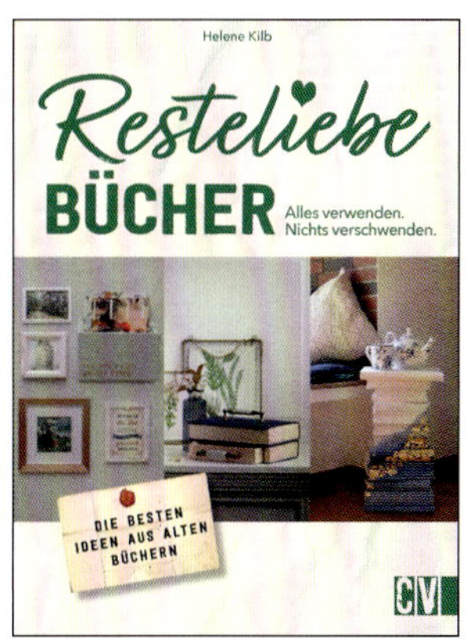


ISBN 978-3-8388-3802-1

www.christophorus-verlag.de

# Impressum

Autorin: Ina Mielkau
Fotos und Grafiken: Ina Mielkau
Produktmanagement: Svenja Wiglinghaus
Lektorat: Sigrun Borstelmann
Korrektorat: Brigitte Schnock
Umschlaggestaltung: Ina Mielkau
Layout und Satz: Ina Mielkau
Repro: LUDWIG:media
Herstellung: Kathleen Baumann
Printed in Turkey by Elma Basim

★★★★★

Sind Sie mit diesem Titel zufrieden? Dann würden wir uns über Ihre Weiterempfehlung freuen. Erzählen Sie es im Freundeskreis, berichten Sie Ihrem Buchhändler oder bewerten Sie beim Onlinekauf.
Und wenn Sie Kritik, Korrekturen oder Aktualisierungen haben, freuen wir uns über Ihre Nachricht an Christophorus Verlag, Postfach 40 02 09, 80702 München oder per E-Mail an lektorat@verlagshaus.de.

Unser komplettes Programm finden Sie unter

www.christophorus-verlag.de


In diesem Buch wird aus Gründen der besseren Lesbarkeit das generische Maskulinum verwendet. Weibliche und anderweitige Geschlechteridentitäten werden dabei ausdrücklich mitgemeint, soweit es für die Aussage erforderlich ist.

Herstellernachweis: Dieses Buch wurde freundlicherweise unterstützt durch Materialien von www.Rayher.com

Die Deutsche Nationalbibliothek verzeichnet diese Publikation in der Deutschen Nationalbibliografie; detaillierte bibliografische Daten sind im Internet über http://dnb.de abrufbar.



ISBN 978-3-8388-3840-3

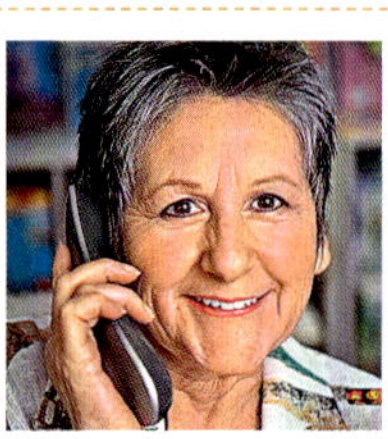

## Kreativ-Service

Sie haben Fragen zu den Büchern und Materialien? Frau Erika Noll ist für Sie da und berät Sie rund um alle Kreativthemen. Rufen Sie an! Wir interessieren uns auch für Ihre eigenen Ideen und Anregungen. Sie erreichen Frau Noll per E-Mail: **kreativ-service@c-verlag.de** oder **Tel.: + 49 (0)89 - 13 06 99 - 577**

Besuchen Sie uns im Internet: www.christophorus-verlag.de & www.selbstgemacht.de